唐江山 赵亮亮 于木

——编——

网红

经济思维模式

INTERNET CELEBRITY

ECONOMIC THINKING MODE

清华大学出版社

北京

内 容 简 介

如果你想赚钱，可以入驻电商平台，拥抱互联网。如果你想出名，可以开通自媒体，打通宣传路。如果你想既赚钱，又出名，那就做网红。网红的火爆，让网红进入了大众视野，本书迎合趋势，介绍了网红的种类、演变，并揭示了如何成为一个网红，网红在互联网时代如何通过电商、微商、广告来变现。随着网红的出现，很多网红经纪公司应运而生。同时，本书也分析了目前比较成功的网红案例，让大家可以学习其成名方式，并对网络经济做出贡献。

图书在版编目(CIP)数据

网红经济思维模式 / 唐江山，赵亮亮，于木编. —北京：清华大学出版社，2017
ISBN 978-7-302-45824-1

Ⅰ. ①网… Ⅱ. ①唐… ②赵… ③于… Ⅲ. ①网络经济—研究 Ⅳ. ①F49

中国版本图书馆 CIP 数据核字(2016)第 288530 号

责任编辑：张　敏
封面设计：杨玉兰
责任校对：徐俊伟
责任印制：杨　艳

出版发行：清华大学出版社
　　　　网　　　址：http://www.tup.com.cn，http://www.wqbook.com
　　　　地　　　址：北京清华大学学研大厦 A 座　　　　邮　　编：100084
　　　　社 总 机：010-62770175　　　　邮　　购：010-62786544
　　　　投稿与读者服务：010-62776969，c-service@tup.tsinghua.edu.cn
　　　　质 量 反 馈：010-62772015，zhiliang@tup.tsinghua.edu.cn
印 装 者：三河市中晟雅豪印务有限公司
经　　销：全国新华书店
开　　本：170mm×240mm　　　印　张：14.5　　　字　数：187 千字
版　　次：2017 年 2 月第 1 版　　　印　次：2017 年 2 月第 1 次印刷
印　　数：1 ～ 3500
定　　价：49.00 元

产品编号：072374-01

　　人类社会的不断发展，让社会文明体现出某种时代特色的审美偏好。物换星移，寒来暑往，在中国进入21世纪，社会发展进入一个新的高度，很多高新科技也迅速闯入了人们的视野，并悄悄改变了我们的生活方式。近年来，以个人计算机和移动互联网络技术的迅速普及为标志，一个全新的名词"网红"开始被越来越多的人所接受，甚至逐渐演化为一种令人深思的社会经济现象。

　　网红甚至可以跨越时空，古今中外都有网红的身影。古代不仅有秦始皇、武则天、乾隆帝、慈禧太后等网络红人，就连曾经很多人叫不上名字的秦宣太后——"芈月"也随着电视剧的宣传和网络的推波助澜被广泛认知；国外不仅好莱坞电影明星、著名导演成为实至名归的"网红"，而商界翘楚乔布斯和Facebook的创始人马克·扎克伯格也逐渐成为现象级的网红；在现代，不仅影视明星、商业才子、政坛新秀成为一批又一批的"网红"，而且以马云、马化腾、雷军、董明珠等为代表的一大批企业家也走向了"网红"的队伍。

　　为什么"网红"能站在这个时代的潮头，并深刻影响着社会的经济呢？令人深思。编者通过搜集大量具有典型意义的网红案例，以哲学、经济学、社会行为学和新闻学的眼光看网红存在的必然性、合理性，并通过整理归类，力图展现网红现象的本质，向广大读者奉献一本普及读物。当然，在偶然性事件中爆红的网络人物，尤其是不能体现正能量和弘扬社会主流价值观的"网红"，本书并未收录。

赵亮亮

什么是网红?

网红是网络红人的简称。简而言之,网红就是通过互联网的事件营销或策划,而成为万人瞩目的焦点,然后再根据曝光量和知名度,进行IP变现的一种营销或自我营销的方式。

中国的互联网经过了十几年的发展,已经逐渐从最早的聊天室,到社区、到论坛、到博客、到微博、到微信,再到现在的直播。通过数据不难发现,这些平台的变化是,越来越体现出碎片化、缩短化和简易化三个特性。从最早的"文字版的长篇大论",到现在的只需点开直播,不需要好的文案,就可以与网友们互动,或者微博微信的140字,都是在不断迎合用户碎片化时间的需求。简易化是指用户的需求已经不再"大而全",而更多的是"简而易",这种特性也是网红时代的一个缩影。至于缩短化,我们可以从博客微博微信中看出。博客时代兴起了5～8年,微博时代兴起了3～4年,微信时代兴起了2～3年,直播时代刚推出,就已经成为网红的必争高地。这种原本属于社交工具的平台工具,正在被嗅觉灵敏的互联网营销人,作为快速变现的营销工具。

从社交到营销,也是这个时代互联网工具的特性。

网红的走红，实际上满足颜值、口才、反应等先天因素就可以快速实现。而即便没有这些先天特性，通过自己的幽默、表演等，也可以成为网红的一条通路。说白了，从文案，到图片，再到视频，实际上是用户获取信息越来越懒，越来越直接的需求表现。

那么怎么才能通过网红来实现自我营销和产品品牌营销的价值？怎么才能通过网红掘到人生互联网的第一桶金？怎么有效规避网红所带来的负面营销？甚至怎么成为网红的孵化器、网红经纪人？

读读这本书，相信会给你一些不一样的感觉。

由于时间仓促，加之水平有限，书中难免存在错误和不妥之处，敬请广大读者批评和指正。

最后，感谢各位读者的支持。如果对网红也有想法，欢迎与我们一起交流。衷心希望这本书，能对网红的从业者有所帮助。

编　　者

目　录

INTERNET CELEBRITY ECONOMIC THINKING MODE

| 第1章 | 网红的突起 |

1.1　什么是网红 ···2

1.1.1　网红的定义 ·· 2

1.1.2　网红的类型 ·· 2

1.1.3　网红和传统明星的区别 ································· 5

1.1.4　互联网正在颠覆明星经济 ····························· 8

1.1.5　形形色色的网络红人 ···································· 10

1.1.6　网红发展的文化背景 ···································· 14

1.1.7　网红发展的社会背景 ···································· 16

1.1.8　网红背后的内容生产传播与消费机制解析 ····· 17

1.2　解密网红历史 ··19

1.3　网红的特征 ··20

1.4　网红为什么这么火 ··22

1.4.1　为什么网红崛起是必然性结果 ··················· 22

1.4.2　网红为什么如此火爆 ···································· 26

1.4.3 网红胜在持之以恒推广个人特色 ⸺⸺⸺⸺⸺ 30

1.4.4 网红火起来的背后心理因素 ⸺⸺⸺⸺⸺⸺ 32

第2章 | 网红经济的巨大潜力

2.1 网红经济 ⸺⸺⸺⸺⸺⸺⸺⸺⸺⸺⸺⸺⸺⸺⸺ 36

2.1.1 网红经济的定义与本质 ⸺⸺⸺⸺⸺⸺⸺⸺ 36

2.1.2 网红经济的核心 ⸺⸺⸺⸺⸺⸺⸺⸺⸺⸺⸺ 37

2.1.3 网红经济爆发的原因 ⸺⸺⸺⸺⸺⸺⸺⸺⸺ 39

2.1.4 网红经济：海外早有先行者 ⸺⸺⸺⸺⸺⸺ 41

2.1.5 为什么网红经济会火 ⸺⸺⸺⸺⸺⸺⸺⸺⸺ 43

2.1.6 不容忽视的网红经济 ⸺⸺⸺⸺⸺⸺⸺⸺⸺ 45

2.1.7 网红经济带来的新商业变局 ⸺⸺⸺⸺⸺⸺ 47

2.1.8 网红经济会给哪些行业带来发展机遇 ⸺⸺ 50

2.1.9 网红经济的现状及未来发展 ⸺⸺⸺⸺⸺⸺ 52

2.2 粉丝经济 ⸺⸺⸺⸺⸺⸺⸺⸺⸺⸺⸺⸺⸺⸺⸺ 53

2.2.1 粉丝经济的定义 ⸺⸺⸺⸺⸺⸺⸺⸺⸺⸺⸺ 53

2.2.2 粉丝经济的诞生 ⸺⸺⸺⸺⸺⸺⸺⸺⸺⸺⸺ 53

2.2.3 粉丝产业的七个方面 ⸺⸺⸺⸺⸺⸺⸺⸺⸺ 55

2.2.4 传统经济的两个时代 ⸺⸺⸺⸺⸺⸺⸺⸺⸺ 58

2.2.5 如何打造粉丝经济 ⸺⸺⸺⸺⸺⸺⸺⸺⸺⸺ 59

2.3 社群经济 ⸺⸺⸺⸺⸺⸺⸺⸺⸺⸺⸺⸺⸺⸺⸺ 63

2.3.1 什么是社群经济 ⸺⸺⸺⸺⸺⸺⸺⸺⸺⸺⸺ 63

2.3.2 社群经济开启一个伟大的时代 ································· 65

2.3.3 社群经济时代的六个商业趋势 ······························· 66

2.3.4 粉丝经济与社群经济的本质区别 ·························· 69

2.3.5 从网红看社群化营销 ··· 70

2.4 如何高效利用网红思维 ·· 72

2.4.1 网红将是下一个风口 ··· 72

2.4.2 如何利用网红思维售卖产品 ··································· 74

2.5 月入百万的网红达人 ·· 76

2.5.1 网络购物平台的"网红" ·· 77

2.5.2 "网红"新势力 ·· 77

2.5.3 微商和网红的区别 ··· 79

2.5.4 网红背后有哪些宝 ··· 82

2.5.5 网红赚钱赢利的十大方法 ······································· 85

｜第3章｜网红是如何炼成的

3.1 2016年网红产业的四大趋势 ··· 92

3.2 时势造网红 ··· 95

3.3 成为网红的终级秘诀 ·· 98

3.3.1 谁将可能成为网红 ··· 98

3.3.2 成为网红必备综合素质 ·· 102

3.3.3 如何做一个好内容 ·· 105

3.3.4 如何做一个成功的网红 ·· 105

3.3.5　如何让粉丝对你感兴趣 ·· 109

3.3.6　网红蹿红的法宝 ··· 110

3.3.7　如何打造营销网红 ·· 115

3.3.8　网红如何长红 ·· 118

┃ 第4章 ┃ 做网红背后的经纪人

4.1　网络推手 ·· 122

4.1.1　什么是网络推手 ·· 122

4.1.2　网络推手特征 ··· 122

4.1.3　行业准则 ·· 122

4.1.4　行业格局 ·· 123

4.1.5　推广方法 ·· 123

4.1.6　如何成为网络推手 ·· 124

4.1.7　网络推手必备八大素质 ·· 126

4.1.8　代表人物——浪兄 ·· 129

4.2　网红"孵化器"如何运营网红模式 ··· 130

4.2.1　什么是网红"孵化"公司 ·· 130

4.2.2　培育"网红模式" ·· 130

4.2.3　网红"孵化器"的核心竞争力 ·· 132

4.2.4　网红"孵化"公司如何运营网红模式 ······································ 134

4.3　如何让网红变现 ·· 138

| 第5章 | 网红是如何做电商的

5.1 淘宝网红 ···146

　　5.1.1 淘宝网红的发展 ······················146

　　5.1.2 想成为成功的淘宝网红，需要掌握这些秘诀 ·········150

　　5.1.3 淘宝网红推广技巧 ··················153

　　5.1.4 商家如何跟淘宝达人合作 ············156

5.2 网红商业运作解密 ·····························159

　　5.2.1 网红的商业运作 ···················159

　　5.2.2 网红背后的产业链关系 ··············162

　　5.2.3 网红的吸金大法 ···················164

5.3 如何打造网红店铺 ·····························168

　　5.3.1 网红买手制的购物模式 ··············169

　　5.3.2 网红销售模式有望为品牌商打开吸引客流新渠道 ······169

　　5.3.3 网红虽然只是销售模式的转变，但有望帮助社交电商平台取代

　　　　　中心电商平台 ····················171

5.4 网红与电商的结合 ·····························176

　　5.4.1 什么是电商及网红电商化 ············176

　　5.4.2 电商发展趋势 ·····················177

　　5.4.3 运营模式 ·······················177

　　5.4.4 网红电商的运营优势 ················184

　　5.4.5 网红经济点燃社交电商 ··············184

　　5.4.6 社交电商如何用好"网红思维" ·········185

｜第6章｜ 网红的背后

6.1 "国民老公"——王思聪 ……………………………………… 192

6.2 一个集美丽与才华于一身的美女——Papi酱 …………… 196

6.3 "洪荒少女"——傅园慧 …………………………………… 207

6.4 宠物爱好者——回忆专用小马甲 ………………………… 210

6.5 喜剧导演——叫兽易小星 ………………………………… 213

6.6 内地女模——张大奕 ……………………………………… 217

第1章 网红的突起

1.1 什么是网红

1.1.1 网红的定义

网红，即网络红人的简称。是指在现实或者网络生活中因为某事件或行为而被网民广泛关注从而走红的人。从一定意义上讲，他们因为自身的某种特质在网络传播的作用下被放大，迎合了网民的审美、审丑、娱乐、刺激、偷窥、臆想等心理，从而有意识或无意识受到网络世界关注，成为"网络红人"。因此，网红的产生是网络红人、网络推手、各类媒体以及受众心理需求等各方面利益综合催化作用下的产物。

1.1.2 网红的类型

随着科技的发展和互联网的广泛应用，电影、电视、文学、音乐、传统艺术，这些文化领域中，很高的艺术水准也不可能如十几二十年前的某些"前辈"，几乎成为几代中国人的集体记忆。而在互联网时代平民狂欢造就的网络红人更被许多专家视为"一种喧嚣的泡沫"。这是多元的时代使然，并非人力的结果。一片繁花似锦中，有人倍感失望，也有人如鱼得水。那么，网络红人和传统意义上的明星有什么不同呢？其实说到底还只是成名的平台不同。

1. 从粉丝类型上分

1）大众网红

现在大多数人眼中的网红，更多指的是类似于Papi酱的大众网红。他们出色地玩转短视频、微博、直播、微信等各种投放渠道，受到大批粉丝追随，流量轻松突破10万+，快速成为大众关注焦点。

大众网红想要把内容转化为经济效益，就必须进行经济变现。变现渠道主要是依靠打赏、贴片赞助、视频植入广告等，然而商业化、功利化之后，嗅觉灵敏的粉丝又会不买账，从而不同程度"掉粉"，因此大众网红在商业化过程中不断遭遇"两难"选择。

2）垂直网红

就是在某个垂直领域的网红。与大众网红吸引"注意力"相比，垂直网红优势在于"影响力"。知名投资人黄斌认为网红其实就是影响力经济，"影响力经济，其实一直都在，无非现在影响力变现换成了互联网的几个形式，关键还是看影响力如何，如何积累出来影响力，如何变现。"

最近流行一句话叫作"每个创业者都应当成网红"。头狼资本创始人陈岸认为："投资网红首先是垂直细分，一个专业的角落里的网红可能并非人所共知，其成名过程或许比很多（大众）网红慢，但其号召力、变现能力、抗风险能力是大红大紫的娱乐扫街网红们所不能匹敌的。"因此，在足够大的市场中，有无数个垂直细分领域。比如，在经济领域细分还有财经，再细分有股市、期市、证券市场、收藏市场等等，包括最近火爆的邮币卡市场，都是对市场进行垂直细分的结果。

2. 从网红依附的载体上分

1）文字网红

最早的网络红人，在互联网的56k时代甚至更早，那是属于文字激扬的时代，培育在那一代的网络红人，他们共同的特点是以文字安身立命并走红。这一时期典型的代表如朱威廉、宁财神、痞子蔡、安妮宝贝等。

2）图文网红

当互联网已经进入高速的图文时代，这时候的红人开始如时尚杂志绚丽多彩起来，在这样的时代，网络女性占尽优势，以图载文载人。如果要问为什么，原因就是这时候的互联网更有读图时代的味道。这一时期的典型代表如芙蓉姐姐、奶茶妹妹、猫扑、凤姐等等。

3）视频网红

当科技不断发展，资费的平民化促使互联网用户越来越多，进入了宽带时代，网络歌曲、视频造就了一批网红。这一时期比较有名的如留几手、天才小熊猫、叫兽易小星等。

4）直播网红

2016年互联网中最火热的当属网络直播。随着花椒、映客、熊猫、虎牙等直播平台的观看人数增多，众多活跃其中的俊男靓女依靠自己出众的外表，风趣的语言和出众的才艺，赢得了众多粉丝的青睐，占据了流量的焦点，并获得价值不菲的打赏，赚得盆满钵满。这一时期的网红数不胜数，人数非常之多。

3. 从网红的表现形式上分

1）有特质的外形

虽然大部分网红都是美貌帅气、外形出众，但不乏一部分网红靠自己独特的造型、出格的装扮和张扬的个性成为流量之王。他们（她们）并不被主流审美所认可，但是却有极为鲜明的个性和社会影响力。

2）有价值的内容

这部分网红也许外形看起来非常普通，但是在某个领域或者行业有较为深刻的理解或者较为专业的技艺，其思想或技艺通过自己的理解转化为文字或声音及视频，深深影响了为某个行业领域粉丝的行为。

3）有整合的能力

就好比相似花草，被不同的人组合起来就会产生迥然相异的艺术效果一样，在网红圈子，有那么一部分网红不拼颜值，也没有高深的技艺，但依托自己强大的整合能力，将不同的资源有效组合，从而产生巨大的客户黏性，成为网红。

1.1.3　网红和传统明星的区别

关于网红的讨论尽管早已经开始，但真正火起来，还是起于2015年年中的淘宝网红经济研讨会。从那时起，锥子脸、大眼睛、美图靓衣、自带流量的妹子们，以及其动辄百万粉丝千万流水的变现能力，开始让人们逐渐意识到"网红"背后惊人的商业潜力，绝不仅限于人美包靓。淘宝网红经济研讨会自此，这个火热的概念被迅速套上各种各样的人物，网红变成了一个筐，凡是沾点边的，大家什么都往里装。Papi酱是网红（虽然之前Papi曾在豆瓣上公开表示"好讨厌别人叫我'网红'啊，我又没开淘宝店"），罗振宇是网红（自称：有知识的饼子脸正在成为下一代"网红"），就连徐小平这样的投资人也始料未及地被归为网红（徐老师的微博有1100多万粉丝，依旧完胜Papi酱）。其实万变不离其宗，网络红人的本质，就是以人格化网生内容塑造，具有较强传播力与影响力的调性网络形象。其背后的底层逻辑是基于网络平台的内容生产、传播与消费的全新运转模式。在新的时代，无论是谁都有机会运用互联网生态的便利，借助新的内容生产、传播与消费生态让自己一炮而红，甚至经久不衰，变成一个品牌突出、自带流量的人格化传播节点。当今网红概念的火爆与蔓延，其实质是新生态下内容创业崛起的具体表现。对比传统大众明星，具有如下三点显著特征：

首先，支撑网红的内容本身必须是网生化的，核心是以调性内容获取传播渠道。网生内容是塑造网红的必备条件。无论因何种特殊事件或行为被网民广泛关注，其内容本身必须是基于网络环境进行定制与改造的，而不能是简单的传统线下内容与身份地线上化，否则难以具有生命力。网生化内容有着多层次的内在要求。首先内容本身要符合网络生态下消费、传播、再生产的需要，而不仅仅是传统渠道内容的线上化；其次，内容传播要符合内容介质、传播平台与内容格式的新趋势，因地制宜选取合适的平台、传播对应介质与格式的内容；再次，明确的调性与主张是网生内容的必然要求，一个不被用户热爱或憎恨的内容在网络环境下是无法广泛传播的。举个例子，黄致列是2016年度内地颇具人气的演艺圈红人，假如他把《我是歌手》线上节目录像或者宣传照片直接搬到微博，则算不上网生内容。

其次，网红的传播节点地位是凭借内容自我生发的而非来自权威赋予。只要满足如上先决条件，其人格化实体不必然是草根，名人也可以通过网络变红，甚至也不必然是自然人，肆虐人人网的小黄鸡和读心有术的微软小冰都具备成为网红的潜质。网红本质上是一种调性网络形象，只要其人格化形象立足网络环境，以网生内容塑造，依照传播规律传播并被大量认可与消费，而不是来自于传统的渠道与权威赋权，不管是明星与名人，还是默默无闻的普通人都可以抓住机会成为网红。只是在具体机制上网红与明星略有不同。传统网络红人靠着美貌、机灵、话题、才华等等生产内容，从0到1实现粉丝积累，而大V与明星初期为人所知或许依赖线下身份的知名度，但是部分大V在此基础之上得到持续关注与广泛传播，却是因其笔耕不辍的网生内容生产。姚晨，可能会有部分粉丝坚持认为她是当今大陆第一女演员，所以微博女皇实至名归。但自称"老汉"的薛蛮子却是明证，许多人是先知道薛蛮子才知道什么是天使投资，老汉那些年参与的以打拐为代表的系列公共话题，也绝没有把微博当成资源项目的主战场。而通过持续不断的批阅与转帖，老汉最终也迷上了这种网络内容生产所带来的快感与影响，随后整个人也逐渐网生化存在，为了流量与关注不辨真假的去进行一些传播行为，到最后反受其害也令人不胜唏嘘。薛蛮子同理，如今"局座"张召忠在自有微信公众号上放出一票"局座"表情包的那一刻，他已经不仅仅是那个纵横央视的军事专家，而是一个具有高度可玩性的网络形象了。"局座"很清楚地知道，现在的青年对国防大学教授没有什么兴趣，倒是"战略忽悠局局长"更能吸引他们的关注。然而只要货卖出去了，专注国防教育的张将军并不顾忌做一枚大龄网红来实现国防教育的目的。

再次，网红是传播力与影响力的结合体，自带渠道、自带品牌两者缺一不可。网红当道的背后，是新内容生态下内容生产者对于旧有传播与影响力形成与交易机制的全面夺权。无论是引流卖货的淘宝网红还是广受推崇的魅力人格体，其间并无高低贵贱之分，归根结底背后是传播力与影响力两大指标决定其价值想象空间。传播力即其网生形象有多大的用户触达能力，说到底是渠道；影响力即其传达的信息是否为受众所相信依从、能够引起多大讨论，说到底是人格化品牌，也可以叫作魅力人格体。从这个角度上说，Papi酱可谓是既有流量又有品牌还自带千万粉丝，1200万元分一杯羹或许一点都不贵。人格化品牌，亦或是最近被反复提及的魅力人格体，是网红这一类目区别于其他网生内容的重要属性。在人群精确聚集与内容垂直高频的基础上，其人格化形象天然容易拉近与受众的距离并被深深记住建立黏性，说到底人喜欢和人交流，一个会说话的网红胜过万千数字与一堆逻辑。而基于人格化品牌形象，后续的流量迁移与扩展有着无限的想象空间，吴酒、罗辑思维月饼都可以说是这一领域的成功范例。我们甚至可以说，内容电商本质上卖的是品牌信仰，优质商品不过是用来确认感觉与强化信仰的工具，而调性内容所塑造的虚拟人格形象与独特价值观，才是成就网红的关键。当然仅有响亮品牌，不具备自有传播渠道也并不能成事。君不见"朝阳群众"比如来佛还要全知全能家喻户晓，为多少百姓所津津乐道，说它火得通红毫不为过。然而并不存在哪一个账号为"朝阳群众"所拥有，可以为其所发声、为人们所关注。作为一个概念，"朝阳群众"只能在二级内容中被他者不断提及、扩散，其本身的一级内容无法生产，传播势能无从释放。只要没有在网生环境中建立自有的内容传播节点，再好的内容与形象也无法变成网红，充其量只能是一个传说。而自带传播渠道以及渠道丰富多样、带宽足，也是网红异于传统明星的一大特点。传统明星与名人仅有形象与品牌，渠道功能全部由电视台、院线、报社等等承载。与网络红人可以跟随着时代步伐，充分利用微博、微信、短视频等等最新传播渠道自建流量渠道不同，明星往往只能依附于渐渐掉队的传统渠道，且在仅有的狭窄内容带宽中挤得头破血流。而正是内容生产传播与消费机制的变革，才催生了各路网红万紫千红、百花齐放的新时代。

1.1.4 互联网正在颠覆明星经济

相当长的一段时间，"网红"并未受到广泛认可，很多人对这个词"嗤之以鼻"。事实上，在Papi酱、Skm破音出现之前，大家印象中的网红就是拥有淘宝店、长着锥子脸、嫁给富二代的网络红人。现在是时候给"网红"正名了。Papi酱、Skm破音等新一代网红的出现，正在重新定义网红。

传统明星靠电视媒体为代表的传统媒体包装，网红则是生长于移动互联网的物种。移动互联网的造星能力正在体现出来，与电视媒体"中心化"的造星方式最大不同，网红的制造是去中心化的。因此从绝对数量来看，网红群体将大幅超过明星群体。移动互联网兴起之后，中国内地的明星经济正在悄然发生变化。

明星越来越多：你朋友眼里的明星，你可能根本没听说过。明星网红化，现在已是网红即明星、明星即网红的新娱乐时代。明星数量正在爆发式增长，粉丝被瓜分到一个个部落。这生动反映了长尾理论。注意力被稀释了，四大天王这类家喻户晓、老少通吃的明星不会再出现了。你有你的明星、我有我的明星，才是主流。

明星更接地气：移动互联网时代，如果明星选择与粉丝保持距离，结果就是被边缘化，不好意思，粉丝很快就会遗忘你。范冰冰热情地在微博分享她的"大黑牛"，Skm破音成天晒他的大金毛，这些行为从结果上是一样的。

随着明星经济的悄然变化，新一轮话语权正在更迭。传统明星太"装"，放不下身段，给了网红们乘虚而入的机会——当然，可称之为借助于移动互联网弯道超车，互联网正在颠覆各行各业，明星亦不能置身事外。明星网红越来越多无异于一场"供给侧"改革，粉丝越来越稀缺，明星网红必须努力去争夺粉丝。网红和明星的概念越来越模糊，未来人气巨大的网红就是大明星；不是网红就不是真明星。就像互联网改变传统行业一样，如果明星不拥抱网红经济，就会被颠覆。

网红争夺广告预算更是直接抢了明星饭碗。国外正在兴起的现象是，品牌厂商越来越青睐找"网红"代言了。世界时尚潮流资讯网（WWD）最新报道指出，知名度高的博主们，在刚刚过去的2015年收入保持在100万到300万美元之间，他们成为品牌们的新宠儿。网红与品牌的合作很多样：在Instagram上传一张使用了品牌衣服、鞋子、包袋的照片，就有

5000～25000美元的酬劳——这是半年前价格的5倍；220万Instagram粉丝的KristinaBazan，2015年10月和欧莱雅签订了7位数的合约，几乎打破行业纪录。

正是看到品牌商对"网红"们的兴趣大增，帮助网红更好商业化的机构出现了，如拥有诸多知名时尚博主的DigitalBrandArchitects（DBA），主要就是为品牌提供公共关系和数字战略服务。

成长于移动互联网的新一代网红明星，正在瓜分品牌商的营销预算。对于传统明星来说，这并不是什么好消息。正在"网红化"的传统明星并不会受此影响，反而是好消息：范冰冰发一条使用某品牌太阳镜的微博，抵得上许多网红一年的收入。商业本质没变，只是换了地方而已。

1.1.5 形形色色的网络红人

互联网时代，谁都可以成为网红。在这个看脸的世界，高颜值的美女网红总是吸引人的眼球。伴随着与各路明星、大咖的绯闻以及媒体的炒作，网红的定义被狭隘化至拥有靓丽青春外表且善于自我营销的年轻女子。事实上，微博上任何以人像为基础，拥有一定量的社交资产，且社交资产具备变现能力的账号，都叫作网红。值得注意的是，一个人的社交资产变现能力不一定和粉丝数成正比关系，垂直领域的特定属性某种程度上也决定着变现能力。然而网红的范围绝不仅限于此，微博上长期活跃着各类垂直领域的领袖或行业达人，包括游戏、动漫、美食、宠物、时尚、教育、摄影、股票甚至同志圈等等。对于各个垂直领域的关注者来说，这些网红极具影响力，尽管他们的影响力局限在一个特定的人群。

1. 美女网红

2008年10月，重庆一对双胞胎姐妹以漂亮时尚红透网络，她们是

"呛口小辣椒"，被网友称为"比Twins更美的最美双胞胎"Viviandan和Miumiu在网络上的帖子内容多以穿衣服搭配为主，其火爆程度让人惊叹，随手点开姐妹俩以"呛口小辣椒"为名发的帖子，每条点击量都在100万人次以上，回复量均数以千计。后来呛口小辣椒成立了自己的淘宝店，一时间淘宝上全部都是各种"呛口小辣椒同款"，可见其火爆程度。

美女网红的生成方式：线下名人的影响力延伸。许多时尚杂志的御用模特逐步转型做淘宝模特，利用早期做平面模特的影响力以及在社交平台的活跃性，逐步积累粉丝，成为网红。基于线上社交行为生成。长期活跃于社交平台，频繁的更新状态或者发布信息并与粉丝互动，传导优质的生活方式或者提供某一垂直领域的独特见解，成长为具有强自媒体属性的网红。网红孵化器一手培养。网红孵化器在社交平台上寻求有一定粉丝基础或者零粉丝基础但颇具网红潜力的人，利用强大精准的营销手段帮其推广并吸粉，使之成为网红。最后无论哪种方式生成的网红，大多最终会倾向于背靠专门的网红经纪公司。

2. 社交名媛

赵小姐本名赵若虹，前爱结网市场销售副总裁，前SMG（上海东方传媒）主持人。本科毕业于上海戏剧学院，并取得纽约大学、耶鲁大学双硕士学位，上海"赵小姐不等位""高跟鞋73小时"老板。丈夫赵廷，笔名"那多"，其父为《萌芽》主编、"新概念作文大赛"创始人。本人是悬疑小说作家，"赵小姐不等位"在上海共有6家分店。

3. 游戏名家

2009年——伍声，毕业于浙江大学生物医学工程专业。前DOTA职业选手，现任电竞视频解说以及淘宝卖家。他曾开创了电竞选手转型的成功先例，自己联系供应链先后开设四家淘宝店，主打自己粉丝经常需要的服装、游戏外设、零食等品类。一个月内，服装店销售额60万元，零食店销售额19万元，外设店销售额3万多元，每年仅店铺销售额可以达到700万元。

4. 健身达人

京城郎叔——微博签约自媒体人，热门微博最常见的健身达人，本人是健身教练。最初火爆始于犀利点评粉丝身材，邀请粉丝晒照，对其最满意的身体部位给予点评，或提出健身建议，以其不留情面的犀利话语积累不少人气。之后开始做健身的深度分享，写较为专业的健身方法等文章，进一步接受线下形式的预约咨询、课程等等。

5. 职业旅者

猫力，也称王小姐。专栏作家、编剧、广告制片；微博、穷游网人气博主；OPPO Ulike2 手机广告女主角。因一本和男朋友"瘦肉"同游世界纪录书籍《猫力乱步》一炮而红。美颜、古灵精怪、不怕脏不怕死，爱谈"屎尿屁"。自大学起，陆续游走日本、韩国、老挝、柬埔寨、泰国、越南、印度、马来西亚、斯里兰卡、伊朗、亚美尼亚、卡拉巴赫、格鲁吉亚、土耳其等地。无数粉丝被她那句"我只担心一件事，就是死前还没把这个世界看完"所打动，跟随她的照片和文字游览世界各地。

6. 同志"名媛"

夏河，出生东北，14岁从外地到北京读书。早期叫J.Law，凭借让人产生共鸣的文字和精美的照片在网上有着颇高的人气。2008年因为与麦洛洛的恋情而被更多人知道，被神化、妖魔化。喜欢他的人或疯狂迷恋或默默支持，讨厌他的人也不断诋毁他。因其属于首批大胆"出柜"并分享同性交友日常等内容，在网络上火爆，后来也创建品牌，开淘宝店铺，主打各类护肤品牌，30天销售额过百万元。

7. 动漫、二次元深度患者

郭斯特的原型是一个头戴睡帽的小精灵，萌属性，传递爱与正能量，喜欢别人叫他欧巴。由漫画家林记创作而生。博主林记通过微博来推广漫画。郭斯特多格漫画（精品原创条漫单条转发平均10万次以上）、电脑壁纸、手机壁纸、手机主题、微表情、输入法皮肤、QQ空间模版，均已推出。郭斯特品牌制作了多种繁多的动漫衍生品，包括毛绒公仔、手机壳、造型U盘、T恤、头盔伞、钥匙扣、笔记本、郭斯特马克杯、床品四件套、箱包等。2014年7月1日，郭斯特首家主题咖啡馆"郭斯特梦想特供屋"在福建省福州市正式开业。

8. 摄影狂人

摄影师王天浩是一名旅行摄影师，也是微博签约自媒体，通过微博公众账号来讲解拍照技巧，推广拍摄作品。

9. 超级吃货

文艺吃货青年是一个不靠颜值的网红，人像被弱化，其微博以推荐各地特色美食及美食制作为主的平台，微博里汇集了门派最多、数量最大、范围最广的美食资讯及美食做法、健康美食的Top排行榜，美食已不仅仅是简单的味觉感受，更是一种精神享受。

10. 宠物与主人

穆熙妍，1979年3月11日出生于中国台湾，主持人、模特、艺人。曾在加拿大温哥华新时代电视台主持过5年的电视节目。后参加选美，现在回到台湾发展。穆熙妍养了两只小狗和一只小猫。"糖糖"是捡

来的流浪狗，最终还是因心脏病离开了。另一只长得像狐狸的小狗叫
Toffy，天生耳朵失聪听不见，个性也傻乎乎，最爱撒娇。猫咪Miky在
微博上出镜率比较低。

11. 母婴育儿专家

"我跟熊孩子的日常"微博号博主是一位生活在海外的妈妈，主打
与孩子共同成长的主题，分享欢乐点滴，并搜集各国关于育儿的资料、
视频、搞笑的内容等等，在妈妈群体中具有相当高的人气。

1.1.6　网红发展的文化背景

1. 网络推手现象

所谓网络推手，他们或是某网站论坛的版主，或是某个版块的网
编，或是某个游荡网络的普通网虫，他们靠发帖设置话题，吸引网众
眼球，赚取点击量。"网络推手"也被称为"幕后推手""网络策划
者"，是懂得网络推广策略并能熟练应用的人或组织。从广义上看，只
要是在网上涉及炒作推广的人或机构都是网络推手，他们不仅策划推广商
品和个人，还善于制造网络事件，对网络话题进行炒作营销。从职业定位
来说，网络推手并不算是一个新兴职业，因为他们具备策划人和营销人的
一切特点，只是将其运作平台转移到网上而已。但它确实又是一个创新的
职业，因为之前并没有出现专门做网络策划或网络营销的网络推手。

2. 媚俗文化

"媚俗"就是过分迁就迎合受众群体，以作态取悦大众的行为，而
且要讨好大多数人的一种态度。

基本特征是商业性、绝对性、矫情性及崇拜现代性。典型体现为：隐藏商业目的、虚假的激情、做作粗俗的坏品味，迎合大众的作秀，不反映真实等等。

3. 青年亚文化

特征：

（1）以反抗"父母文化"为特征。

（2）"自我"成为张扬个性的盾牌。你可以什么都没有，但你不能没有代表自己的个性。

（3）容易形成网络暴民。

"网络恶搞"是一种典型的青年亚文化，恶搞的生产者和受众多是青年一代，他们是网络狂欢的主体，体现了"无厘头"文化颠覆经典、解构传统、张扬个性、反讽社会的自由精神，具有强烈的草根性、现实性和幽默感。

4. 草根文化

所谓"草根文化"，是伴随着改革开放思想的解放、意识观念的革命、科技进步、市场经济发展、创新2.0的逐步发展引发的创新形态、社会形态变革及其带来的社会大众道德观念、爱好趣味、价值审美等变化，出现的文化多样化的发展趋势，在民间产生的大众平民文化现象。而今的草根文化又渐渐地成为了以年轻人的审美趣味为主的通俗文化。

草根文化对大众的影响：

从积极方面看：

（1）"草根文化"从产生到不断发展过程丰富了人们的文化生活，迎合了人们的精神需求，体现了文化"百花齐放，百家争鸣"的方针。

（2）是对主流文化的辅助和补充。主流文化与草根文化是一种雅与俗的关系，也是一种补充关系，这样才使得文化体现出真正的"雅俗共赏"。

（3）有利于促进思想活跃，减少封建顽固思想和盲从意识，从而更好地调动人们的积极性、主动性和创造性，在无形中，草根文化对现今的一些社会顽疾进行了讽刺与批判。

（4）草根成功的途径就成为青少年实现自我的途径。

弊端：　"草根文化"的民间性、大众性、生活性，难免带有一定的糟粕和腐蚀性。具体来说，草根文化中的平民化思想是受人民群众喜爱的，然而，如果平民化在错误的方向上发展就可能庸俗化，于是草根文化出现了低俗的一面，比如暴力文化、色情文化、邪教文化等"杂草"丛生，不利于人民群众文化层次的提升，而且会带来一些负面影响，潜移默化地植入人们的思想意识里。

1.1.7　网红发展的社会背景

当今社会来说，自从经济体制改革以来，用工制度得到了彻底的改革。在没有进行经济体制改革之前，各企业用工都是计划用工。经济体制改革后，各企业有了绝对的自主权，可以根据劳动法来招聘用工人员，这给企业用工带来了一个很大的好处，首先消除了人浮于事的现象，真正做到了物尽其用，人尽其才。使企业的办事效率有了快速的提高，加之企业生产引用了计件制，多劳多得使工人们的干劲有了充分的发挥。正因为如此，各企业的用工标准也是越来越高了，在录用人员时的门槛也设得很高，因为毕竟用工的岗位少了。这是有规模的大中型企业的情况，一般情况下，企业用工也不会招用更多的人员，高薪岗位更是凤毛麟角了。只有廉价的建筑市场用工是最活跃的，但是，它不能长期地工作下去，建筑工程结束之后，也就各奔东西了，只有自谋职业，才是我们的选择方案，没有别的出路了，现在社会的就业难的状况，可能在很长一段时间不能改变，这是体制的问题不好解决。而在如此就业压力、竞争压力之下，想要上位就必须走起外门路了。而越来越多的人也尝到了甜头并形成了热潮。

1.1.8　网红背后的内容生产传播与消费机制解析

网红万紫千红、百花齐放的背后，是网生环境下介质、平台、传播方式等因素的发展变化，创造了彻底变革旧秩序建立新时代的海量机会。而旧秩序中至今生命力最为顽强的，非电视莫属。电视走进千家万户之后，尤其是在有线电视网络全国普及之后，中国进入了一个10亿观众同此荧屏的大众传媒时代。有限的上星电视台事实上面对的是无法区分的大量潜在观众，除了作为渠道方猜测的并不精确的大多数进行信息轰炸，似乎并没有更好的办法去做精准传播。而这一时期背后主导一切的收视率逻辑，决定了在内容选择上只要被大多数观众认为不比其他频道更烂就是最好的结果，因为收视率只有0和1，唯一的变现逻辑就是贴片硬广，仅有少数的头部频道的头部栏目，能够从自身品牌属性中获得差异化价值。与此同时，上星频道数量稀缺，能够实现全国信息广播的就是那么几十个频道，而电视受众观看行为也就集中在一天中的那么几个时间段，直播模式下的电视渠道的内容分发带宽之窄令人叹然，这种渠道分发能力与内容容量的先天不足也极大地压缩了内容本身的生长与分化空间。在这一泛受众、窄带宽的内容逻辑下，为了追求收视率的最大化，泛化的大众内容大行其道就是必然结果了。每个人都觉得电视节目在讨好你，但却越来越不好看，而电视节目为了让更多人收看，决定千方百计迎合更多观众，最终节目的平庸化愈演愈烈，蔓延到渠道调性。那些最鲜明、最新潮、最年轻的垂直商品与服务不得不重新考量电视媒体的渠道价值，传统上附着于渠道的流量思维也开始向附着于内容的调性思维转变。无论对于节目内容还是造星，电视媒体的平庸化绝对是不遑多让。这就苦了众多的广告业人士，不但要挖空心思传达品牌形象，还要与渠道本身的平庸调性做斗争，因为看电视的用户实际上已经睡着了，你必须通过广告把他们叫醒。但互联网的发展与渗透让一切迎来了巨大的转机。

首先容纳内容的带宽随着点播模式的加入得到大大提升，而近乎无限的频道与储存位置，也为内容生产的垂直细分提供了更加广阔的容纳空间，同时以往的渠道垄断在网络环境中随着平台的充分竞争烟消云散。

其次，6亿网民活跃在虚拟空间中，为内容提供了巨大的出口，他们日益垂直化、圈层化，对内容需求也多种多样且可以被精确归类触及。当然，脱离了权威与渠道束缚的互联网环境中更流行人来说话，并且说人话、平等对话，人格化的网生内容更容易为大家所接受。

再次，不断更新的内容格式与新兴平台极大拉低了内容生产传播与消费的门槛，改变了过去固有格式对于内容传播的阻碍，无所不在、自适应、泛媒体的信息与内容高效而充分地嵌入到人们的日常生活中；最后，互联网极大密切了人们的社交关系链互动频次，并建立起威力巨大的社交传播网络，好内容本身具备了一炮而红的结构势能，而好内容的唯一标准就是受众喜欢。基于全新的内容生态逻辑，以某一垂直内容像美妆、搭配、段子等等为切入口，持续生产具有价值观像"本宝宝吐槽针针见血""知识是互联网新入口"等等的人格化内容，不断增长聚集内容核心受众，借助适宜平台与内容格式如微信、微博、短视频、贴吧等等实现内容的定制化与广泛分发，通过粉丝的互动制造参与感并保持黏性，内容通过粉丝的社交传播开始不断吸引新用户进入，随着雪球越滚越大，一个网红便初步养成了。

与传统明星不同，网红自带渠道流量且品牌高度垂直，广泛分布在针对不同垂直群体的各个圈层之中，同时替代原有模式中的渠道方，重新掌握了流量分配的主导权。而在人格化品牌价值上，与过去明星借助于渠道增加曝光获取品牌价值不同，目前的网红养成模式中已经实现品牌与渠道合二为一，通过自主内容生产完全掌握，中间环节都被尽可能省略，受众直接与内容建立连接。与此同时，基于网络的内容平台也取代了传统媒体平台的地位，但身份从渠道垄断者变成流量来源的服务者，专注于购买或通过优惠扶持条件吸引优质内容。

过去，没有渠道就无法播出内容。但随着旧有内容带宽被大大拓展，平台与格式空前丰富，传播空前便利。如今，没有内容就无法形成渠道，或者没有内容则渠道毫无意义。

1.2　解密网红历史

1994年4月20日，一条64K的国际专线接通，中国互联网时代正式来临，而网络红人从那时就已经开始了。在我们普通家用网络只有几千字节的年代，痞子蔡的《第一次亲密接触》开始跨越海峡，风靡中国当时各大网站，网络文学走入人们视野当中。痞子蔡的走红让人们看到网络文学的有利可图。

1997年由美籍华人朱威廉创办文学网站"榕树下"，诞生了后来红极一时的编剧宁财神，以及安妮宝贝、今何在、慕容雪村等人，并且在线下与出版社达成合作，进行推广，这个时期的网红大都有自己才情和文笔，盈利方式也主要靠写书、文字。

2000年后，随着带宽的加大，互联网迎来图片时代，兴起的网站如猫扑，而现在正红的导演叫兽易小星也活跃在那里，只是没有现在这么红。芙蓉姐姐的到来，将图片网红推向高潮。

2004年，史恒侠将自己的照片传到了水木清华、北大未名和猫扑社区，开始了她的网红之路。因为她最初在水木清华发帖时所用的文章标题含有"清水出芙蓉，天然去雕饰"，所以被网友称为"芙蓉姐姐"。芙蓉姐姐过后，凤姐开始更加激烈的炒作，并在上海广发征婚传单，列出的要求为"必须为北京大学或清华大学硕士毕业生。必须本科硕士连读，中途无跳级，不留级，不转校。在外参加工作后再回校读书者免"等等。而后更加放出雷人语句，"我九岁博览群书，二十岁达到顶峰。我现在都是看社会人文类的书。例如《知音》《故事会》……往前推三百年，往后推三百年，总共六百年没有人超过我"。这个时期的网红炒作方式更加激烈，如今芙蓉姐姐出场费在15万元，凤姐更是洗白成为网络作家、凤凰主笔，二者运用的手法就是先打知名度，后做美誉度，而网络推手开始浮出水面，成为网红背后的玩家。

随着时代更替，微博这个里程碑级的平台诞生，瞬间成为了网红的最佳诞生地，并且网红炒作模式更加专业，有人需要，网络经纪公司签合同，配合炒作，水军引导舆论。而这个时候诞生出的网红诸如留几手、天才小熊猫等人。

1.3 网红的特征

在2015年当中，网络红人这个熟悉的群体再一次亮瞎人们的眼球，先是以王思聪为首的实力派，以郭富城、罗志祥为首的偶像派等人找了网红做女朋友，于是开始"八卦"，被扒后发现网红不但人美、众人眼红，而且还自身经营淘宝店，年赚过亿！多少制造业老板一年到头赚不到"北上广深"一套二居室房子的钱，居然被一个网红超越！人们再一次搞不懂这个世界了！而随着Papi酱成为2015年末至2016年初最热门的话题之一，我们再一次疯掉了，一个集贫穷与平胸的女子让千万少男少女明白，原来肤白貌美锥子脸大长腿并不是网红标配。

下面介绍网红成名原因分析。

1. 艺术才智成名

这一类的网络红人主要是依靠自己的艺术才华获得广大网民的青睐。他们大都地处草根，一般不是科班出身，没有接受所谓"正规"的训练，往往是依托其非同一般的天赋和在兴趣支配下的自我学习，从而在某个艺术领域形成了自己独特的风格或者技巧。他们通过把自己的作品传到个人网站或者某些较有影响力的专业网站上吸引人气，由于他们在艺术上不同于主流的独特的品位，所以能逐渐积累起来不错的人气，从而拥有某个固定的粉丝群。

2. 恶搞作秀成名

这一类型的网络红人通过在网络上发布视频或者图片的"自我展示（包括自我暴露）"而引起广大网名关注，进而走红。他们的"自我展示"往往具有哗众取宠的特点，他们的言论和行为通常借"出位"引起大众的关注。他们的行为带有很强的目的性，包含一定的商业目的，与明星的炒作本质上并没有区别，都是为了引起大家的注意。

3. 意外成名

这一类型的网络红人与第二类相对，他们主观并没有要刻意的炒作自己，而是自己不经意间的某一行为被网友通过照片或者视频传上网络，因为他们的身份与其表现同社会的一般印象具有较大的反差从而迅速引起广大网民的注意，成为"网络红人"。他们因为与其身份不符的"前卫"而具有一两个闪光点，从而被某些眼光独到的网民所发现并传诸网络，大众在猎奇心理的驱动下给予关注，觉得新鲜有趣，作为消遣。但是他们自身往往并不知道自己在某一时刻已经成为了网络的焦点。

4. 网络推手成名

这一类型的网络红人是通过精心策划，他们背后往往有一个团队，经过精心的策划，一般选择在某个大众关注度很高的场合通过某些举动刻意彰显他们自身，给大众留下一个较深的印象，然后会组织大量的人力物力来进行推动，在全国的各个人气论坛发帖讨论，造成一个很热的假象从而引起更多的网民关注。因为这一类人事先有精心的策划，时机把握得当，在推出后继之以大量的炒作，所以他们成名的概率通常比较大，而第二种类型的人则有可能会被网络上铺天盖地的信息所淹没或者由于网民的见怪不怪而石沉大海，成功率较低。

（1.4）网红为什么这么火

1.4.1　为什么网红崛起是必然性结果

1. 淘宝流量成本居高不下

大家都非常清楚阿里巴巴的赚钱之道，淘宝（www.taobao.com）目前在全球Alexa综合排名第11名，中文排名第3位。淘宝拥有巨大的流量，同时也有将近700万的店铺数量（包含天猫，数据非官方）。早年间，淘宝是草根创业的最佳选择，也有很多成功的典型案例。现在，淘宝之前的玩法都是有钱人才能玩的。为什么？去看看这篇《在天猫开店，成本20元，卖60元也亏本，这是为什么？》你就知道为什么了。文中提出了一个观点非常贴切，"大淘宝"的商业模式，是"平台+收费站"模式。

2. 外部流量获取

社交渠道转化论坛BBS、贴吧、博客、豆瓣等。

➢ 论坛，已经慢慢消失在历史的舞台了，除了前阶段天涯的新三板风波，已经很难让人再去注意论坛了。不过倒是那些地方性论坛活得好好的，都在闷声发大财，不过这个能带来的转化也是有限的，毕竟地方性论坛的流量有限。而且，每个论坛的管理也很严格，稍有不慎，帖子就消失在二次元世界了。

➢ 贴吧，贴吧前阶段的事件本身就闹得沸沸扬扬，而且目前贴吧的发帖规则动不动就把你的帖子删除（不管是不是广告帖，某些字眼被监测到就直接把帖子抹掉）。假设有幸，你逃过了系统的监测，却逃不过吧务的法眼。至于知道、文库、经验，你想都别想了，早就被SEO大军侵占了，除非你也花笔钱把一些关键词抢回来。

➢ 博客，2015年11月30日，新浪博客启动了"Z计划"，旨在打造全新的自媒体产业链。2009年开始，新浪把战略转移到新浪微博。博客时代最具代表性的新浪博客，也渐渐地走下坡路。目前新浪博客的主要内容产出集中于财经一块，并不适合做电商外部流量源。其他博客平台更不说了，该关闭也关闭了，该转型的也转型了。

➢ 豆瓣，早期也非常风光。很多比较知名的淘宝店铺、创业公司都是从豆瓣小组走出来。但是随着微博、微信、贴吧等平台的崛起，很多豆瓣的用户开始出现了转移。不过，目前豆瓣小组还是聚集着很多小众群体，集中于旅游、美食、摄影等内容。2013年，豆瓣推出了自己的电商导购平台"豆瓣东西"，由于本身平台的原因，也是做得不温不火。

➤ 电商导购平台，美丽说、蘑菇街、什么值得买等导购平台曾经红极一时（最近也非常火），初期依托"大淘宝"平台，闷声赚了很多钱。后来因为种种原因，美丽说和蘑菇街转型自己做电商平台。2016年年初，两家死对头也"喜结良缘"，斗了那么久，终于"在一起"了。

特别要说的是，"什么值得买"首次向资本开放，接受华创资本的1亿元投资。未来"什么值得买"将着力构建中国市场上最大的消费类内容原创平台。有点类似海淘平台"小红书"，不过"什么值得买"涉及的品类会更广，内容形式也更多样化。未来内容创业者，如果你的方向跟这方面有关，"什么值得买"是一个你不能忽视的平台。PS：国内主流图片社交平台In，也是从导购发展而来，创始团队最初先做了一家名为"爱图购"的品牌导购平台。

➤ 返利导购网，2015年12月，返利导购平台"淘粉吧"挂牌新三板。返利网、返还网等返利导购平台，成本也不低，如果你想冲量的话，这是一种合作方式。早期，淘宝内部也在这方面下了很大功夫，创办了U站、阿里妈妈等。U站已经停止运营了，不过，从U站里面走出了几个很牛的创业团队，九块邮、卷皮网等都是从U站走出来的。说到阿里妈妈，一定会提到淘宝客，淘宝客在"双十一"的时候表现也很抢眼，不过不是我们今天要提的主要内容，就不做深挖了。

➤ 广告联盟，广告联盟虽然可以带来大量的流量，但是，很多时候带来的流量都不精准，转化率低，无形之中，这种形式的获客成本也高了。

上面所列举的淘宝外部流量来源，成本大，效率低。除了上面所说的平台以外，还有目前国内两个拥有大流量社交平台——微信和微博。微信因为种种原因已经屏蔽了淘宝的所有相关链接，正常方式已经没办法将微信巨大的流量转移到淘宝上面去，虽然淘宝也做了一些举措，但是杯水车薪。没办法实现大面积引流。对所有的外部流量平台进行综合考量，微博就是最佳的选择。

为什么微博是最佳的选择呢？

1）庞大的流量

微博（www.weibo.com）目前在全球Alexa综合排名第15位，中文排名第5位。虽然，一直有很多数据在指出微博的活跃度不高。但是，并不难排除它还是目前国内的社交巨头之一。

2）对电商领域保持开放

2013年，阿里巴巴以5.86亿美元收购新浪微博18%的股份。此后，微博成为了阿里巴巴最大的流量主了。在内容管控上面，并没有做针对性的封杀（除了微信之外）。并且，微博本身也在做电商化转型。

3）互动性

微博的社交关系虽然很弱，但不能否决博主与粉丝之间的互动性，相对于其他平台来说，微博的互动性还是很不错的。由于社群的发展，微信也开始出现大面积的"无效社交"，我自己微信里面就有一部分好友，从开始到现在，一句话也没说过。

4）传播性

新浪本身是做门户网站起家的，所以对于信息的传播有自己独特的理解。微博本身就具有很强的娱乐属性，容易引爆话题，目前话题营销也是微博营销的一种比较热门的方式。还有微博的弱社交关系，也在一定程度上，加快了一条信息在微博上面的传播速度和传播范围。微信的流量更多的是内部消化，拥有如此巨大的用户量，腾讯本身就不想太向外界做过多的流量导入，自身产品产生的流量足够其内部其他产品消化了。PS：微信流量是大，但你要记住它已经屏蔽了淘宝的链接了，从微信做流量转移太难了。

5）粉丝聚拢

"围观文化"是中国网民独特的网络文化，如果你在微博上面做某个话题的曝光（炒作），很容易聚拢一批关注你的人，聚拢一批人之后，对其进行维护，留下来的人，都将会成为你真正的粉丝。"名人效应"在微博也非常容易聚拢一批自己忠实的粉丝，所以也导致一种现象，现在很多网红会想方设法炒作自己，先让自己成为名人，以达到聚拢粉丝的目的。

6）内容多样化

这段时间，为了扶持"内容创业"，微博做了很多大动作，先是承诺将拿出4亿元进行分成，接着推出了"头条文章"应用，并且取消140字发言限制。微博上面内容的呈现形式可以文字、图片、图文、视频、音频等多种形式。特别要提的一点是，在短视频方面微博具有很大的优势。短视频也是未来一年，内容创业的趋势。现在有很多"网红"经常拍摄一些短视频来跟粉丝互动，最真实地向粉丝展示自己，提高粉丝的忠诚度，对复购率有很大的帮助。做好回头客，一直是很多卖家头疼的事情，包括现在传统店家，对这块也非常头疼。

上面的因素，让微博成为电商最佳的流量获取渠道。"名人效应"是聚拢粉丝最快的手段，所以预计2017年将会有很多品牌主签约"网红"，打造电商社群。并且之前的文章我也提到，电商是未来"内容创业"最好的变现方式。所以，就有很多演员、模特、设计师、摄影师、达人（美妆、搭配）转型做电商。还有，淘宝C店的入驻门槛很低。所以就造就了现在一种现象——网红店铺异军突起。

所以，网红的崛起是一种必然性结果。

1.4.2 网红为什么如此火爆

网红可能是当下吸睛比较厉害、最具看点、具有平权意义和上行想象空间的社交电商分支。坐拥大量的粉丝，不需要花钱投放广告，不需要看平台脸色，不需要购买促销坑位，只需要在微博微信上不断

"晒"，不断分享场景细节，或者直截了当推荐产品，就能引粉丝们用订单所表达的追捧和热爱，这其中的佼佼者包括张大奕、呛口小辣椒等，年销售额过亿。为什么网红会这么火呢？

1. 从消费性价比到消费认同

淘宝为代表的电商平台本质上是一种比价消费，性价比最高的销售量大，性价比低的淹没在十亿级的SKU（库存）里。网红的主要变现渠道是电商，通过展示消费者所认同的生活方式，生活场景，引起粉丝的认同获得订单。网红经济本质上就是一种社交导购、内容导购，通过内容的展示获得喜欢这些内容和喜欢这个人的受众的购买。玩车教授就是一个典型，通过丰田汽车的趣味性介绍文章，个把月左右从线上卖出一百多台汽车！在过去能达到这样的销售量是非常困难的。

2. 处在大众消费到个性消费时代的风口

消费者不再喜欢趋同的产品，更倾向购买能够体现自己的心情，表达自己的情绪，满足自己的内心追求，特别是满足梦想探求的产品，而不再只是满足基本需求的大众化产品。用户迁移背后是产品需求被普遍满足（大众消费）后的更高层次消费追求（个性消费）的进化。产品当今已经足够丰盈，随处可以购买到，在基本的使用需求得到满足后，消费者的需求进化成追求，进化成探求，更喜欢的是能够和自己的个性，和自己的审美，和自己的向往，和自己的所处场景，和自己的追求匹配的产品。最近自媒体圈备受关注的"咪蒙"通过一篇文章获得了3000多份保健品订单，主要原因在于消费者在阅读她的内容的同时获得了心理上的愉悦，说出了自己想说而不敢说的话，继而消费。日系保养保健品被情绪化的内容包装之后得到了粉丝的慷慨支持。

3. 网红本身的天赋以及努力

Papi酱的犀利幽默，中戏演艺出身的表演功底，几十秒精彩短视频背后付出的视频拍摄剪辑、绞尽脑汁的台词修改、剧本策划毫无疑问是喜欢她的粉丝们所看不到也不知道的艰辛。高颜值的网红们，据熟悉的摄影师介绍，经常需要穿不同的衣服摆拍，一站就是半天，烈日下一晒就是两三个小时，有时得面对镜头微笑几百次，拍摄完下来，脸蛋笑僵了，一身累痛。还有那些直播间的网红们，虽然轻松月入十万，但几乎每天都端坐在电脑前唱歌跳舞，也是极其枯燥的苦力活儿。

4. 社交网络平台迭代提供了生存土壤

在过去论坛时代、博客时代，网红基本上没有太大的爆发和商业变现可能，微博崛起之后，开始有了网红的雏形，包括论坛时代天涯上的版主，豆瓣上的达人，开始在微博上红火起来，也包括当下的主要渠道之一——微信公众号。记得2009年，微博上有个"后宫优雅"，尽管人为炒作痕迹明显，但不得不承认，那是最早的微博网红之一。透过内容，透过互动，透过图片展示，获得了喜欢自己的粉丝，通过内容运营巩固影响力，通过互动产生流量，持续扩大影响力，最终得以变现。

5. 娱乐上的多元化与视频直播技术发展

娱乐的多元化，审美的多元化，很多人愿意在电脑前看这些女孩子的非专业表演，还慷慨解囊赠送各种礼物。刚过去的春晚大家可以感受到，这里就不展开了。视频直播技术的发展，以及这种视频直播技术被广泛应用在各个领域，是直播间或者视频网红能够立足的基础。包括当下被网红们使用较多的"秒拍"等短视频应用，也是技术迭代升级的结果，让用户可以随时随地进行视频展示。

6. 人们审美趋势的变化

"高鼻梁，大眼睛、锥子脸，人物照四十五度仰拍，图片必液化，样貌不细看傻傻分不清。"不知从什么时候开始，这样的标准成了网红的标配，但是，就在最近，好奇心日报做了一次审美疲劳的投票，结果3000多位网友表示，人们对朋友圈中千篇一律的小清新网红整容脸最无法忍受，而新一代以内涵著称的网红的崛起更是证明了只看脸时代似乎快要过去。毋庸置疑，受众已经进入审美疲劳阶段。审美疲劳准确的说是心理学上的感觉适应症，适应意味着神经和知觉活动逐渐地不能再反映刺激物的真实性。事实上，各种感觉都会产生适应现象，网络时代的我们常常置身于网络信息的狂轰滥炸之中，对各种视觉、听觉的刺激已经产生了心理的超负荷感受，从而无法体会到审美的快感，反而对审美产生厌恶和排斥的心理。随着这种心理的产生，人们开始寻求新的刺激，这样就对网红产生了新的要求和标准，不能只做一个颜值网红，还要在美貌的基础上有才华。

7. 颜值+才华，网红新标配

何谓有才华，这一标准的界定似乎显得不那么明确，可以是某一领域的达人，可以专门吐槽社会热点，也可以把握当下人们的心理需求。靠文字嬉笑怒骂的咪蒙，教人化丑妆的艾克里里，当然，还有Papi酱。Papi酱作为当下网红代表，表面上看虽是靠着搞笑的变声器、夸张的面部表情和肢体语言来吸引人们关注的，但细细斟酌不难发现，她每条短视频无不把握流行脉搏，与年轻人们产生共鸣。而且其全面运用互联网的多种平台进行同步投放宣传，快速占领各个网站的热门点击量，一夜爆红网络，成为话题的领军人物，在2015年的网红排行榜上，Papi酱紧随王思聪之后，夺下年度第二名，而帮助其获得第二名的成绩指数中，创作力得分也让众多网红望尘莫及。

8. 缩短的造星模式，持续的生产力

网络时代，似乎所有的生产流水线都被简易化了。在传统的造星模式中，明星依靠经纪公司的包装和打造是可以完成批量生产的，从签约经纪公司到完成一部作品再到家喻户晓，往往需要一个漫长的过程，诚然不排除一夜家喻户晓的情况，但只是个案。但在网络时代，网红借助自媒体的力量，直接自己制作创意产品，跳过了传统的造星模式，也减少了漫长的付出所带来的时间成本。自媒体盈利主要依靠微博和微信平台，改变了传统的吸金机制，以Papi酱为例，她在微信平台发布的短视频《大家好，我又来精分了》在较短时间就吸引了3000多人打赏，以微信打赏最小面额2元计算，至少有6000元的收入。这种内容生产模式的变革，看似只是台上一场众声喧哗，但事实上却联系着许多行业生产链的变化。

原因还有很多，比如网络支付的普及，支付宝的4亿多用户，微信的2亿多绑卡用户，移动支付的普及也是网红能够进行变现的商业基础。比如当下中国互联网正在从娱乐互联网向商务互联网转型的大风口，在这样的大背景之下，网民们已经培养起比较良好的付费习惯，愿意为自己的审美，为自己内心的追捧付费，愿意为心仪的偶像买单，也愿意为那些能够很好地表达出自己的内心，向自己的情绪代言人打赏。

1.4.3 网红胜在持之以恒推广个人特色

在这个追求个性、求新求变的时代，不能用日新月异的新技术生产一堆繁文缛节的旧文章，而是要时刻敏锐地学习、主动地沟通、适时地变化，与互联网的用户们保持着同样的节奏和活力。

无论是营销还是炒作，在半年的时间，这个经营着微博、微信、视频等一系列自媒体账号的Papi酱，凭借40多条时长不超过5分钟的视频，

在微博、微信和视频网站上吸引了一大批拥趸，最近还获得了1200万元的投资。在投资创业越来越审慎的大势下，如此规模的"输血"的确出乎很多人意料。互联网这些年造了不少网红，从论坛博客，到微博、微信，再到最近很火的网络直播，互联网的"造红运动"一直与时俱进、各领风骚。"造红"也成为互联网的一项产业，被人诟病多年，也被人吹捧多年。

网红是一个鱼龙混杂的群体。回头看看这些年我们讨论过的网红们，有的是有真才实学，凭知识和观点吸引粉丝；有的是哗众取宠，靠乖张和暴戾吸引眼球；有的是有商业头脑，开了各种网店赚得盆满钵满；也有的是靠PS图片一步步嫁入豪门，成了所谓的"人生赢家"。在互联网上，这些良莠不齐的"网红"成了很多网民的共同记忆。而那些能真正脱颖而出，被人们发现、记住并口耳相传的网红，并不是因为他们拼命博眼球，而是因为与众不同的特色和品质。他们的走红带着鲜明的互联网代际特色，带着互联网技术升级的印记，带着互联网对传播和商业环境改变的时代烙印。

与众不同是互联网时代最大的本钱。这些网红之所以能红，是因为他们暗合了互联网时代一部分的性格特征，比如宅、自嘲、孤独、小清新、爱分享。他们能敏锐地抓住一点，在此基础上打造出鲜明的个人特色，并持之以恒地将之推广传播，最终让自己和身上所带的特点成为大时代的印记之一。互联网是浩瀚的信息海洋，但这片海洋中有相当大一部分内容是重复的、无用的、垃圾的。看看今天的互联网产品，大量同质化的内容不但造成了资源的浪费，也造成了用户的审美疲劳，而最终会导致同一类型产品的整体性滑坡。

对各路互联网创业人士来说，"网红经济"也能提供一些启示和思考。要打造能红起来的互联网产品，首先要感受互联网的时代精神。在这个追求个性、求新求变的时代，不能用日新月异的新技术生产一堆繁文缛节的旧文章,而是要时刻敏锐地学习、主动地沟通、适时地变化,与互联网的用户们保持同样的节奏和活力。

不管人们如何评价,网红已经成为一种越来越日常的存在。人们在不经意间,就会说着网红造的热词,购买网红推荐的产品,转发网红生产的段子。互联网的神奇之处就在这里,把意想不到变成日常。用户不希望互联网时代的产品长着一张网红脸,但却渴望一些红得有价值、有品位、有格调的产品,毕竟打造一个有影响力、有品牌价值的互联网产品,比打造一个容易让人转瞬即忘的"网红"要难得多。

1.4.4　网红火起来的背后心理因素

1. 草根网红助推器:认可和情景带入感

我们前些年在热炒"草根经济""草根网红",因为互联网的发展和网民规模的不断扩大,社会普通人士可以通过互联网发出自己的声音,引起社会的关注。于是,普通人抓住互联网渠道表达自己的欲望是十分强烈的。直到以微博为代表的互动性极强、开放性较大的"社交媒体"出现,普通人在网络中表达观点的欲望被进一步刺激,可以说,网络真的成了人们的表达渠道和展示平台。

比如,某个学校的校花长得好看就可以成为网红;比如,某个人特别奇葩特别丑,也可以成为网红;比如,某个学霸也可以成为网红;比如,某个人的经历特别惨,靠自己的努力取得某方面的成就,也可能成为网红。这些"草根"一个共同点是:他们出自我们身边,就在现实生活中,他们就是让我们感觉能触摸到的普通人。并且,他们身上有一个非常明确的点就够了,凭借这一个点就可以迅速走红。而对于大多数网民来说,他们对于身边的某些"草根网红"更多具有一种"认可"心理。他们认为，"这些人不是大明星""他们就在我身边"。这种"就在我身边"的阶层认同感会拉近"草根"和更多普通人的距离，形成一种天然的"亲近感"。并且这种心理会促进更多"草根"或"普通大众"对"草根网红"的维护，促进普通大众在互联网上对"草根网红"的传播。这个过程有极强的"代入感"。

所谓"代入感"意思是，普通大众在传播网红的活动中，产生了一种自己代替了"网红"或自己和"网红"距离很近，从而有一种身在其中的感觉。这种感觉一般是在小说或游戏中读者或观众才会有的。

2. 新生代网红的助推器：自我身份认同+信息分享欲+自传播精神

有人说，今天的新生代网红已不再是真正意义上的"草根"，想要当网红甚至要有一定的"经济基础"和背景。这句话有一定道理。如今的网红脱胎于年轻人，他们显得更加专业化。他们在年轻人活跃的群体中获得追捧，他们属于他们，懂得他们的网络语言，知道年轻人喜欢什么，表达年轻人所想；越特立独行，越与众不同、标新立异，越能凸显个性越好。可以说，今天的网红可以体现现在年轻人的气质、特点和风格。于是，淘宝在近日集结了几十位新生代网红拍摄的产品宣传片中，那些我们都不认识的网红，那些我们都不熟悉的标语和语言符号，却是能够在年轻人当中引起共鸣的。以前我们做过不少关于"90后"的调查研究（看钛媒体专题《九零后观察》），并且一直在持续。我们发现这些年轻人的确追求个性、与众不同，自我认同非常高，他们伴随互联网成长，接触的信息和知识更广更多，有独特想法。如果说今天的年轻人都有一个网红心可能也不为过。以往我们对"草根网红"的认同感，是对他人的认可。而今天年轻人对新生代网红的认同则是"对自我身份的确定和认同"。

此外，如今典型垂直社交平台的产品规则设计，都极大的彰显了年轻人的"参与感"和"自我价值"的实现。比如唱吧的社交激励模式、美拍的表情文、"文字+声音+图片"的内容模式；美拍增加了网页版，方便了用户在PC端的操作；还有秒拍的视频实时变声功能；大多数视频平台的弹幕功能……

让年轻人感到"我也可以"的产品和功能设计，非常成功。随着垂直社交平台的不断兴起和成熟化发展，它们更具备制造网红的能力，也能够建立网红生产的规则和路子。

第2章 网红经济的巨大潜力

2.1 网红经济

2.1.1　网红经济的定义与本质

网红经济是以一位年轻貌美的时尚达人为形象代表，以红人的品味和眼光为主导，进行选款和视觉推广，在社交媒体上聚集人气，依托庞大的粉丝群体进行定向营销，从而将粉丝转化为购买力。

网红经济的本质是吸引力经济，网红产业的本质是内容产业，是创造围绕着网红但又能带给使消费者心情愉悦的各种内容。网红经济既不是IT产业，也不是科技互联网产业，而是内容产业。之前大众对某个知名品牌的认知和了解是通过电视和多种媒体上的广告。而在如今这个视频年代，吸引用户靠的是内容，它的背景是在移动互联网的年代。个人品牌成为了吸引用户眼球和吸引注意力流量的来源。如今大多数人更愿意相信个人品牌，个人推荐，所以个体品牌在扮演链接消费者和消费品的作用。吸引流量已经不是一个平台，也不是App，是内容产业。因此，未来赚钱的不再是科技产业，而是内容产业。

为什么有很多漂亮女孩不当艺人，而选择当网红呢？过去的明星，都会刻意保持着距离感和神秘感，对于大多数人来说，明星是遥不可及的。他们的成长经历被刻意渲染包装，他们的生活点滴需狗仔队冒着风险去偷拍，他们的最新动态必须要靠报刊、电视这些有限的渠道发布；他们的真容必须去万人共享的演唱会才能远观。而网红比明星更接地气，面向观众更多的是真实的自己。网红跟粉丝互动的意愿和强度远远超过明星，这是因为每个互动都能赚到钱，明星是不能直接向粉丝卖东西的，觉得有点儿低品位，网红更多像引领生活方式的引导者一样，直接跟粉丝互动，直接向粉丝销售商品，所以跟粉丝互动的意愿非常的强烈。网红在销售额中分到10%~20%，利润可以分到30%~40%，这意味着电商公司（服装公司）再也不用到淘宝上买流量了，签了几十个网红，就自带流量，自带粉丝。所以，不用买流量，电商公司只做服务就可以了。做好仓储、物流、配送、打版、运营等等这些事情，网红只需要在网络上摆拍，跟粉丝互动。

2.1.2　网红经济的核心

1. 强大的数据分析能力

为了寻找合适的网红为产品代言，网红经纪公司需要极强的大数据分析能力。一方面，网红经纪公司需要能够根据微博粉丝数据快速定位潜在签约网红其粉丝的类型、质量、活跃时间、转化率等等以确定该网红是否具有经济价值；另一方面也需要根据粉丝的回复率、点赞率以及回复内容的关键词提取来预测网红发布的商品是否能够热销，以销定产，避免出现产能过剩或者供不应求的情况。

目前的网红经纪公司大部分都签约已有一定社交资产的网络红人，虽然这些公司也具有一定的数据分析和搜索能力，但随着旗下网红规模的不断扩大，其在大数据方面的技术以及资金实力将逐渐成为进一步发展的桎梏。与此同时，网红的许多核心数据均掌握在社交平台手中，社交平台对这一数据的开放以及应用程度也将成为各网红经纪公司寻找网红及网红热销产品成功与否的关键。

2. 网红社交账号的运营维护能力

网红社交账号的运营对粉丝黏性的维护至关重要。在与网红签约之后，网红孵化公司就会全面接管网红的个人社交账号。网红在社交网络上发布的大部分内容都将由网红孵化公司决定。各家公司都有专门的微博运营团队。网红经纪公司需要时刻保证网红与粉丝互动内容的质量以及频率，始终维持住粉丝黏性。与数据分析能力一样，随着网红规模的逐渐扩大，网红经纪公司在网红账号运营维护上的能力也同样受到资金、技术以及人员的制约。

3. 极强的新品设计能力以及供应链支持

根据前文所述，网红销售仅仅是品牌商新的销售渠道，因此最终网红经济的比拼还是会落足到产品的性价比本身。这就回到了传统服装企业擅长的供应链整合和打造上：

（1）随着网红规模的增长，网红经纪公司自行设计能力就会力不从心。

网红的本质是意见领袖买手制的导购模式，网红本身虽然有极强的时尚敏感度，但是需要源源不断的新款产品为其提供支持。虽然网红经纪公司均拥有完整的设计团队，但随着网红规模的增长，时尚潮流的加快变化以及国内人力资源成本的不断上升，网红经纪公司的设计团队能力的局限将逐步暴露。网红想要持续为粉丝提供具有时尚度的新款服饰，背后就必须有一个强大的设计生产体系为其源源不断提供可供选择的新品。

（2）由于网红店铺采用上新闪购+预售的模式，其对供应链的快速反应以及补单能力有极高的要求。

首先，网红店铺采取的盈利模式需要自身具备紧追时尚热点和小批量快速反应链的能力，能否降低从设计到生产的时间间隔，是网红店铺生存和发展的关键。一个款式的畅销，不仅需要设计师准确把握消费者心理，抓住时尚热点，还需要"快人一步"地实现从设计到生产到上新的过程。

其次，网红店铺往往采取饥饿营销的手段，对补单能力要求极高。在销售和备货方式上，网红店铺采取少量现货限时限量发售、后期预售翻单方式，根据预售情况以销定产。因此，网红的销售模式对补单的要求较高，补单规模通常在初期备货的两倍以上，而换季窗口和用户容忍时间上限最多20天，这使得供应链压力巨大。同时，客服、发货、售后等系统也得适应这种潮汐式的运营节奏，上新时非常忙，服务质量下降；上新后资源冗余，造成浪费。

虽然优秀淘宝商家演变而成的各家网红孵化公司都能够通过自身原有的在供应链端对接产品制造商的优势，且在与小生产商谈判时拥有比较强的议价能力，但是随着网红规模的逐渐扩大，对供应链需求的扩大会使得网红经纪公司越来越难满足上述对供应链反应速度的要求。

2.1.3　网红经济爆发的原因

1. 红人店的自身竞争力的提升

2007年、2008年，很多做网红的人是刚毕业的小女生，面临资金、供应链不足等阻碍。经过行业几年的发展，数以千计的红人纷纷开始在孵化机构的帮助或者自己的努力下，自己涉足供应链，开始自己生产款式，与市场货产生了区别。弥补了服务、推广等短板。导致了整体竞争力的大幅上升。由早期的一个人做店、客服、快递到团队合作，图片优质有视觉美感，款式比批发市场和国内女装品牌都新潮漂亮（快翻抄版+

修改），还提供附加值消费，所以秒杀一切竞争对手。

2. 网红店的客户累积效应

网红在2015年的爆发，其实是在客户水面之下积累了很久，厚积薄发。

2007—2015年淘品牌或者是传统品牌线上客户积累的比较薄弱。而网红积累的效应特别明显，网红在成长过程中其维护老客户和积累粉丝的水准是远远甩开那些淘品牌和线下品牌的。当新客户的获取成本越来越高时，传统品牌或者传统淘品牌新客户的消费能力就不行了，只有能够充分吸收老客户的模式才能够活下来，网红就是这样的模式，很多2007年、2008年进入职场的"80后"，仍会消费网红的产品。

3. "90后"甚至"00后"作为主流消费人群观念的变化

百度做过"90后"人群的行为调查，发现"90后"特别追求个性消费，只买自己喜欢的东西，对传统品牌和广告无感。大部分"90后"的女生从不买天猫上的品牌，她们觉得太土了，一般都会去网红店里买衣服。同时"90后"是手机一代，他们特别喜欢待在家里面，网红并不是仅仅意味着买衣服，他们所有娱乐、消费、社交全部在手机上，而网红满足所有需求。消费就是提供实物商品和虚拟服务，他们都能消费。娱乐网红能够输出很多有娱乐性的内容。社交网红能够实时实现跟"90后"消费者的互动，他们都能够满足。"90后"人群特征决定了"90后"是网红消费快速抬升的人群，"90后"同时又是淘宝、全网唯一的增量网购人群，而"95后"正成为网购的大比例人群。新客户、老客户都是要有流量的，流量也一直在涨，所以出现爆发式的增长是理所应当的。

2.1.4 网红经济：海外早有先行者

从刚开始的文学网红"痞子蔡"、视频网红"后舍男孩"，到后来的时尚网红"呛口小辣椒"、争议网红"芙蓉姐姐"和"凤姐"等，网红可谓是长江后浪推前浪。《每日经济新闻》记者了解到，目前的网红早已不是一个人在"战斗"，在其背后都有一些团队在进行策划、包装。而利用网红推动的企业同样在网红爆发式发展的路上成长起来。申万宏源认为，"2015年是网红元年，网红经济引爆了大众视野。2016年预计是网红经济大发展的一年，网红生态也在不断进化。"

在互联网普及较早的国家和地区，网红出现得也早。据业内人士介绍，美国的网红主要依托YouTube发展而来。2004年Facebook等社交平台开始崛起，2007年YouTube推出视频广告分成计划：45%的收入归YouTube平台所有，55%的收入归视频内容创作者。此举大大激发了网络内容制造者的热情，网红开始大量出现。

同时，类似于网红经纪公司的MCN（多频道网络）也开始崛起，为网红提供周边服务，包括持续创造内容、广告接单、匹配品牌与网红等。《每日经济新闻》记者注意到，MakerStudios公司是YouTube上最大的内容制作商之一，2014年以10亿美元的估值被迪士尼公司并购。申万宏源认为，美国网红经济更多依靠广告变现，未来将更加注重发展电商，以及与网红分享品牌股权。此外，美国14~17岁网民社交软件使用率最高的前三名分别是YouTube、Facebook和Instagram。

在欧洲还流行一种时尚博主，就是网红开设自己的博客，然后利用自己的人气增加博客的影响力，这种形式类似于国内的自媒体。而欧洲网红的经营模式是一旦博主人气积累到一定程度，他们就会得到一些商家的赞助，商品赞助甚至会请他们参加公关活动。值得注意的是，随着网红知名度的增加，已经开始影响到传统的推广模式。品牌商通过网红影响到他们的粉丝，以达到宣传品牌的目的。据华尔街见闻报道，印度瑜伽大师兰德福2006年建立了Patanjali公司，兰德福说成立这家公司是为了弘扬印度韦达养生学，将新技术与古印度智慧结合起来。以大师本身的大批信徒为基础，并辅以弘扬印度韦达养生学的公司理念，Patanjali公司迅速发展壮大。据汇丰银行数据预测，Patanjali公司在2016财年将实现营业收入48.8亿元，同比增长150%。

伴随网红的兴起，逐渐衍生出了网红经济，一大批新兴企业受惠于此。《每日经济新闻》记者注意到，由于一些原因，一部分与网红关系密切的公司都在中国香港或者美国纽约上市。首先受益的就是作为平台的公司，比如：腾讯（00700，HK）的微信、微博（NASDAQ：WB）以及优酷（NYSE：YOKU）等都是。2015年末至2016年最火的Papi酱就主要运用微信这个平台，"国民老公"王思聪及"国民岳父"韩寒等名人则更多通过微博出现在大众视野中。此外，也有许多可以说是网红的名人罗振宇、梁文道等在优酷等视频网络平台上播出自己的媒体节目。安信证券传媒互联网分析师王晨表示，"我们认为网红类似于电竞、体育、音乐，他们都有着粉丝基础。而粉丝经济是基于影响力变现，变现模式通过电商、广告代理等进行，核心都在积累人气。2015年微博月活跃用户达到2.36亿，这是和网红、意见领袖的崛起密不可分的。"此外，视频社交网络平台则是大量网红的孵化器。业内人士认为，在"得宅男者得天下"的这一行业，粉丝经济模式已经日渐成熟。欢聚时代（NASDAQ：YY）及天鸽互动（01980，HK）旗下的9158网站就是典型的例子。欢聚时代2012—2014年净利润连续增长，从8918万元猛增至10.64亿元。中国数码文化（08175，HK）在2016年2月先是与周杰伦在电子竞技领域合作，随后又与深圳市娱加娱乐传媒有限公司（以下简称娱加娱乐）合作成立新公司，开展网络直播代理业务。中国数码文化将负责提供网络直播艺人，娱加娱乐将负责向该等艺人提供代理服务，包括但不限于提供培训、营销及宣传服务。

随着批量化"生产"网红，在2015年年底才在港交所上市的中国派对文化（01532，HK）是动漫衍生产品行业的一站式综合解决方案供应商。而COSPLAY（动漫角色扮演）的表演者也是网红的一大出产领域。

2.1.5　为什么网红经济会火

网红经济的火爆其实早有预兆。网红经济是经济发展到一定阶段、消费者观念变化背景下的必然结果。

（1）网红经济的工业化为批量生产带来可能。很多网红背后是规模化运营的公司；比如服装这个品类，供应链管理、客服、运营，缺一不可。杭州著名的网红公司"如涵"养了几十个网红，后端有几百个人在为网红经济默默做贡献。对于网红来讲，只要负责搔首弄资获得流量，就可以跟公司分成收入。而工业化运营的公司实际上，在挑选网红培养网红方面已经非常成体系，包括用大数据方式来预测和运营哪个网红会火，从而决定其是否值得包装。

（2）流量成本日益昂贵促使资本转移。事实上，已经有很多天猫的商家被昂贵的流量成本压制得不堪重负。所以网红的网店自带流量，这样就大大降低了运营成本。

（3）网红和运营公司是一个互惠互利，分享利润的利益捆绑体。网红能够分享到真金白银的利润，所以很多网红都非常拼。有的网红对粉丝非常重视，粉丝每一条评论都会回复。据说某网红公司旗下有个1992年出生的网红，一直抱怨她很难管，问为什么，说她做了六年网红，银行账上趴了1.5个亿，怎么管。

（4）年轻消费者越来越追捧网红，越来越愿意冲动和感性消费，因为这可以让他们得到在所谓官方旗舰店不一样的购物体验和感受。

颜值派、实力派、个性派是三类典型"网红"，新浪微博是网红聚集地：利用长相圈粉变现的颜值派、以内容IP取胜的实力派和通过与众不同博取眼球的个性派是当下网红的三类典型。社交媒体是网红诞生的主要场所，也是网红与粉丝互动的主阵地，常见的网红活跃平台可分为综合类社交平台、视频网站、社区论坛、社区电商四类。新浪微博由于其庞大的用户规模、平台的媒体属性与用户的消费属性，成为网红的主要聚集地。

消费趋势变化、传统电商发展面临瓶颈及自媒体的快速发展共同推动网红经济爆发：严格意义上讲，网红并非新生事物，但"网红经济"这一概念近两年才被提出。实现从网红至"网红经济"的跨越需要具备高质量的社交资产和恰当的商业模式。伴随着消费趋势变化，电商面临产品同质化、流量获取成本高、转化率低等诸多问题，以及消费者获取信息方式的转变，网红经济近两年来快速发展。

网红经济市场规模过千亿元，电商/广告/打赏/付费服务/线下活动是目前网红主要的变现方式：网红社交资产的形成需经历粉丝吸附、扩张与沉淀三个阶段，"生产内容—营销推广—粉丝维护"过程中将产生可变现的社交资产，现阶段我国网红的主要变现模式是平台电商（淘宝等）、社交电商（新浪达人通、微卖、京东拍拍小店等）、广告、打赏、付费服务等方式直接在社交平台赢利、线下主业（线上培养粉丝群体，为线下业务导入客户）。国外网红的两大活跃平台为YouTube和Instagram，发布的内容以视频与图片形式为主，目前主流的变现方式为广告、电商合作、品牌代言和自创品牌。国外网红与电商的合作模式多为分享股权，而非销售分成，这一点与国内情况不同。

红人电商——时尚搭配类网红变现的主要途径：此处红人电商特指在淘宝上自建品牌、主营女装的网红店铺。由于能够更精准地把握顾客需求、流量成本低、转换率高，红人电商普遍销量高、发展速度快、赢利能力强,而上新速度、粉丝营销能力及供应链管控能力是影响其赢利能力的重要因素。然而,红人电商背后也存在一些隐忧,如品牌脆弱、过度依赖网红个人,缺乏专业的管理团队,供应链管控能力相对不足,缺少护城河,模式容易被复制等。

网红经济衍生品——网红孵化器与网聚红人平台:网红孵化器定位于网红的经纪人与服务商,既为现有网红提供店铺运营服务与供应链支持,也打造新晋网红,提供从粉丝营销、网店管理到对接供应链的一站式服务,典型代表是如涵和Lin家;网聚红人平台充当商家与网红的中间者,撮合双方在产品代言、代理销售、网上开店等方面达成交易,典型代表是Uni引力。

短期行业加速扩张,长期将形成较为稳定的金字塔结构:伴随着网红赢利能力与商业价值的显现以及微博、淘宝等大平台的支持,短期内或有大批参与者涌入,行业加速扩张。长期而言,实力与条件不同的网红群体将出现内部分层,各自配合不同的变现模式形成较为稳定的金字塔结构。一线网红品牌化、打破生命周期,二三线网红集团化、抵御外界风险,而粉丝数量有限的达人走向微商。

2.1.6 不容忽视的网红经济

如今网红正从一个社会现象,演变为一种经济行为。网红的快速发展已经不仅仅是过去的单纯分享与受人追捧,不管是服装、化妆品,还是餐饮行业,网红们都通过上述手段将社交资产变现,而网红经济则不断的深入影响到大众的生活各个环节。

1. 品牌通过网红模式呈现

据记者了解,不仅是餐饮和服装行业,网红经济空间巨大。人们的生活包罗万象，互联网时代有一技之长且在某些领域有影响力的人都有可能成为网红。除了美女，游戏高手、摄影达人、职业驴友都有特定的粉丝群体，均有潜力影响粉丝消费行为并变现，当然还包括二月丫头这样的早期实力派红人。网红们自发在微博、微信、淘宝、天猫上发展起来。2014年"双十一"活动中，销量前十名的淘宝女装店铺中红人店铺占据七席，部分店铺销售额超千万元。2015年12月阿里巴巴CEO张勇表示，在淘宝平台上有着数百位网红，拥有超过5000万粉丝，他们依靠微博、QQ等社交平台快速引进时尚风潮，在淘宝上进行预售、定制，配上淘宝商家强大的生产链形成网红经济的商业模式。2015年9月起淘宝为网红开设iFashion平台，2015年在淘宝女装店铺中网红店铺占了绝大部分。

某研究报告认为，网红经济包括餐饮、服装、电子竞技、视觉素材、旅游、母婴用品等行业，影响巨大。就目前来看网红对服装行业的穿透力最强，网红对餐饮行业的影响正在过渡，2014年仅中国服装网购交易规模可达6153亿元，保守估计网红服装市场规模有望超过1000亿元；中国的餐饮可统计数据则为接近3万亿元，未来网红在餐饮行业的影响力按照之前网红对服装行业的影响比例，估计最少有5000亿元。

2. 网红开启共享经济模式

有研究报告认为，网红经济的出现，表明年轻人都有网红梦，另外还将带动网红孵化器、网红经纪公司兴起。而据记者查询，目前市场上已经有无数的网红经纪公司，其中最大一家网红经纪公司已经签约了1000名网红，正在打造供应链+代运营+经纪人的商业模式，试图弥补网红对于产品供应链以及营销的不足，目前市场上的这种分成模式也让网红们收益不少。

"国民老公"王思聪的绯闻女友朱宸慧，即网红雪梨的淘宝店"钱夫人"，目前销售额超过2亿元；而雪梨的温州老乡二月丫头也顺利的拿到千万元融资，开出了Q丸鱼丸专卖连锁直营店；她拿到千万元融资的前提，也是投资人看中她的网红身份，知名网红的身份，必须要很多年持续性的人脉积累，正如一些学者所言"网红"正在从一个社会现象，演变为一种经济行为，马佳佳、罗玉凤等人的网红经济也已经得到合理转化，网红最著名的转化案例恐怕要数奶茶妹妹，从和刘强东传绯闻开始，为京东商城省下的广告费就每年好几亿元，餐饮品牌中，之前的雕爷牛腩、西少爷、闪电虾等也都是因为网红身份而成功融资并迅速把品牌做大。

目前，二月丫头带领一批有10年行业经验的管理团队，已经在安徽合肥淮河路步行街上开出第一家Q丸直营店，每天线上线下订单都爆棚在500单以上，一个月营业额都在30万元左右，在美团上好评如潮！据说二月丫头2016年将陆续开出直营店30家，加盟店200家。有研究报告预计微博平台社交电商年GMV可超2.5万亿元。微博、微信等平台提供了网红展现自己及转化的平台，于是就形成了共享经济模式。而早期的网红，都是社区和微博上转化而来。截至2015年12月，微博月活跃人数已达到2亿多；微博目前以广告收入为主，变现社交关系资源是微博下一收入金矿，而吃穿住行是网友的基本生活必需品，服装和餐饮行业是网红最容易创业的地方，2016年最不容忽视的也许就是网红经济。

2.1.7 网红经济带来的新商业变局

"逍遥子"张勇提出的"网红经济"概念，已然渐成热点。张勇曾表示，"网红经济"展现了互联网在供需两端形成的裂变效应，网红一族在制造商、设计者、销售者、消费者和服务者之间产生了全新的连接。目前在淘宝平台上，有着数百位网红，拥有超过5000万粉丝。他们依靠社交网络快速引进时尚风潮，在淘宝上进行预售、定制，配上淘宝商家强大生产链，最终形成了一种崭新的商业模式。

实质上网红经济依然是一种眼球经济、粉丝经济，是注意力资源与实体经济相结合的产物。在网络时代，它的出现契合了用户消费心理上的个性化的需求，运作简单、高效、快速，前端感知精准消费人群的需求，后端快速反应，以数据驱动，倒逼供应链的改造。

1. "网红"升级为经济现象形成产业链精准营销

由于网红平民化、廉价以及精准营销的特点，其商业价值正在被逐渐挖掘。网红经济由于网红在特定领域的专业性，网红们能够更精准地将产品导向粉丝需求，提高了消费转化率。同时，网红又兼具广告或流量费相对较为便宜以及更为平民化的特点。从获取用户的成本上，网红和新媒体比较类似，都较为低廉和快捷。然而，网红所独具的买手制意见领袖形态是新媒体所不具备的。

2. 网红买手制的购物模式提升整体垂直电商供应链的效率

网红通过精准营销方式促进垂直产业链效率提升。网红作为专业领域的意见领袖，其可以利用自己在时尚领域的敏感度、品味以及其背后强大专业的设计团队，将符合潮流趋势且迎合自身粉丝偏好的产品推荐给消费者，这在降低消费者购物难度的同时，提升了供应链效率，缓解了品牌商库存高、资金周转慢的问题。

3. 网红经济实现低成本营销新渠道

在传统B2C电商中心平台搜索品类繁杂且收费日益昂贵的大背景下，网红这种借助社交平台海量流量宣传产品的精准营销模式，极大缓解了品牌商推广产品效率低下的问题，帮助移动社交电商完成又一次交易场所的转移。

社会化媒体平台的电商潜力通过网红得以有效发挥。电商逐渐呈现社交化的特征，也是社交电商趋势的一个重要体现。

4. 网红经济优化现有运营模式

网红经济极大地优化了当前品牌商家的运营模式，归根结底还是网红具有较为低廉、快捷的获取用户的能力。

首先，网红经济改善了线下实体店的运营模式。传统实体门店（主要指直营，分销商模式则为分销商主导）需要负责店铺租赁、店员雇佣、各种品牌推广以及店铺的最终运营。由此带来的业务支出主要包括店铺租金、广告费用、人工成本以及其他运营相关开支。随着规模的扩大，租金、人员工资等一系列费用在总收入中的占比大幅提升。

其次，网红经济改善了传统线上B2C电商的运营效率。品牌商寻找新的品牌推广廉价渠道以获取新的廉价客流，由此形成了以淘宝、天猫为首的B2C电商的兴起。然而，随着阿里巴巴对平台流量变现的逐步开始，淘宝、天猫等平台的流量费用也日渐高昂。根据阿里巴巴年报，其集团广告服务收入/平台GMV的数据从2012年的1.2%上升至2015年的2.4%。因此各品牌商亟须寻找新的吸引流量手段以代替依托中心平台的引流方式。

最终，网红为B端电商吸引用户提供了新的渠道选择。由于粉丝关注的网红均为各自专业领域的达人，其对网红推销的专业领域产品会更加敏感也更容易接受，因此提高了用户消费的转化率。

5. 互联网购物的去中心化趋势

网红经济本质其实是传统商品寻找的新营销路径，其核心在社会化媒体平台。网红售卖的是"偶像"的生活方式。在网红经济中，社交渠道内容输出、产品设计、运营、供应链的管理等要素很关键。网红作为一个推广渠道，宣传品牌。在吸引—信任—购买这个社交电商过程中，产品和个人相辅相成。随着越来越多的顾客流量开始由网红社交账号导入，移动社交电商有望通过社交网站承载起越来越多的交易功能，互联网购物的去中心化趋势也愈发明显。

6. 知识入口是第四代交易入口

可以说网红就是未来的新媒体。狭义的网红是网络美女等红人，实际上罗振宇也属于广义的网红的范畴。罗振宇将粉丝流量变现，刨去图书和自媒体产品的收益，赚了粉丝们上亿元。人类生意有四代交易入口，每一代交易入口的成立是因为每个价值链上的稀缺性特征而导致的。比如交易需求的稀缺就会导致流量的入口，消费能力的稀缺导致交易是入口，过去的电商都是在这两个入口模式上做文章，第三代交易入口正在打开，就是人口作为交易入口。包括阿里巴巴上面的锥子脸式的网红和我们李子脸的网红不断地变成一个现象，就是一个人变成商业入口。知识入口是第四代交易入口，而且大有文章可做。

在当前自媒体流量红利期过后，下一波的自媒体红利，必将发生在内容价值的深度挖掘上。当网红经济发展到一定阶段，也必然会遭遇个人魅力与专业度之间的冲突和瓶颈，最终或将是成功打造知识产品和入口的自媒体成为新的商业模式。

2.1.8 网红经济会给哪些行业带来发展机遇

最近随着Papi酱获得1200万元风投而掀起了一阵又一阵的网红风暴，网红一词已经成为2016年的最火热的热词了。那么网红发展起来后必然需要商业化的运作，这就是网红经济。针对于此，网红经济到底可以成为哪些产业的发展契机呢？网红经济会给哪些行业带来发展机遇？

第一，电商可以利用网红引导消费时尚。

一般来说，做电商的都会有自己的目标群体的。但是不管这家电商如何火，如何厉害，却总是不能去引领众多用户群体的消费时尚，尤其是服装行业类电商。但是如果网红加入后就不一样了。因为每个网红都有自己的一群铁粉，那么网红对于这些铁粉来说是极具影响力的。往往网红的一举一动，甚至服饰习惯都可以成为粉丝的模仿的规范。那么电商切入到网红，是不是比电商纯粹的商业宣传要给力得多？

第二，网红为美容、减肥行业注入新的活力。

对于广大爱美的女性来说，美容和减肥永远是一个不变的话题。那么什么样的容貌体型才是流行的美呢？其实这里面网红的影响力则是很大的。因为一般来说网红的颜值和身材都还是不错的。那么在符合广大群众审美观的情况下，网红的脸型和身材自然而然是众多粉丝追捧的对象。其实很多美容行业和减肥行业的企业已经盯上这一块了，具体就看这个行业的人怎么去做。

第三，视频直播平台成就了网红，同时也成就了自己。

Papi酱的成功其实有短视频UGC（用户原创内容）井喷式发展的原因。那么这也得益于很多直播平台的崛起。视频直播平台首先利用自己的平台及流量为广大的草根群体打造了舞台，捧红了一个又一个网红，同时也因为网红在平台的出现，也为直播平台吸引了更多用户。这样不断发展，共融共生。

可以说网红的发展是粉丝经济的最大的体现，人口红利的体现。同时当行业发展到这一阶段时，需要更有活力的血液进入，诸如网红，这样才不会因为渠道的乏力而导致产业发展的停滞。

2.1.9 网红经济的现状及未来发展

2014年5月成为淘宝店主的董小飒，是直播平台的网络主播，每一次线上直播都能获得百万人次的围观。在强大的粉丝支持下，仅仅一年多的时间，董小飒的淘宝店已经升为三个金皇冠的店铺，每个月的收入可以达到六位数以上。网红店主张大奕在微博上有418万粉丝。2014年5月，她开了自己的淘宝店"吾欢喜的衣橱"，上线不足一年做到四皇冠，而且，每当店铺上新，当天的成交额一定是全淘宝女装类目的第一名。

这两人的淘宝店只是众多网红店铺的缩影。在2015年"618大促"中，销量Top10的淘宝女装店铺中有7家是网红店铺。甚至在网红店铺中，还出现了有网红店铺开店仅两个月就做到五钻的案例，可称得上是淘宝"奇迹"。据悉，淘宝平台上已经有超过1000家网红店铺。2014年"双十一"活动，销量排名前10的女装店铺中红人店铺占到整整7席；部分红人店铺上新时成交额可破千万元，表现丝毫不逊色于一些知名服饰品牌。

网红们紧抓淘宝平台这份机遇，未来还可以发展得更好。淘宝总监靳科介绍，淘宝平台还将会对网红店铺提供一系列支持和帮助，其中，专门配合网红店铺的相关产品正在研发之中，此外该平台还将通过iFashion频道、星店、淘宝达人等产品，让更多的人认识了解网红店铺。淘宝平台还会牵头组织网红店铺和"中国质造"厂商之间洽谈，以达到强强合作的目的，实现网红经济与实体经济的进一步对接。

在未来流量分散化、粉丝化、社群化的年代，网红负责前端的流量获取，而后端的产品供应链和服务都开始标准化，只要接入就可以。比如服装、化妆品、旅游这些都有机会成为网红售卖的产品，后端供应链一定是标准化的。

2.2 粉丝经济

2.2.1　粉丝经济的定义

粉丝经济是指架构在粉丝和被关注者关系之上的经营性创收行为，被关注者多为明星、偶像和行业名人等。粉丝经济最为典型的应用领域是音乐，在音乐产业中真正贡献产值的是艺人的粉丝，它由粉丝所购买的CD、演唱会门票、彩铃下载和卡拉OK中点歌版税等收入构成。

2.2.2　粉丝经济的诞生

粉丝经济的概念最早产生于"六间房秀场"，其草根歌手在实时演艺过程中积累了大量忠实粉丝，粉丝通常会通过购买鲜花等虚拟礼物来表达对主播的喜爱，在节日和歌手生日等特定时期礼物的消费尤为活跃，据统计秀场的ARPU（每用户平均收入）值最高可达1000元人民币。粉丝经济概念的产生为音乐、影视等娱乐行业指明了客户所在，区分客户和用户，并差异化地对这两个群体服务正在被业内人士普遍关注，行业期待粉丝经济的提出可以改变近年来收入低迷、新人和新作品匮乏的现实。

网红通过各种方式，不仅能变现，还能赚大钱，粉丝经济的时代因为他们的出现才真正开始。

网红互动与反馈，类似于C2B定制。网红的销售人群较为明确，多集中在粉丝圈或者和粉丝偏好相同，在服装上新前和粉丝的充分交流互动可以为设计修改和产品备货提供有益参考，粉丝的反馈可以提供多方面的信息，粉丝的回复程度可以反映该款产品的受关注度，根据回复内容可以总结粉丝意见。

由于粉丝是其最大潜在客户，所以这些信息对于产品的决策具有重要意义。网红模式为产品细节和备货决策带来了信息增量，细节的改进有利于客户体验的增强，备货量的预测可以尽可能降低库存风险。

产品设计完成后，网红通过社交平台可以实现引流和导流的配合，微博和微信都建立有相应的导流渠道，新浪微博为顺应社交电商的趋势开发了"微博橱窗"，新浪微博在企业用户的主页上增加了"橱窗"界面，电商企业可以通过该界面展示自己的产品。

微博用户不仅可以通过微博橱窗浏览电商网站的产品，还可以将此产品分享到自己的微博。用户看到喜欢的商品，其个人进行了消费，分享后还可给粉丝带去传播，更强调社会化营销。

罗辑思维是目前影响力较大的互联网知识社群，包括微信公众订阅号、知识类脱口秀视频及音频、会员体系、微商城、百度贴吧、微信群等具体互动形式，目标群体为"80后""90后"的年轻人。

罗辑思维的变现依靠粉丝黏性，其维护粉丝黏性的主要方法包括：

（1）通过微信公众号每天早晨6:30推送60秒语音，获得粉丝的尊重和信任；

（2）增进情感黏住用户，罗辑思维团队会在微博、微信平台和粉丝直接互动；

（3）在优酷平台每周上传主题视频，单集播放量在百万次以上，总播放量达3亿多次。

在建立和维护粉丝黏性的基础上，罗辑思维可以通过粉丝变现，其在微信平台售卖图书等产品，具有很强的变现能力。根据天下网商数据，罗辑思维600万粉丝中，有约20%的用户可以转化为购买力，罗辑思维成功在5小时内卖出10000盒柳桃、在5小时内卖出8000套定价499元的图书包，在不到3个月时间，凯文·凯利的新作在罗辑思维独家平台卖了

16万册，《物演通论》过去十多年只卖出8000册，罗辑思维20天卖了1.5万册，2016年1月12日，"罗辑思维旗舰店"入驻天猫。2015年10月，罗辑思维宣布完成B轮融资，估值13.2亿元人民币。

2.2.3 粉丝产业的七个方面

1. 粉丝们消费与明星相关的产品

一是粉丝们必购买演唱、演出的奇乐带、录像带、电视剧VCD等，这是最为基本的粉丝消费行为。

二是粉丝们还会购买明星们所喜欢或代言的商品，如各种品牌的手机、电脑、饮料、化妆品等。明星的广告效应也正来自于粉丝们的支持。

三是购买与明星相关的东西，比如明星们出的书籍、明星们的同款衣裤、食品、玩偶等，印有明星头像的衣物等。粉丝们爱屋及乌，也就一起消费与明星相关的商品。

2. 粉丝因支持明星而进行的系列消费行为

这包括粉丝们支持明星而需要的吃穿住行的消费。由于粉丝为了追随明星，经常会穿梭于各个地方，这对交通以及各地的餐饮和酒店业将是一个巨大的带动。比如在2005年湖南卫视的"超级女声"选秀活动中，在交通业方面，全国各地的铁杆粉丝为了到长沙来看"超女"，便付出了很大的花销：机票一张不低于500元。火车票也在几十到两三百元不等。到了长沙以后，为了近距离堵截"超女"，他们住进湖南广电中心旁边宾馆的别墅区。有一些超级粉丝，甚至出高价租下"超女"选手对面的别墅，目的就是看自己的偶像一眼。这些别墅区的租金自然不是小数目。粉丝们虽然也有自己的处理方式——五六个人合租一间别墅套房，如此一平均，每人一晚的花费少了，但宾馆的收入不可小觑。此外。为了上街拉票，粉丝们穿了印有标语头像的T恤和鞋子，做了无数大型的海报。尽管这些海报、鲜花等物品的费用是粉丝一起凑钱买的，但是这些一次性消费品，实在是一笔不小的花销。另外，为了支持自己喜爱的选手，进行手机投票、电话投票、网络投票，甚至无线网投票，也是一笔不小的消费支出，这对电信、网络运营商来说，当然就是一笔不小的收入了。

3. 因粉丝们的支持而产生的无形资产

这主要就是一些选秀节目的知名度所形成的品牌效应，比如"超级女声"，据说品牌资产已达几个亿，而其他的节目，如"我型我秀""加油！好男儿"等，都已经成为了知名的娱乐品牌。广东省曾有人在"超女"刚开始时，就一下子把"超级女声"等五个商用域名全部抢注。一年500元一个的价格，现在却报出了500万元一个的出售价。所以说粉丝的关注度，决定了电视节目的收视率；而电视节目的收视率，又决定了赞助企业广告费用的多少。

4. 粉丝团经济

粉丝们的大多数听歌和阅读行为不是私下孤立进行的，而往往是集体性的，这表现为建立歌友会等，这里可通称为"粉丝社群"。

5. 专业粉丝公司和职业粉丝

专业粉丝公司要招一批职业粉丝，为各种娱乐活动输送炮弹。通过招募粉丝、组织活动、在网上发帖子、举横幅和呐喊等为明星活动造势服务。进而分享演出后的利益，公司通过会服、会费、荧光棒、外地粉丝的门票、赞助等获取收益。职业粉丝顾名思义就是以粉丝为职业，依靠当粉丝赚钱的人。从事"职粉"的人，以大学生为主。他们的时间比较多，对明星有兴趣又能赚钱，这样的打工工作在大学里很受欢迎。此外，很多人选择职业粉丝作为兼职工作，他们认为，空闲时间既能抒发情感又能赚到钱是再好不过的事情。职业粉丝收入也是非常可观的，现在一般性的歌迷会、影迷会都需要交纳一定的年费，从10元到100元不等，如果另外组织活动还要再收取活动费。

据推算，一个300人左右的粉丝团一年所产生的费用至少在五六万元，这些费用的收支大都没有合法凭证，完全只能靠经手人自律，光是在采购环节上的灰色收入就非常可观。而且现在一件会服的成本价基本上在40元左右，会员价一般是50元至60元，非会员的价格更高，如果卖出去100件，就有2000元左右的利润。此外，在荧光棒、横幅、灯牌、展板上的利润也非常可观。在职业粉丝业内部也逐渐分出了等级，等级不同的职业粉丝，收入自然也是不等。据透露，低层的"职粉"每月一般能拿到2000元左右，举海报、尖叫的"临时工"是按场来算的，一场也就几十元钱。中层"职粉"比较贵，网上的工资一般叫价每天250元。至于高层"职粉"，就不太好说了——选手给的报酬不一样，有些高层职业粉丝则会从粉丝交的会费中提成。

职业粉丝有三大特点：一是可提供兼职工作机会。现在我国就业压力非常之大，尽管政府采取各种办法，但找工作仍然比较难，兼职的工作更是不好找。职业粉丝行业的兴起为那些想找兼职工作的大学生和没工作的年轻人提供了就业机会，这也就在一定程度上推动了粉丝经济的发展。二是运作模式很像"传销"。初级的职业粉丝只负责举海报、喊名字，基本上只能算体力活；中级的会去热门网站发帖子、为明星制作个人网页和博客；最高级的与明星还有经纪公司都有紧密的联系，一起参与各种活动的举办，向那些加入粉丝团的粉丝收取会费。这样的粉丝团结构，有些类似于传销组织：每个粉丝在成为消费者的同时，又会不遗余力地向其他人推销自己的产品（偶像）。你在这个金字塔组织里的位置越高，就越有可能获利。三是职业粉丝也有实体。很多商家看到了粉丝行业的商机，社会上也就出现了粉丝网、粉丝公司等粉丝机构。

6. 投票公司

艺人为打造人气，提高短信支持率。靠粉丝们的手指还是慢了很多，现在就出现了专门用来投票的机器，一次可以放几百张移动手机卡，两小时内一台机器可以为选手投出几千张的短信支持选票。据某投票公司透露，曾接到20万元一单为重庆某位美女拉票，当然投票公司的利润也惊人。

7. 粉丝网站

粉丝网站为粉丝提供了一个平台，不仅可以和大家聊聊喜欢的艺人，分享一些自己的追星经历，有时还可以组织发动购票——团购。使得粉丝更为低价买到想看的演唱会门票等。而粉丝网也因为火爆的人气招来了广告的青睐者，还可以销售虚拟物品来获得利益。

2.2.4 传统经济的两个时代

传统经济是经济学的名词，又称为自然经济。它与商品经济相对，多是在乡村以及农业社会之中出现，主要是依据社会风俗和惯例以解决三个基本经济问题（生产什么、如何生产、生产给谁）。

1.0时代——传统经济模式

（1）线下品牌以及老一代的淘品牌，以生产—销售—消费者的阶梯式传递方式运营，比如我想做生意就去生产商品，找到代理商，或者自己开旗舰店卖，再去利用产品寻找消费者。在供给侧缺乏、商品缺乏的卖方市场是可以吃香的。

（2）弊端是供求不对称，另外生产方、销售方和消费方在传递中有间隔，会导致信息没有实时沟通等现象。

2.0时代——新经济模式

（1）现在国家倡导供给侧改革，出现产能过剩，新消费者以个性化的需求购买。

（2）粉丝经济中以"女装网红"来举例，网红=粉丝中典型消费者+产品生产者+销售者，三位一体没有障碍。因此，在经济中交易关系减少层级，呈现了新的网状结构。

2.2.5　如何打造粉丝经济

1.产品基础的建立

所谓的粉丝，一定是针对某固定IP的用户群体，此IP的特点要符合粉丝经济的需求，因此作为IP一定要有其能称其为IP的基础，就是产品质量要过硬。具体来说，产品本身在IP制作时是通过产品形象吸引用户建立起产品与用户的关系，用户体验了与产品之间的互动之后回归到产品本身，留下的最后印象是产品树立的最终形象，整套系统运转完成，这其中制作需要注意以下3点。

（1）产品一定要有一定的个性和特色，没有特色的产品很难打动用户，也无法让粉丝向路人推广。

（2）产品没有质量上的明显短板，也许产品有部分"黑点"存在，但是都与产品本身质量（即用户与产品的直接关系）无关。

（3）每种产品建立关系的方法不一样，如游戏建立关系的主要途径是游戏语言，包括人机互动和人人互动；偶像团体建立关系的主要方法是小剧场演出；电影建立用户关系的主要手法是通过镜头语言和剧本设计；如此等等。

可以看到，粉丝向往的产品有传统品牌产品的部分特征，只是区别在于产品的个性化代替了传统品牌产品的按标准精益求精，这是由我国推广资源分配的国情和制作设计能力的国情决定的。那么推广过程必然也有部分相似性，产品的初次推广因为个性化的原因，不适于向大众群体做推广，但是核心用户即核心粉丝的定位效应一定要好，一下抓住核心用户的心。那么我们可以看出来，粉丝经济的产品质量第一要义就是：10分钟之内击穿目标用户的心，只要能够抓住用户的绝对领域进行攻击，击穿用户的内心防护，那么粉丝经济的成立条件就部分存在。

2. 产品的自推广环节

所谓自推广和SNS的病毒式营销有部分相似的地方，即如果基础用户群越大，则自推广的效果越好，所以自推广环节是建立在产品的品质和产品不断更新拉动新用户的基础上的。一般来说，产品用户包括核心用户、潜在用户和跟风用户，核心用户和潜在用户都已获取之后，产品就有实力向大众传播，通过一级一级地精细化推广，保证每一级的推广质量和用户留存。这就需要产品本身有对潜在用户的包容性，举例来说，TFBOYS作为小鲜肉团体，拉动的第一批核心用户是正太控阿姨。这一波人定位既准，数量也多，而他们继续下一步提供的是团队成员在逆境中坚持学习的好学生形象，进一步打动同龄人，把许多同龄人拉进团体，这时候粉丝的自传播力量就起到了良好作用，现在TFBOYS已经雄踞各种网络音乐排行榜前几位，他们的手工打榜组甚至连工作室都自叹不如。

粉丝的自推广环节就是粉丝在产品的推广周期的巅峰处配合产品本身的呼唤出击，和路人形成互动从而完成拉路人关注产品的过程。和传统的一波流、刷榜流等方式不同，传统方式更趋近于赤裸裸的洗钱环节，交易色彩浓厚，所有参与者都是路人心态；粉丝传播时行为和金钱推广完全不同，能够让路人感受到部分诚意从而引起思索，人的思维的碰撞足够多的时候，就可以产生对产品的推广效应。从粉丝推销向路人的需求上，该产品一定要有自己独特的个性就必须成立，因为如果是在已有知名产品基础上精益求精，推广时路人一定会拿原产品和现有的产品进行比较，先入为主的概念看到的都是相同点，甚至是"黑点"，那么这个产品的改进点所做的一切工作都是事倍功半了。

从这里我们可以看出产品要拉到一定数量的用户才能完成粉丝的自推广环节，形成话题点。其中TFBOYS酝酿了一年，郭敬明酝酿了两到三年，这其中持续不断地推出新话题，拉动潜在用户是粉丝推广爆发的基础。

3. 产品的内部生态与转化环节

以微博运营为例，大部分微博的内容是接近的，而运营得好的微博号总是有意无意更强调自己对于粉丝用户的价值作为长期发展之目标，通过了解粉丝目前的需求和关心什么，甚至是粉丝反应为何。制造话题的能力与引导话题的能力成为运营能力的分野，无论成立时间的长短还是粉丝群体目前的人数规模都不会影响其成长率的高低，仅与讨论密度有强烈正相关。

粉丝经济产品内部的用户状态，有点类似于大型多人在线网游：分为多个粉丝群，每个群之间既存在共同点又存在竞争。一般来说竞争意识是诱导粉丝付费的最大付费点，但因为目前中国的传统品牌市场都被国外占据，粉丝经济还要承接传统品牌市场的义务，所以大部分粉丝经济产品内部的粉丝都是组织合作的形式更多，竞争的形式更少。偶尔如AKB48那样把合作和竞争都做到位的团队，在中国也要重新接地气开始做起，竞争环节的开放其实已经变成了产品的一个宣传点，目前在中国靠核心粉丝养活产品不会过得太好，因此无论是产品内部生态是引导到PvE向还是PvP向（游戏用语，PvE：成长，PvP：竞争），还是为了引导产品向传统的大众变现渠道如院线、网络运营商等服务。那么通过几步曲折：定位核心、产品更新迭代拉动潜在、制造话题粉丝推广，最终短期走上大众舞台，是不是比起传统的直接砸资源登上大众舞台的成本更高呢？其实对于登上大众舞台，两者定义是不一样的，对于传统资源推广，大众舞台是一个推广环节，推广到路人后还要看产品自身的品质能力，而对于粉丝经济产品，因为随着和粉丝的互动产品已经在不停迭代改变；那么大众舞台除了是进一步推广环节，还是该产品的转化环节。

经历一路细致运营推广的粉丝经济产品对比传统大众产品，有着以下优势：

➤ 粉丝韧性度高，后期付费坚挺，社会效应更强；

➤ 产品生命周期长，因为前面所说的产品个性化强，因此不容易被复制，比起传统产品来得快去得也快，最终往往为别人作嫁衣来说，这种产品对制作者也是一个坚实的起点。

因此很多传统互联网行业的巨头在经历了风风雨雨后认识到要有真正属于自己的一片天地，粉丝经济也开始广受关注。最后我们可以看出，粉丝经济产品的特点是对于产品质量有要求，早期要吸引眼球并击穿用户心理的能力，即兼顾个性化的同时产品不存在短板；另外利于粉丝圈扩大的包容能力，过于小众无法发挥的题材也是有问题的。

对比起前期无短板有个性的用户体验，中后期只需要一直跟进维持该体验就可以达到比较良好的效果。至于产品推广，要分三步来走：

（1）针对核心用户的心理击穿，核心用户先付出第一笔经费，检验产品定位；

（2）针对产品质量拓展同时进行的潜在用户发掘，基于第一步所需的费用和后续资本的运作下，第二步更像是一个在多个小范围内的撒网过程，针对几种有可能的潜在用户做进一步推广，充实起粉丝群的数量，分离出粉丝群内部的小圈子；

（3）提供粉丝向社会推广的契机和平台，所谓契机，就是公司炒作在先，粉丝借机炒作在后，形成一股社会话题力量促使路人关注，最终完成路转粉的过程。

这些步骤要求产品本身经得起考验，无什么黑历史也要求对于粉丝向社会推广所需要的功能要让平台进一步评估整合。这一步的推广是层层递进式的，好的节奏设计会让效率加倍。这三步每一步都是后一步的基础，要分别进行数据分析来确定策略。

在留住老用户的基础上不断用传统手段＋粉丝群体宣传进行迭代，最终粉丝经济的效果就如同复仇者联盟，平时的粉丝数量可观但大部分沉默，当有任何重点活动契机的时候，大部分粉丝和社会大量跟风用户都会受召唤而来。从无到有构建粉丝经济至今尚无定法，有待于进一步探索、尝试和成败的教训。

2.3 社群经济

2.3.1 什么是社群经济

1. 社群

社群这个概念早就存在，我们传统的基于血缘和地缘的村落，就是一个典型的社群。按照社会学家费孝通的说法，乡村社会的结构就是一个以血缘为基础的同心圆状的圈层组织，这个圈层以族长为中心，按亲疏关系形成差序格局，就好像丢一颗石子在水面，以这个石子为中心，一层一层荡漾开去的涟漪，就是我们传统人际关系的结构。

社群简单认为就是一个群，无论载体是QQ群还是微信群，但是社群需要有一些自己的表现形式。比如说我们可以看到社群要有社交关系链，不仅只是拉一个群而是基于一个点、需求或者爱好将大家聚合在一起，我们认为这样的群就是社群。而社群经济的基础就是需要有这么一个社群，一个够垂直，够细分，并且具有一定特色的社群组织，有了群之后才有下一步商业运营。一个社群体系一般有领袖、管理者、活跃分子几类，我们需要找到不同的运营对象，潜在目标客户群体，社群经济想要落地一定需要能够实现商业闭环。

2. 互联网社群是怎么形成的

在PC互联网时代也有社群，但更主要的形态是社区，而不是社群，比如天涯社区、百度贴吧等等。在PC时代，互联网就是一种工具，我们的在线时长受硬件条件的制约，但是在移动时代，移动终端就是我们身体的一部分，是肢体和思想的延伸，几乎可以做到无时无刻、随时随地在线。移动互联网的这个特性，对我们传统的人际关系的影响，就是颠覆性的，不光是改变，而是溶解。

移动互联网时代的这一现象，更像是一种"返祖"。这个"返祖"现象，简单的理解，就是我们的人际关系就像回归到传统的村落时代。你的朋友圈的关系，也许相互之间远隔千里，但基本上是你的朋友或朋友的朋友，也就是说，彼此之间是通过某种纽带而连接在一起的。这种关系，就很像村落时代的关系，就算不是很熟，但寻根溯源，差不多都有点沾亲带故的。在这样一个村落中，有懒汉，有能人，有铁匠，有当铺，有米店，铁匠知道你家的铁钯什么时候该坏，米店知道你什么时候要断粮，赊个账、借个东西都不是问题。这就是建立在社群基础上的信任。

2.3.2 社群经济开启一个伟大的时代

随着互联网社群的崛起，罗辑思维本身就是一个覆盖了300万微信粉丝的社群，而卖会员，卖月饼，卖柳桃，罗辑思维玩得不亦乐乎。互联网社群当然远不止罗辑思维一家。实际上如果深究社群，最早的BBS论坛就是社群，不过之前的名字叫社区。BBS论坛起家成就一番事业的从Chinaren，到后来的猫扑，到垂直类的汽车之家、铁血网等等都有着很高的人群黏度。后来豆瓣、果壳等网站摇身一变，从论坛形式变成了小组形式，但基本结构是一样的。

在移动互联网时代，无数的创业者围绕着内容＋社区＋电商（Contents+Community+Ecommerce）这样的商业逻辑在重构社群。而因为移动互联网+社交媒体的强大力量，使得移动互联网时代的社区比起PC时代的爆发性更迅猛。围绕着母婴的"辣妈帮"，围绕着美妆的"美啦美妆"等各类移动互联网应用都在各垂直领域固化着各自的用户群体。

对于内容生产者来讲，微信公共号平台则是一个构建社群的有力武器，罗辑思维拥有300万的粉丝，名人堂制作人路彬彬投身做了"彬彬有理"女性视频节目，目前也有20多万粉丝。虽然粉丝没有罗辑思维多，但其粉丝的精准性却让罗振宇艳羡不已。读书杂志《壹读》干脆放弃了杂志，开发了拍卖社区"壹读拍呀"，结果最高峰有20万人同时去抢拍"拍呀"的商品，粉丝数迅猛的增长到了50万。

在新商业时代，品牌要学会的是跟社群对接。从此没有大众传播，只有一个个社群，而每个人也都会在不同社群中扮演不同的角色，品牌要学会找到和符合自己受众的社群进行共振的办法。

实际上在新的商业生态中，最牛的是依托社群做产品。小米就是最牛的例子，小米微博、微信、论坛的三驾马车让其实际拥有了极大的媒体调动资源，每一次粉丝的疯抢都可以调动更多媒体跟进。

其次是依托社群做电商。社群电商的优点在于少了流量成本，自然可以增加利润。无论是铁血网，还是知名情感女性作家Ayawawa开的淘宝店"娃娃美颜铺"，都因为流量获取成本为零，而粉丝忠诚度高，有着一般电商无法企及的高人气。鬼脚七做羊绒围巾，针对粉丝进行无理由销售，很多人就无理由的买了一条。这些在没有社群的传统品牌中来看都是不可想象的。小米是先产品再电商，而做社群电商的也自然地往自有品牌去靠，去获得更高的毛利。

依托社群做广告，做公关则是社群经济中目前仍然是最普遍的商业模式，尽管这样的商业模式貌似最low，但因为商业链条短，对于保持着极精干团队的自媒体人来讲，却不乏是一条最简便的商业模式。

实际上未来的品牌，如果没有社群和粉丝的支持，是很难调动传播势能的。无论如何和各新媒体合作，毕竟是别人的用户，别人的平台。可以看到，未来的商业形态应该是每个品牌都有自己的社群。或者说，没有社群的品牌即使能够生存，但远不会有拥有社群的品牌生存得好。殊归同途，做内容出身的媒体人，最后会希望做到产品来变现，而做产品和品牌出身的传统行业从业者，则希望拥有自己的粉丝和社群。

2.3.3　社群经济时代的六个商业趋势

趋势一：基于粉丝的社群经营

粉丝和消费者的区别是什么？粉丝是一种情感纽带的维系，粉丝行为超越于消费行为本身，因此，品牌要么将粉丝变成消费者，要么就要把消费者变成粉丝。

从苹果开始，乔布斯的果粉就是典型的粉丝链接。而小米手机也是与粉丝的情感和价值认同的链接而创造的品牌，罗永浩的锤子手机，其目标用户本质上是老罗忠实粉丝群体，老罗的锤子逻辑是，即使锤子手机定价在3000元以上，有着同样情怀和审美的粉丝群体一定会认同这个价值。不去讨论他的手机未来如何，仅这一点，他至少可以做到是一个小众的罗粉群体的手机——而在营销上，其实他获得用户的成本可以降低，未来，他还需要继续挖掘粉丝的关联需求和价值，这是社群时代的新商业规则——用社群去定义用户，经营社群去挖掘基于核心产品的延伸需求，这区别于工业时代的产品为王——先定义产品，再寻找消费群，然后再经营用户。

趋势二：用户"智造"产品的时代

工业时代，企业强调的是"制造"，"制造"是以企业为中心的商业模式。在互联网时代，消费者希望参与"创造"，因此，进入一个新的用户"智造"产品的时代。这个时代的特征是企业永远不要觉得自己懂得一切的用户需求，而是让用户来参与提供需求的过程，甚至邀请用户来参与到解决消费需求工作中，企业需要为消费者设立"吐槽社区"和"创新社区"，并懂得将这些社区的消费者内容为创新所用。"吐槽社区"和"创新社区"，就是消费者痛点的发掘之地。例如，大众汽车曾经建立的大众自造的平台，在2011—2013年5月底，有1400万用户的访问，贡献了25万个造车创想，这些创想是研发人员所想不到的，但是通过这个平台却可以得到很多关于车的需求。

趋势三：人人可参与的众筹商业

"众筹"这个词，近年来一直很火。众筹通过互联网，把原来非常分散的消费者、投资人挖掘出来、聚拢起来，为那些创意、创新、个性化的产品找到了一个全新的生态圈。例如，阿里巴巴联手国华人寿推出的"娱乐宝"，让影视和游戏爱好者们可以用很少的资金来投资，本质上，这是一个理财产品，但是，模式上，这是一个众筹的娱乐类的基金产品。"众筹"是个性化、定制化、分散化的产物，改变了消费者的角色，让粉丝、社群都可能成为创新商业推动者和投资者，这是一个新的社群商业。

趋势四：触发用户的情景营销

智能家庭、移动终端、可佩戴市场，大数据、实时传感器等等，都在各个维度和用户产生链接，这种链接通常存在于消费者具体的情景。很多时候，营销要触动消费者，一定要有匹配的情景，而新技术的发展，让随时捕获这种情景变得更加容易。比如可佩戴市场，比如移动互联网和任意的广告屏幕和终端的链接。例如，在写字楼场景，如果你可以通过手机WiFi快速的获得品牌的专卖店或者零售终端的优惠券，或者本地化的一些消费信息，或许你会在上班中午吃饭的时间，到周围的商圈去展开一次购物活动，也或许你会由于与写字楼屏幕上显现的二维码的链接而到办公室的电商平台去购物。营销如果不能让消费者触景生情，或者触情而动，那么就成为了强制和粗暴的广告推送，而对于用户场景的观察与新场景的制造，都能带来新的传播机会。

趋势五：实时响应的客户服务

今天，每个企业都要实时的回应和实时地响应消费者所表达出来的需求。而移动互联网技术的发展，让消费者实时需求集中爆发，同时，企业也将改变服务的形态，例如微信客户服务的出现，社会化客户关系的管理。例如，招商银行在2013年3月开始推出微信客户服务，只要将信用卡与招行的微信客户端捆绑，就能通过信用卡"微客服"完成额度查询、账单明细、手机还款等业务，在2013年7月，招商银行再度宣布升级了微信平台，推出了全新概念的首家"微信银行"，服务范围从单一信用卡服务拓展为集借记卡、信用卡业务为一体的全客群综合服务平台；再比如南方航空的微信账号可以提供办理登机牌的服务，这种实时响应的服务，将带来用户全新的体验。

趋势六：打破边界的用户协同

尽管所有的企业都在讲大数据，甚至构建各种大数据的管理中心和体系，但是，"大数据孤岛"成为企业面临的新的问题。用户数据与后台数据，线上数据与线下数据，社交媒体数据与线下的零售数据，会员卡数据与微信粉丝数据，等等之间都存在需要协同的问题，如何基于用户为中心，打破组织和部门管理的边界，带来全面的用户协同，才能真正让企业的这些大数据产生价值，但是打破边界对于很多企业而言却是存在内部文化的极大挑战，而未来，用户协同的界面对于企业创新和营销却是必然需要面对的改变。

2.3.4 粉丝经济与社群经济的本质区别

粉丝经济的特征：

粉丝经济都有一个核心，这个核心是粉丝的共同目标。小米的粉丝的目标是小米手机。前段时间《中国好声音》很火的汪峰也不失时机地卖耳机，搞耳机众筹，也是粉丝经济的重要案例，它的核心就是汪峰。

粉丝经济是单向的，也就是说是粉丝目标向粉丝出售产品或是服务，而粉丝之间几乎没有，粉丝也很难向粉丝目标出售产品和服务。

粉丝经济相对稳定，很多粉丝会坚定支持目标对象，一般情况下不太容易改变。

粉丝经济的特点，造就了一批明星利用自身名气商业化，出售产品和服务，林志颖出售化妆品，马佳佳出售性保健品，等等。鉴于此，互联网上出现了大量的网红，先是让自己出名，有了名气，再从事商业活动。不少网红卖衣服等，收入不菲。

"互联网+"让人与人的链接变得如此轻而易举，为粉丝经济带来了更多机会，使粉丝经济发展前景广阔。对于拥有一技之长的初创业者，尝试认识网红，走网红路线变现，进而融入粉丝经济，将是一条十分有效的发展途径。

社群经济的特征：

社群经济也有自己的核心，这个核心在有些团队中非常重要，有些团队中可能没那么重要。现在谈得最多的是去中心化的例子，其实我不太认同去中心化的说法，因为任何团队都应该也都会有它的中心，所谓的去中心化，往往更多的是泛中心化，原来是一个大中心，大家围绕着转，现在是无数个小中心，大家独立运转，主动性更强，效率更高。

社群的经济是多向的。社群之内，大家有共同的价值观或其他黏结点，成员之间可以互动，互通有无。社群三大价值：①经济价值；②人脉价值；③成长价值。

社群经济也有相对稳定性。物以类聚，人以群分。无论是经济属性，还是社群属性，人都是要生活在一定群体中的。人们找到和自己互补或类似的人在一起是人的重要社会属性。

粉丝经济毕竟需要强大的粉丝感召能力，才能形成粉丝经济，而社群经济的不同之处在于，无论自身条件如何，只要融入一个社会群体，都可以很好的借助大众的资源平台很快成长，发展起来。未来的社群经济将是不少草根阶层跃起的新的重要通道。

2.3.5 从网红看社群化营销

网红的成功其实是粉丝经营的成功，在粉丝经济中，除了网红，典型的还有博客大V以及雷军的小米手机，都是粉丝经济的成功。但还有一个现象不容忽视，那就是，他们的成功是很难复制的，而上千家的网红店铺，才算得上是大众的社群化营销，那么，从网红的粉丝营销中，从社群化营销角度看，具备了以下三个要素。

1. 社群化营销要娱乐化

其实，这个不难理解，在互联网，一个"糗事百科"就拥有超千万粉丝，而曾经严肃的电视综艺节目，无论是歌唱家还是演员，在和观众互动时，通常都会说出几个段子，当然，未必是成型的段子，目的就是博得观众一笑。同样，传统行业那种填鸭式的销售方式已经被互联网的定制搅得市场销量逐渐萎缩，企业想要获得用户的认可，就要放下曾经高高在上的作风，和粉丝、和用户互动交流、沟通，了解他们的需求，满足他们的愿望，才能够在竞争激烈的市场中拿到订单，获得消费者的认可。而和用户沟通的最好的方式，就是用亲和的方式，与用户形成互动。

除了放下"高大上"的架子外，营销娱乐化还包括另一种含义，在网络社群化营销中，"明星代言"依旧有效果，不过，在如今的互联网时代，"草根明星"获得的粉丝更忠诚，当然，也可以适当借用当红的"明星"的话语、衣饰、事件做营销话题。网红本身就有很强的"娱乐"性，这种娱乐是一种对美的追求和向往，就像大街上走过一个美女具有超高的回头率一样，穿着为网红量身打造的衣服的时候，是不是也会在无形中感觉到拥有"高回头率"的幻觉，虽然未必能够获得，那种感觉却是真实的存在。

2. 社群化营销需要专注

粉丝经济需要一个关注点，而天生丽质，身材婀娜的网红们，几乎进入公众的视界就有很强的眼球效应，凭借自身的年轻美貌就可以吸引大批粉丝，这是其他社群化营销所不具有的优势。

同时，社群化营销要"量身打造"。据统计，网红们销售的产品主要围绕四大类：服装、美妆、旅游和母婴用品，这四类用户和网红可以有机的结合在一起，容易发挥他们的优势。

3. 社群化营销需要塑造品牌

网红虽然很火，但是，真正能叫出名字的不过寥寥，这就意味着在这个群体中，有很多人都是默默无闻的，而从很火的网红中不难看出，基本上都是团队操作。如今很多网红，实际上已经被集团化的运作了，他们在前面进行拍、秀、与粉丝互动，用这样的方式来获得用户的流量和注意力，而在后面则是品牌在运作。

网红是由"美丽"引发的注意力经济，而对于个人来说，只有在品牌的引导下才能将自己的能力发挥到最大。同时，网红作为社群化营销的成功模式，要涉及的因素有很多，对于一些比较一般的企业和个人来说，很难大力度调动各方面的人脉资源，最终只有在用户中形成品牌，或者品牌推广才是社群化营销的最终目的。

2.4 如何高效利用网红思维

2.4.1 网红将是下一个风口

风口年年有，今年何其多。虚拟现实、体育文化、无人驾驶、人工智能、众筹、自媒体、网红经济。每个行业的从业者，都希望自己所处的行业在互联网风口。网红的快速成名致富无疑让一些人看到了生命的另外一种可能。

2004年芙蓉姐姐横空出世以来，借助网络走红成为无数草根得以成名的方式。从芙蓉姐姐、凤姐到后来的天仙妹妹、奶茶妹妹，再到最近的Papi酱、雪梨等等。随着社交渠道越来越多，网红已经从偶尔出现变成了经常出现。

注意力经济时代，催生网红经济。据报道，网红店主张大奕在微博上有193万粉丝。2014年5月开了一家淘宝店，上线不足一年做到四皇冠。2014年5月成为淘宝店主的董小飒，是直播平台的网络主播，每一次线上直播都能获得百万人次的围观。在粉丝的支持下，仅仅一年多的时间，董小飒的淘宝店已经是三个金皇冠的店铺，每个月的收入可以达到六位数以上。

著名的诺贝尔经济学奖获得者赫伯特·西蒙在对当今经济发展趋势进行预测时也指出："随着信息的发展，有价值的不是信息，而是注意力。"这种观点被IT业和管理界形象地描述为"注意力经济"。

随着互联网的发展，文学、音乐、游戏、主播、创业、传统艺术等各个领域都出现了网红。但是现在的网红已经不再单纯地指上一个时代的网络红人了。上一个时代的网红，粉丝是碎片化的，没有良好的变现措施。而2.0时代的网红，有积聚粉丝的微博、微信、淘宝、直播、短视频等平台，这足以让"老一代"网红眼红不已。在这特定的时代背景下，网红经济逐渐显露并火热起来。

移动智能化时代，助力网红经济。你有没有这样的体会，你会时不时习惯性地掏出手机，不自觉的打开微信、微博的App，打开刷新，尽管你在几分钟前刚刚打开过。智能手机的普及，更能有效利用碎片化时间。随着移动互联网的发展，人们的注意力更加集中在智能手机。但信息大爆炸会分散人们的注意力，如何有效地获取关注度是网红需要面临的问题。

从最初信息载体是文字的网络社交时代，到信息载体是声音、图像的网络社交时代，再到现在短视频作为信息载体的网络社交时代。载体不断发展变化，使得其更具优势。视频兼具了感染力强、形式内容多样、肆意创意种种特征，又具有互联网营销的优势，如互动性、主动传播性、传播速度快、成本低廉。

观察2015年中国网红排行榜，不难发现多数网红是在微博火热起来的。但随着移动互联网的发展，微博之后最有潜力的是微信、短视频平台和直播平台。随着唱吧、美拍、小咖秀、秒拍等视频社交平台的快速崛起。直播和短视频带动了网红经济，成为了下一个"批量"造就网红的平台。Papi酱、雪梨、小智等网红通过社交平台沉淀关系，在积累人气与粉丝的同时，也为这些网络平台创造着巨大的流量。

2.4.2 如何利用网红思维售卖产品

1. 网红要与产品内容相匹配

在如今移动互联时代，即是社群化。优质的内容可汇聚人气，从而将人气换成流量，有流量才能谈得上转化，最终变现。因此，找到与自己的产品相匹配的内容最关键。

如果你是做跨境电商的，那可以看下小红书社区电商平台，让很多身在海外的人们主动分享自己买到的好东西，再分享到国内，让很多身在国内的朋友看着眼馋，产生"想买"的冲动，然后再建立跨境电商的商城，那么转化就来了。对即将出国的人来说，可以借助这个平台制订自己的购物清单，而暂时没有出国打算的人，可以通过逛社区来增长经验，或者去福利社完成一次"海淘"，小红书社区电商就是为那些身在海外分享购物的人们建立的平台。

如果你是做手机的，那就看小米，小米采用"饥饿营销"，前期宣传造势，召集一批刷机的发烧友，发烧友是最好的推手。通过引导他们自发的创造和分享手机的相关内容，从而把流量做大，接着再做转化。而小米的网红正是社区里的第一批"手机发烧友"。

如果你是做眼镜的，这个眼镜行业看起来貌似并没有什么好的网红题材可关联，但是自从智能手机的拍照功能越来越强大，类似美拍、秒拍这种拍照、短视频的应用越来越风靡，朋友圈、微博是不是经常被一些自拍族刷屏。这就是机会！因为他们自拍最多的地方是脸，而眼镜不就戴在脸上吗？通常爱自拍的都是一群颜值偏高的人，而颜值偏高的人呢，通常都是性格活泼，朋友众多，而且乐于分享的。同时他们都有成为明星的潜质和梦想。这个时候我们就可请他们做代言人，让他们按照自己的品位，在我们的眼镜样品中选出自己的最爱，然后戴上展示。我们再请摄影师，帮他们拍照。拍的比他们的自拍不知道强多少倍。然后给他们建立专属的网页，为他们编辑和撰写超有"逼格"的简介。同时，定期采编与他们相关的一些故事、视频发布到他们自己专属网页上。这像极了个人微博或者博客，不过要比那些更专业和专注一些。之后代言人自然会在第一时间把内容分享到微信、微博。那么，流量是不是就来了呢？我们设想一个场景：代言人的××同学，看到他某张照片上的眼镜后，感觉很好看，会不会问他怎么买呢？然后我们的代言人自然会告诉他：点进去，约验光车上门配眼镜。

2. 注重产品内容

在用网红思维做营销的过程中，首先要注重产品的内容，在网红影响力还不够深时，千万不能强制性卖产品给客户，这样的行为会摧毁整个营销策略。始终要记住我们的产品是道具，是配角，绝不能抢了主角的风头。在当代，大家都知道腾讯大社交网络体系中的广点通、搜索汇算的广告凭条。为什么他们都会在这上面推广告？这是由于流量的原因，通过广点通，用户可以在QQ空间、QQ客户端、手机QQ空间、手机QQ、微信等平台投放广告，进行产品推广。当大家打开各种新闻客户端时，看到的也是以内容居多的。所以在没有汇聚大流量前，先不要强制性卖货给客户。作为社群运营者来说，我们要做的就是想办法去了解你的粉丝想看到什么、想要什么。

3. 经纪人思维来重视网红

一旦你选择网红思维做营销，那么此刻你所售卖的产品已经不是自己的产品，而是你的网红，这个就已注定你需用经纪人思维来重视网红，如果自己都不把他们当成明星，那他们怎么会有粉丝？

要知道，网红思维是获取流量，而流量的来源就是粉丝，粉丝经济很重要。而粉丝最想看到什么？你要给你的网红策划话题，哪怕跟你的产品暂时没有任何关系。策划他们粉丝背后喜闻乐见的东西。而他们的第一批粉丝是谁？是他们的亲朋好友啊。那就多研究一下亲情吧。第二批粉丝呢？朋友圈附近的陌生人咯。那就让你的网红多出入一些看起来高大上的地方嘛。第三批粉丝呢？或许就需要一个爆炸性的内容来引爆了，好的，或者坏的！我们的代言人正是按照这样的逻辑走出去的。

用网红思维来售卖产品是基于流量思维上，要先找流量来源，流量初始来源就是内容制造，慢慢地，分享的内容多了，流量自然就会来！

（2.5） 月入百万的网红达人

在社会转型中，"互联网+"中应运而生、新媒体环境下一跃而红的"新职业"——网红。他们大多数颜值高,善于表达,出身草根,拥有基数庞大的粉丝群,他们搭着新媒体的列车,借助美颜、短视频、微博……乘风破浪,席卷数百万粉丝。他们的收入是一个谜,也是一个诱惑,他们促成了"网红经济"的诞生和火爆。

2.5.1 网络购物平台的"网红"

淘宝平台上有一群网红越来越引起大家的注意,这群人最初的代表是小辣椒,到2015年"6·18大促"中,网红店铺已经蔚然成风,销量前10的淘宝女装店铺中有7家是网红淘宝店铺。

网红店铺在各个方面都呈现出与以往店铺不同的特点。淘宝服饰行业总监唐宋指出,网红现象本质上是粉丝经济个体去中心化,网红店铺都有靓丽的模特;店铺的消费者比淘宝用户平均年龄年轻5岁,集中于"85后"与"90后";无线端消费占比比行业平均水平高10%~20%,这也与新技术的发展趋势高度契合。

网红店铺的供应链也更加柔性,常规的淘宝店铺流程为"上新—平销—折扣",但网红店铺则是"选款—粉丝互动、改款—上新、预售—平售—折扣"。2013年大学毕业的赵大喜,在淘宝开店后,每天要花大量精力在微博上跟用户互动,推出样衣和美照,聆听用户们评论反馈,挑选受欢迎的款式打版,投产后正式上架淘宝店。这种更为柔性的供应链的好处就在于,选款能力强,测款成本低、C2M模式将成为可能,这代表了DT(数据处理技术)时代的运营方式。

2.5.2 "网红"新势力

以前的"网红"更多地被认为是长得好看、会化妆、会拍照,而如今他们正在通过自己的努力书写着一个个网红的淘宝店励志创业故事。

虽然像陈丹丹这样初具规模的创业者仍是少数，但一些规模依然较小的网红淘宝店，也正在顺利接下一家家投资机构的投资和加盟。"一是在社交平台上有大量的粉丝，二是强大的变现能力，能把这种'红'变成一种生产力。"在淘宝服饰类目行业市场总监唐宋看来，网红现在已经能够被重新定义。"网红有很多优势，以前都没有被挖掘出来。例如在社交媒体上拥有大量粉丝、用户年轻且忠诚度高等。"

"传统的店铺运营，会先通过小批量的上新，看看市场后再决定是否推广。而红人直接把自己的衣服拍了放到朋友圈里，看看评论就能定下货单量。所以在供应链上，成本是绝对的低。"唐宋分析，"再加上粉丝忠诚度出奇的高，一位有50万粉丝的网红，平平常常就能得到4万多元的回报，这些都会将开店成本降到最低。"

例如张大奕就对记者表示，自己对于粉丝们而言并不是一个传统的偶像，而更像是一个朋友。"有女孩子因为穿了我的衣服，觉得更有自信了，被喜欢的男孩子或者男朋友认可了，都会跟我说。"

但这些网红也有不少短板。他们有的是做模特出身，有的则是经营个人社交媒体变身大V。但当他们纷纷开起淘宝店，将自己的粉丝优势变现为商业价值时，瓶颈很快出现——店铺日常运营、供应链、设计、打版、库存、客服、团队管理……事无巨细全靠自己，是难以为继的。于是，市场上出现了一些网红孵化器，如莉家、榴莲家，通过入股的方式为这些网红店提供打包的解决方案。

随着网红们越来越受关注，他们的能力和创造力也渐渐被认可，甚至在榴莲家负责人看来，这些网红淘宝店完全具备上市潜力。但也有人分析认为，因为个人原因聚集的一批粉丝，能实现小规模套现，很难支撑更大的市场。但在网友看来，网红们的新闻不再是嫁给某个富二代或是有哪些绯闻，而是依靠自身经营诞生的创业故事。这些故事本身就已经足够吸引人了，尤其是对女性而言。

2.5.3　微商和网红的区别

区别一：微商是传统销售，网红是个人品牌营销

微商是诞生于微信朋友圈的好友之间的自发买卖，基于微信初期的野蛮性爆发，微商通过加好友利用熟人之间的关系实现客户的开发和口碑传播，通过朋友圈的信息流以图文、视频等形式展示商品，吸引顾客购买，通过一对一的沟通最终完成商品交易，微商本质上属于基于微信社交媒体的传统销售，以朋友圈为依托、用户自发而成的一种微型电商交易行为，虽无须通过支付工具直接交易，但微信封闭环境下的小范围销售行为依然属于传统销售，即使微商团队所采取的代理分销制也属于传统企业惯用的商业模式，代理分销的致命缺点是层级越高获利越大，而越到底层几乎无利可获，马太效应越来越明显，最终导致整体销售体系的崩塌，传统的直销企业也是采用分销体系原理获取个人分成，而最终能够在这座金字塔捞金的还是那些积累了数载十年的金字塔顶端的人。

网红诞生于移动互联网深度分割下的微博、视频直播等社交媒体中，由于这些社交媒体本身的泛社交属性和极度开放性给网红的诞生带来了天然环境，微博泛社交化的环境既是热点内容的引爆源又是意见领袖的论剑圈，同时明星名人效应又带给社交无限话题热点，其无限开放性以及转发、评论等功能进一步推动信息扩散和发酵，直播视频平台尤其是短视频平台更易于用户的立体化展示和趣味化、个性化内容传播，无疑顺应了网红的爆发。但是网红本身依靠个性的文字、照片、视频等来展示自己的形象、生活，本质在向粉丝售卖自己的生活方式，他们时不时为粉丝提供相关攻略，久而久之在粉丝心目中的形象定格，属于典

型的个人品牌塑造，网红依靠在社交网络的账号用自己的才华和艺术等等售卖自己，无疑是个人品牌营销案例的范本。

区别二：微商刷屏强制销售，网红将商品营销于无形

在营销方面，微商依靠宣传微信号、地推送礼来增加好友，依靠朋友圈的大量刷屏来获得产品的销售，本身还是传统销售的模式套路，在朋友圈赤裸裸的刷屏是将产品尽力呈现在用户面前，强推给微信好友，显然是一种强制性营销行为，以此来获得产品的利润分成，显然是相当困难的，此种营销行为显然是不可持续的，微信的强社交环境极其排斥此种赤裸裸的强推行为，尽管微商动用各种五花八门的武器，豪车、出国旅行，但却从根本上改变不了微商逐渐沦为人人喊打的局面。

网红首先在社交圈展示自身的艺术才华、晒靓照或者吐槽当下热点事件或者展示自己的萌宠个性视频等等，本质上是在进行自己的社交行为，而且依靠自己的才华或者各类攻略技巧来吸引关注，这就是不同于微商的根本区别，网红有一个积累重视粉丝的过程，微商则没有，微商所加好友属于强行添加，其之间缺乏信任度，微商也不可能和每一位用户一一维持关系，而网红通过微博或者秒拍这样的视频直播平台来获得关注和粉丝信任，先聚集一定量粉丝，然后以日常生活插播自身的同款商品定制，无形中吸引无数的粉丝前来抢购定制，网红的商业模式就胜在将商品销售于无形中。

区别三：微商属于简单的销售行为，网红有一套完整的商业路径

微商仅仅是一种销售行为，更适合简单的销售，其路径是加粉、刷屏、聊天、交易，本质上离不开传统销售的套路，终究不能成规模；而网红依靠社交网络售卖生活方式，粉丝暴增后，依靠个人品牌和形

象，为粉丝定制商品，将粉丝引流至淘宝等电商平台，进行预售，前期巨量的粉丝数量为营销打下了基础，粉丝提前订购网红同款商品，且网红亲自作为模特向粉丝一一展示，明星级别的体验无非增强了产品在粉丝心目中的绝对印象，借助带有强烈互联网思维特色的"抢先预购"无非是营销思维上的创新，逃离了微商模式的强推和谈判交易行为，免去了一切购买过程中的复杂环节，一整套商业路径水到渠成，长期积累下来的个人品牌效应在极短时间内实现传统实体店铺一年的销售额已经习以为常，这就是从灰姑娘到网红明星完美蜕变后所带来的力量。

区别四：腾讯抑制微商发展，而阿里正在孕育网红经济

同是社交环境下自发兴起的社交电商，但腾讯对待微商和阿里对待网红的态度截然相反。微商圈一条"马化腾对外宣布：未来微信重点支持微商发展"的新闻迫使腾讯官方立刻站出来辟谣，2016年2月21日，杨澜和孟非在微博中怒斥某微商团队虚假宣传称二人加入了该品牌，并宣布进入司法程序，可见微商已经无招不使，惹上官司必将前功尽弃。从一开始腾讯投资京东，就意味着腾讯将不擅长的电商平台经营交给京东来做，并抗衡阿里巴巴对腾讯在电商支付平台上的冲击。

而对于从微博或者秒拍视频直播平台崛起的网红，然后到淘宝去完成商品的交易，阿里本身是非常赞同的。在第二届世界互联网大会上，阿里CEO张勇（逍遥子）明确表示："网红完全依靠个体的力量，聚集了一群跟他志同道合的粉丝来follow他，最终产生了经济的机会和商业的机会，这是非常非常奇妙的。"表示网红是新经济力量的另一种体现。而且阿里本身是电商大亨，所谓基因充足，投资了社交媒体新浪微博，微博是基于陌生人之间的弱社交关系也就是泛社交生态也为社交电商打下了根本性基础，微博本身又推出微卖来发力社交电商，网红通过在微

博社交圈聚集的粉丝引流至淘宝迅速变现，无疑为正在变革中的淘宝带来了新的生机，而淘宝又推出淘宝达人将网红向淘宝平台迁移，基于内容创业的风口，淘宝达人的内容和产品推荐将为淘宝店铺带来流量，淘宝头条正是内容到电商变现的原理。所以淘宝将提供土壤孕育一场新的明星式的经济，便是网红经济。

2.5.4　网红背后有哪些宝

如今网红绝对是互联网虚拟世界里隐形的掘金大亨，开启了一扇新商业经济的大门，这绝非偶然。2014年自媒体经济引爆流行，随着"屌丝经济"的逐渐谢幕，2015年社群经济泛滥成灾，2016年网红经济引爆眼球全新的流行，这是商业经济发展的必然规律使然，移动互联网必然给当下商业经济带来无数不可预知的变数。那么方兴未艾的"网红经济"的主角网红们年入过亿背后都有哪些制胜法宝呢？

1. 网络文字时代的网红，文笔和才情共舞

网红最早起源于互联网化的文字，带有网络特色的幽默、诙谐文字驱动网红火速流行，因为其年轻化、个性化、趣味化而深得年轻网友的心，网络文学恰恰在此时势如破竹，乘虚而入，凭借自身的文笔和才情切入当下具有网络特色的互联网文学，一鸣惊人。1999年前后，痞子蔡的《第一次的亲密接触》从海峡彼岸刮来一股网络文学风，安妮宝贝、李寻欢（路金波）、宁财神、邢育森等网络作家崭露头角，活跃于地方、校园等互联网论坛，成为最早的网络红人。

随后凤姐之类的网红以大胆高调的言辞、征婚启事等豪言刷爆互联网论坛，这虽然是一种自我炒作的恶俗方式，但不得不说对自己的知名度和影响力增加了不少的分量。以凤姐为例，成名后，笔耕不辍，凭借

自己的勤奋和努力，写得一手好诗文，2015年7月16日正式签约凤凰新闻客户端，并担任主笔，也成为网红成功跨入媒体的典型案例。

2. 社交圈里的网红，从微博、直播平台到淘宝同款定制

以颜值爆红网络社交圈，以个性化、趣味化图文、视频内容持续引爆微博、微信以及视频直播平台的网红是社交网络平台尤其是移动社交网络崛起的必然产物。微博的泛社交化模式更适合网红以颜值和生活日常分享引爆社交，更易于内容制造，同样更易于分享传播，商业变现水到渠成。视频直播平台让粉丝直面网红，拉近同网红之间的距离，增加了粉丝的黏性和信任度，从而形成强大的粉丝效应，尤其是短视频直播平台秒拍、美拍等的流行，顺应了移动互联网环境下信息碎片化、视频媒体化的属性，具备天然的传播和聚粉能力，成为新一代网红发力的首选之地。

由微博、视频直播平台疯狂吸粉后，网红的真正变现之地在淘宝，将粉丝引流至渐趋没落的淘宝平台，甚至使其死灰复燃，通过微博、视频直播平台社交互动，展示自我穿着和生活，并将淘宝自身定制同款商品营销融入社交化的社交生活中，无形中形成商品的自然销售，寓商于乐，并且火速售罄，网红在淘宝的主要商业模式是网红自身同款定制，充当展示模特向粉丝展示款式，产品还未面世，便开始在淘宝店铺预约抢购，典型的"饥饿营销"，还有偶像献身做模特，不火才奇怪，王思聪网传女友雪梨、董小飒、腻娃、ALU均是同款定制获取巨额暴利的网红代表。

3. Instagram、淘宝达人和美丽说、蘑菇街式流量分成

图片社交网站曾经风靡一时，在美国是Instagram和Tumblr，在中国是美丽说和蘑菇街，因为图片的视觉化效果显然胜于单薄的文字，在瀑布流的震撼视觉下，图片对用户更具信用性和商业化魔力。爱好时尚，

喜于穿搭，渴望美丽的达人借势发力，在这些重度垂直的时尚图片社交网站为用户分享穿搭心得，日常经验、流行服饰而积累用户，疯狂吸粉，久而久之成为某一领域的达人，突然爆红，坐拥无数粉丝，大多数为自身忠实目标用户，为商业变现直接打好了基础。

在视觉效果震撼，性感妖艳的模特照片背后是电商交易平台淘宝或者其他，无须发货、快递、客服，更无须重视店铺的信誉，仅仅网红的一个分享，一条信息即可将一个店铺的信誉拉升无数等级，引爆一款爆品已经习以为常，在巨额粉丝流量的驱动下，网红从粉丝手中抽走的流量佣金异常惊人，曾有媒体报道，这样的网红日入10万元也屡见不鲜。网红仅仅需要扮演好一个互联网明星的角色，玩着自拍，晒着日常，分享经验，和粉丝保持高度互动，便可居家轻松月入百万元。

鉴于此，淘宝阻止了美丽说、蘑菇街的流量进入，自成网红达人体系，推出淘宝达人，淘宝电商进入网红时代，淘宝头条也成为淘宝转型内容创业，网红达人，引流电商交易，从而在阿里妈妈获取佣金的核心环节和商业模式。

4. 一般网红的基本变现模式：广告、打赏、出书、实体店、节目、商演

网红本质上是在售卖自己的"偶像"生活方式，向粉丝输出自己的内涵、才华或者日常琐碎，聚沙成塔，一步一步建立自己在粉丝心目中的形象，然后实现流量变现的过程，此其中，商家广告，来自粉丝的赞赏，日常心得经验成书，以及实体店铺经营都是网红掘金的制胜法宝。在微信公众平台，咪蒙的一条微信头条广告255000元，Papi酱的一条短视频即可获2000+粉丝赞赏，微商春晚与当红影星蔡雨彤，创业网红代表人物魏道道等联合近百位网红一起推出了专注于创业女神的纪实类书籍——《创女神》，许多网红还开了与网店同步的实体店，以解决互联

网营销模式下供应链不足的弊端。芙蓉姐姐曾经主持节目、参演电影，网络大电影《三天四夜》2016年1月3日在常州太湖湾万泽太湖庄园举行开机仪式，网红金小小猫儿担当此影片重要角色。

网红商业模式种种，变现法宝重重，已经成为新时期的商业经济新流行，网红经济绝对不是单纯的流量背后的电商转化，在其背后是一整条明星化的互联网经济新模式，必将成为未来商业经济的绝对主力。

2.5.5 网红赚钱赢利的十大方法

1. 广告

这是最简单和直接的赢利方法，简单地说就是在自己的平台帮助商家发广告赚钱。这个广告形式包括硬广告、软文和软植入。

硬广告：比如直接在微博里发布商家的广告，或是直接转发商家的微博广告或内容。

软文：比如在公众号里发布商家的新闻稿、软文。比如像一些主播类的网红，在主持时，适当提提商家的产品。

软植入：通常网红想靠广告赚钱，需要有一个或是几个属于自己的平台，比如说微博、公众号，同时这些平台还要有一定的粉丝量。比如：在微博上，著名段子手"天才小熊猫"拥有500多万粉丝，对外单条广告创意报价已超过10万元。Prada、香奈儿等品牌发布新的口红、香水等产品时，会找到网红发广告。他们甚至会在不同的时间节点，找不同的网红，展现产品的某一个特点，以达到精准营销的目的。奢侈品圈、化妆品圈已成为网红收入的重要来源。

有强烈个人属性的自媒体网红年收入上千万元的已不是少数。比如，咪蒙通过连续写作爆文迅速积聚起百万粉丝后，其软文报价已达到一篇二三十万元。现在淘宝网红有很多曾经是前几年的淘宝女郎，当时写一篇产品测评收入几千元。

2. 拍片

对于一些"以貌取胜"的网红，不少人选择了拍片赚钱，这里说的"片"主要是指平面图片或是广告片等，通常平面图片居多一些。比如说杂志配图、广告图片、淘宝产品图片等。甚至有不少网红就是平面模特出身的。品牌方请拥有粉丝几十万的网红拍些照片，需要支付两三万元的广告费。

如果你是一名摄影师（尤其是自由摄影师），肯定也想自己的作品被更多的人看到，成为"网红摄影师"是个不错的捷径。因为这意味着有更多的客户会欣赏你找你拍照，当你有了强大的客户群，收入以及名气自然也就不在话下了。这就像是滚雪球效应，当找你拍照的人越多会给人"这个摄影师很厉害，我也要找他拍照"的印象，又会吸引另一批人来找你拍照。

3. 站台

这里说的站台，是指参加各种商业活动。比如参加车展、商家的开业典礼、走秀演出等。碰到大款一点的，说不定还有礼物可以收。一般通过这种方式赢利的网红和第二种差不多，大部分也是比较有"颜值"，另外对于拍片和站台这两种方式，往往都需要与专门的经纪公司或是商业公司合作，或是只是靠自己来找客户，效率是比较低的。还有的综艺节目，为了颜值或者噱头等目的，去请一些网红，都要给通告费，如果是那种长期站台的综艺节目，也算是一笔稳定的收入了。

4. 主播

对于通过靠在线直播平台成名的网红，主要方式就是通过主播工作来赚钱了。主播赚钱的主要方式是通过引导用户来购买虚拟礼物，然后按比例拿提成。如果碰到特别豪的那更是赚得盆满钵满。

有位网友说，不断有人在直播里送她"火箭"。这是一种虚拟货币，粉丝购买后，一架带着买家名字的卡通火箭，会从屏幕上飞过，远比普通粉丝的弹幕醒目。

每个"火箭"的价格是500元人民币。有个"90后"的土豪，曾经一口气为她刷几十个"火箭"，占满了整个屏幕。收到"火箭"后，网红会起立，在摄像头前跳舞、飞吻、摆出可爱的姿势和眼神，然后把送"火箭"的粉丝名字念出来，表示感谢。这种赢利方式就需要有一定的语言表达能力或是表演能力，而且要有一定的特点或是人格魅力，能够吸引人经常在你主播的房间里停留，而且还能够吸引人经常给你买虚拟礼物。

还有一些比较豪的平台，会高薪聘请一些网红，既可以吸粉又可以圈住老用户。

5. 社群

对于粉丝不是很多的网红，通过社群赢利也是一种不错的选择。可能有人不知道社群是什么意思，在这里简单普及一下：社群简单地说就是一个组织，具体表现形式往大里说可以是一个协会，往小里说可以是一个微信群。但是注意，并不是说你成立了一个微信群就叫社群，社群要有完善的组织架构，要有自己的定位、名号、规则等。比如明星的后援会、各种汽车的车友会就是典型的社群。

社群的赢利方式最直接的就是收会员费。比如现在很多人基于微信群建社群，而想进群，就需要交纳一定的费用，甚至要月月交。其次社群的成员多了后，也可以在社群里销售产品。想通过社群赢利，就需要社群有一定的价值，且能够为社群里的成员持续带来价值。

6. 网店

对于一些有商业思维的网红，不少人选择了开网店，利用自己强大的号召力和粉丝基础，直接通过销售产品的形式变现。比如王思聪的网红女友，就是通过开网店赢利，据说一年的销售额有1.5个亿。

7. 微商

微商是近几年新兴的一种商业模式，社会上对其认知也是褒贬不一。微商本身是无罪的，从商业的角度来说，这也是一种不错的模式。微商的一些负面，不是微商的问题，是一些具体做微商的人的问题。就好像网店里也有卖假货的和忽悠人的，但是不能因为这个就否定电子商务。其实微商和网店有点像，都是在网上卖东西，只不过一个是基于PC互联网，一个是基于移动互联网，具体选择哪种，大家根据自己情况来。

8. 拍剧

对于一些多才多艺的网红，也有尝试向影视剧行业发展的，尤其是随着网剧的兴起，给了大家很多新的机会。甚至像《万万没想到》这种小视频，已经直接开始拍大电影了。当红主播王小源、刘鉴仪主演的电影《熊孩子》、网红黄灿灿南笙主演的电影《半熟少女》等。

当然，这条路也是比较难的，因为确实要求比较高，所以到目前为止，通过这条路成功的也不是很多，大部分都还是拍微电影中。但在宣传中作用可不小，把"微"字一去，就成拍电影了。

9. 商业服务

也有一些有非常强的商业能力，或是背后有相关团队或是合作伙伴的网红，以为企业提供商业服务赢利为主。比如营销策划、营销推广等。其实这也是一个不错的方向。

10. 嫁入豪门

目前成功的只有奶茶妹妹，所以，说她是有史以来最成功的网红一点也不为过。

第3章 | 网红是如何炼成的

3.1 2016年网红产业的四大趋势

1. 视频化

从古至今，人们对外界的认识方式也发生了翻天覆地的变化，其难易程度可以按照文字、声音、图片、视频的方式来区分。在古代，人们认识外界主要通过阅读书籍、文字，这样的方式会受到各种条件的限制。之后，随着社会的发展，人们逐渐掌握用声音和图片的方式来认识外界更多的事物。现如今，科技飞跃发展，用户更喜欢看短小视频，这是因为视频更加形象、直观。用户通过视频可以看到更加真实的生活场景，而视频的发展也跟4G网络的发展密不可分。

而我们现在看到的美国的各种达人，许多年前就已经在YouTube视频火了，而中国的优酷土豆这些年也没能培养出一个视频达人，但这并不是优酷土豆的错，而是缺少时机，而随着秒拍等短视频应用的出现，更是抢走了优酷土豆的风头。据统计，在中国使用最长的20个App中视频类占了7个，使用时长排在前10位的App中视频类占5个。爱奇艺创始人、CEO龚宇曾表示："自媒体极有可能成为互联网视频划时代的全新的内容形式。"

在2015年通过录制短视频而成为最受欢迎网红的Papi酱，首先就是选对了风口。

2. 专业化

纵观Papi酱的内容，可以说是精致的粗糙。明明可以靠脸吃饭，却偏要靠才华。Papi酱其实是一名艺考出身、中戏导演系的"专业人士"，她录制的视频一般都是在简陋的办公室或者是家中进行场景的不断变化，以及一人分饰多角来进行表演。然后通过精心的策划、剪辑发到各种社交网站。刚开始，Papi酱在网络上的轨迹跟很多普通的女生无甚不同。2013年，她还是个画风正常的文艺女青年，在天涯社区上开了一个名为"Papi的搭配志"的帖子，上传了自己不少日常衣服搭配的照片；评论大多赞扬她"是个美女""很漂亮"，但没有任何走红的迹象。所以，现在早已不是单晒几张照片，买一些粉丝就能成为网红的时代了。

Papi酱的专业出身让她能在各种角色切换上做到游刃有余，并且能将各地方言玩出新花样，这样的水平已经不是草根达人能企及的。她中戏导演系的专业出身，更是让未来网红公司要蹲在传媒大学、北影、中戏这样的地方来挖专业人才了。所以作为戏剧学院的学生一般会面临未来明星和网红的两条路。就目前情况来看，更多人更倾向于选择当一名网红。

从题材上来讲，Papi酱的视频内容多以吐槽一些生活中的小事，用夸张的表演、恶搞式的语言、调侃嘲讽虚假的人与事，评论社会现象或娱乐八卦等。她第一个爆发的作品是《男性生存法则第一弹：当你女朋友说没事的时候》，这一段深谙女生心理的视频，真实解构了女生在谈恋爱时让男生百思不得其解的"作"，可爱俏皮，迅速赢得了微博的主要使用者"90后"甚至"00后"的欢迎。此后她又发布了东北话、台湾腔、上海话夹杂英语、日语的段子，模仿大妈的语气惟妙惟肖，短短几十秒、几分钟，却让人捧腹，还有《吐槽恶棍天使》《12月25日吐槽圣诞节》《2分钟看清娱乐圈》这些视频对单身节、微信、春节回家、女人贬损女人的吐槽，每一个视频在各个平台累计有几百万次的观看量，获得很大的成功。对于用户来说也有非常明晰的定位！成为网红只有并不是清一色的锥子脸，只靠拍图片。更需要的是像Papi酱这样的内容创作类网红。

3. 多平台化

现在内容的分发是多平台的，在每个平台上都可以获得粉丝，一开始就可以入驻美拍、秒拍、优酷、B站、微信、今日头条、微博等等。平台的多元化，分发的多元化。Papi酱一开始就有意识地进行多平台分发，从微博、微信、今日头条、秒拍、优酷，甚至A、B站，知乎，豆瓣，能这样做全平台渠道的红人数不出几个，Papi酱在这方面绝对是领先一步。看看B站满满的弹幕，实际上现在多平台的内容分发趋势已经不可避免，对于内容创业者来说有更好的机会获得成功，无须依赖单个平台，这样减弱对平台的依赖程度，相反还可以获得各个平台的推荐和扶持。如果你精力有限的话，做网红现在最值得投入的平台还是微博、微信、秒拍，这就不多做解释了。

4. 营收多元化

几年前的网红代表芙蓉姐姐、凤姐等人，并不受主流社会认可，网红这个词不但不"高大上"，反而给人一种很草根的感觉，所以以前的品牌不投中国的网红，品牌会认为这些人跟他关联在一起，对品牌是有伤害的。现在不一样了，有很多网络达人，他自己本身就有很好的生活方式，自己也很美，现在品牌不会觉得跟新的网红关联在一块儿会对品牌造成伤害，所以2016年大牌的品牌的钱会投向网红，你只要有名，不一定非得卖东西，或者你也可以卖东西，也可以接代言。2015年谈到网红经济动辄谈的就是淘宝店多少个钻，一次上新上千万元营收。粉丝直接变现只是一种形式，网红更多的变现还是品牌的植入、代言、广告甚至未来拍电影、电视等。实际上，最热门的网红会有明星化的趋势，而越是明星化，就越对粉丝直接变现要小心。毕竟电商也好，品牌也好都是专业的活，一点处理不当就会得罪粉丝。对于大网红来讲，如果轻松获得广告收益，为什么要直接粉丝变现呢？

目前由优秀淘宝商家演变而成的各家网红孵化公司（如涵、莉家、榴莲家、Lin家）都能够通过自身原有的在供应链端对接产品制造商的优势，且在与小生产商谈判时拥有比较强的议价能力。但是随着网红规模的逐渐扩大，对供应链需求的扩大会使得网红经纪公司越来越难满足上述对供应链反应速度的要求。2015年大规模签约网红的一些店铺，评分都有不同程度下降，销售额的急剧扩展之下是用户体验的消耗。对于粉丝经济来说，损失客户的成本极高。

所以给各位网红的建议是，先要很红，晚点再考虑变现事宜。越是着急变现，可能越做不大。

3.2 时势造网红

近些年来，电子商务事业的迅猛发展，催生了配套产业链出现与发展，并产生了一系列全新的职业。在互联网电商的高速发展下，网络模特行业如雨后春笋般涌现。网络模特2.0时代已经来临。淘宝网红也随着网络模特2.0时代的降临而悄然走红。

移动互联网的发展，给了每个个体在社交网站上充分展示自己的机会，通过互联网的传播，让更多人认识和了解他们，这样就让更多的草根角色有逆袭的可能和机遇。一些漂亮的、丑的、个性十分鲜明的人们更容易被人们所接受，也在社交网站、电商平台上缔造了一个光鲜的世界。在那个世界里面，可以谈日常、谈天气、谈心情、谈昨晚的剧情，谈喜欢的明星和综艺节目，更重要的是谈自己最近选购的新装。

就这样，一个个网红凭借自己的独特个性和审美风格在各个社交网站上受到广大网民的追捧并迅速成长起来。诸如"雪梨""呛口小辣椒""张大奕"等熟悉的名字。而在这些名字中，总有一个网红的穿衣风格是你曾经认同，并且让你不自主模仿过的。网红们在做的事情就是走在时尚的前沿，将审美输出，提出自己的搭配意见，把自己的穿衣风格分享给大家，这样你就会把网红看成一个意见领袖，并会持续不断地关注此网红的动态。因此，一个成功的网红要有自己独特的个性，更要有自己的品位和鲜明的穿搭风格。

说到"淘宝网红"，不少人眼前会浮现出几个肤白貌美、大眼长腿、名牌包包加身、永远造型完美的时髦女生。她们无一例外地集合了能让大多数女生羡慕嫉妒恨的种种优点，而且竟然还赚得一手好钱——按照那些"扒皮帖"的说法，她们每个人依靠着开服装淘宝店，早已经成了富翁，就算保守点说身家也是千万元级的了。

Papi酱，中央戏剧学院在读研究生。在半年时间内，依靠吐槽式的原创短视频迅速蹿红，微博粉丝达到1000万，视频总播放量达到2.9亿次。不久前，她获得A轮融资1200万元，市场估值达3亿元；同道大叔，知名星座博主，凭借优秀的绘图吐槽12星座，受到粉丝热捧，随后凭借融资，完成了"同道大叔"到"同道文化"的完美进阶；另一个是宣称"每天坚持60秒"的罗辑思维，2015年10月20日完成B轮融资，虽未透露具体金额，但13.2亿元人民币的估值着实震惊了不少人。要知道，一年前，它的品牌估值才1亿元左右，一年时间翻了13倍。

与1.0版网红芙蓉姐姐、凤姐相比，这代网红较少凭借雷人言语和夸张形象出位，相反，更注重优质原创内容、主动推广和粉丝互动。也正如此，具有相同价值观和兴趣的粉丝呈现爆炸式增长，完美实现了2.0版的升级改造。是什么原因让网红们发生实质变化？

1. 信息媒介奠定平台

一方面，社交媒体（微博、微信、豆瓣、知乎、斗鱼、秒拍等）实现形式多元化，包括短视频、图文、音频、直播；另一方面，每种社交平台可以实现内容专业化，即只围绕美妆、读书、健身等其中的一个领域进行内容深挖。如此，网红们通常个性鲜明或在某个领域具有专业才能，这些才能和个性吸引了众多同质性粉丝，话题度高。比如，同道大叔吐槽12星座在恋爱中的不同缺点，吸引了大量"星座控"网友，大家直呼"一针见血"。这也说明网红们因为在特定领域有专业性，从而更能精准地实现产品引流，进行"精准"营销。

2. 商业模式助力变现

网红催生"网红经济"，最关键动力在于流量带来变现。大量事实表明，相较于传统售卖广告的形式，电商化是一条比较理想的商业道路，基本逻辑是依靠自媒体的影响力实现品牌化，利用粉丝黏性进行电商销售。资料显示，2015年的"双十一"促销中，销量前10名的淘宝女装店铺中有7家是属于网红店；依靠网红兴起的如涵电商，不良库存率仅为2%~3%，而传统服装品牌的不良库存率高达15%~18%。

3. 消费审美习惯变化

PC端到移动端的跨越，也让用户的消费习惯与审美习惯产生了巨大变化。智能手机能让我们随时随地获取大量信息，大家关注领域的不同就决定用户需求各异，因此，用户审美就愈发个性化，只代表一种态度和一种风格的网红在市场上便有机可乘；另外，无线时代的信息要想获得更多关注就更加注重内容的强场景特点，让粉丝产生感同身受的感觉。换句话来说，粉丝关注网络红人，不单单是因为其讲述的领域，其实更多的是因为对其内容，或者说是消费观、价值观的认同。大象创始人刘克楠说："当互联网的基础建设日趋完善，以工具为核心连接人、信息、服务的生意即将告一段落，人们不再满足于以物质需要为基础的服务，所以以内容为核心的新的连接方式诞生了。"

3.3　成为网红的终级秘诀

3.3.1　谁将可能成为网红

网红模式是个人赋权时代的最佳商业模式之一，实力派网红的概念，有一定的内涵功底、远见韬略和意志信念，网红经济是个体内涵爆发、娱乐艺术表演吸引下的一种"磁场经济"，这是对网红经济的全新释义，但是网红经济并不是每个人都能驾驭自如，到底谁才能真正在网红经济中掘到真金白银，年入百千万元，谁将有可能成为真正的网红呢？

1. 大学生——知识和颜值兼备的网红生力军

年轻"90后""00后"学生群体伴随互联网的迅速风靡共同成长，甚至自一出生就浸泡于互联网环境之中，校园生活之外，互联网是消磨时间的最佳渠道，必不可缺，他们有足够的闲暇和精力沉溺于互联网，使用互联网学习、玩乐学生群体成为互联网新文化的绝对塑造者和追随者。

网红的兴盛源于互联网文化大环境的天然驱动，以"00后""90后"的学生群体为轴心，一种以兴趣导向为核心，幽默、搞笑、呆萌的互联网文化迅速流行，尽显个性化和趣味化，网红文化是互联网新文化的一部分，学生最早接触网红文化，从小心怀追星梦，张扬个性，自我表现欲强，从个性需求上来讲无疑成为网红的首选。学生一般学习能力极强，对新生事物的理解和接受能力皆佳，因此在互联网文化和知识上有足够的储备，对网红的学习和操作最易进入状态，有充足的时间和精力打磨自己，在互联网社交平台上张扬自我，从而最容易获得成功。颜值作为衡量定位网红的绝对标准，这是看脸的时代，而学生群体之间时尚兴盛，新潮流行，青春、靓丽的颜值也必将为其定位网红而增分，成为网红流行的生力军。

2. 微商——经验和产品皆备的网红主力军

微博相比微信来说，微博更适合微商的发展，朋友圈发迹的微商仅仅是借助了微信跨地域、跨时间的连接性进行有限范围的卖货，而更大的天空微商远远没有触及，金字塔模式的代理制是微商万丈高楼的连接制，但代理制恰恰也源于传统商业模式，逃不出管理、推销、执行、刷屏等等传统公司的疯狂模式。网红和微商、传统模式和网红模式的区别在于，网红经济是个人赋权时代最好的商业模式之一，网红经济是个体内涵爆发、娱乐艺术表演吸引下的一种"磁场经济"，相比于微商模式和传统模式，网红模式就在于其通过内涵爆发、艺术表演的一个吸引过程获得粉丝，有一个前提，而微商则没有。

微商是最有可能成为网红的一类人，积极上进，独立创业意识极强的微商急需探求新的商业模式，以寻求更大的上升空间，所以恰恰可借网红模式实现品牌升级和放大，网红的吸引力模式远比微商的主动推销模式来得自然，引爆流行，没有上限，而且微商瓶颈期早已来到，转型网红刻不容缓，加之微商在销售经验方面有一定基础，而且有自己熟悉的固定产品，许多微商大咖更有自己庞大的团队和粉丝基础，都将是其转型网红的绝对优势。

3. 传统电商人——接地气的网红后备力量

传统电商人，尤其是自主研发产品的传统电商人，首先对产品的研发、制造、目标人群、销售渠道都有足够的了解，明白整个产品从生产到消费者手中一条龙过程，从最根本的产品开始，掌控优势，万丈高楼，平地而起，顺势而为，基础已稳固。同样在销售经验上，传统电商模式对个人的经验要求更高，在各种砸钱、推销、扫街、硬广、策划、执行等等传统商业模式千锤百炼之后，传统电商人急需寻求一种一劳永逸的方式来挽回之前的超额成本和邢役付出，而网红模式踏着彩云而来，传统电商如鱼得水，一场酣畅淋漓的轻松让其欣喜若狂。

网红模式现在的根本瓶颈是供应链问题，而这正是传统电商的最大优势，传统电商借线下产品生产、研发、供应链优势，嫁接于网红模式将是平地而起、顺势而为的绝佳机会，可以说传统电商和网红模式的结合是电商指数级爆炸、疯狂引爆流行的绝配。

4. 新媒体人——操纵内容爆炸的网红幕后力量

网红的本质是内容引爆流行，吸引消费者产生消费，商品自然供不应求的结果。当下的新媒体人，包括自媒体、组织媒体等各类新形态媒体都是新内容的创造者和引爆者，内容是网红电商模式区别于所有传统电商模式的根本，网红模式通过内容表达、艺术表演来吸引受众，网红充当模特和演员来展示商品，实现传统模式从未有过的抢购狂欢，一切都来自内容引爆。

新媒体人本身是内容的制造者，擅长网红模式的流行内容，洞察用户的内容需求，善于捕捉热点事件、风口趋势、流行前沿，善于揣摩推敲文字使用技巧，图文海报怎样搭配更有效，视频如何才能传播得广泛，善于捕捉一切新媒体内容和运营的操作技巧，在内容的创造方面，新媒体人是风向标。

运营肯定也是网红的必不可缺的能力，仅仅依靠优质、吸引、流行的内容和表现方式网红模式依然达不到其本身的高度，如何运营，如何操纵粉丝的心理也必然是网红模式的关键，而新媒体人恰恰具备此战略大策，运营网红本身就是在运营一个艺术化的媒体，转型网红，新媒体人优势明显。

5. 艺人——内涵和表演皆具的网红直接引爆者

艺人具有最大程度成功转型网红的可能性，在于艺人本身就是以一种娱乐化的艺术表演形式来吸引粉丝的关注，艺人懂得以完全娱乐化的内容和才艺博得粉丝的强烈追捧，娱乐和艺术是人本身精神世界的绝对高级需求，因为能够使人的肉体和灵魂同时最大程度得到解放，得到欢愉，艺人本身从事的事业就决定了其本身能够获得超出普通人的高度和光环。所以艺人转型网红将以大于网红的高度直接引爆互联网。艺人既有本身对艺术才华的内涵和领悟，又兼具艺术表演的才华展示技巧，无疑成为内涵和表演皆具的准网红，转型互联网网红轻而易举，只需要融入互联网，利用互联网的万物相连进行才艺和表演的嫁接，融入产品的自然表演，产品供应链的源头操控，个人品牌无限放大的同时，变现价值指数级暴涨一如指尖浮云，利用网红模式布局商业产业链是最佳也是必然趋势，艺人明星的商业趋势是自传统到线上互联网，成功的网红则需要从线上互联网沉淀落地。

由此五大类人群定位网红的全面阐释，可见，网红模式是一种内容引爆、运营主导、颜值加分、融合产品、表演吸引、供应链完备的全新商业模式，缺一不可，谁能够抓住这几点来战略定位自身品牌，战略布局网红模式，必将能够抓住飞在风口的网红经济。

3.3.2　成为网红必备综合素质

如果你准备成为网红，或一个人物的话，你的性格要有爱、性情要有光，这件事儿就变得很重要。因为善传递善，恶会催生恶，如果你自己都没有足够的力量变成一团火，或者没有温度包容对方的话，那对方为什么会对你有所反应呢？

1. 温度

有一些词汇叫情怀、理想、鸡血战士等，这些都是温度的表现，代表着这个人是否心中有火，激情不灭，是否可以调动系统和人心。你说话方式可以调成三个档，普通档就是正常的说话方式，还有申请档和激情档。如果今天给你一个大场，像美国总统竞选，就需要去点亮所有人的心。

2. 正能量

有一些所谓的网红，其实是网黄，一切往low了做，这种做法久而久之不能让人心生敬意。如果你考虑跟产品产生相关关系，要考虑系统、可持续。换言之，温度的部分要是符合正能量的部分。

3. 态度

态度的部分要保持坚决或决绝性。因为"90后"已经成为市场的主体，比如越成熟的人，就越明确这个世界上没有什么对错，只是观点跟角度的问题，也没有什么所谓成败，只有收获不同而已，人生就会开始多元交融，也可以叫作灰色。但是越年轻的态度决绝性越强，要么成为一个疯子，要么成为一个传奇，要么赶紧死，要么精彩地活着，你要有鲜明的态度。要知道当你用态度的方式，往往会成为价值观的引领。比如说李宁写的是"一切皆有可能"。阿迪达斯说的是"没有不可能"，"没有不可能"这种否定的态度远比"一切皆有可能"有态度，有决绝性。什么叫酷，什么叫拽，你要开始考虑。

4. 角度多元化

移动互联网中跟原来有所不同，原来是阶层的事儿，现在是圈层的事儿，换言之，整个人群是网状的交叉，你就不能只是一个角色，当然你有一个主干的核心的部分。你是需要有多元化角度的。这个中间有特别重要的是四块儿，叫型、色、气、质，你要进行自我修炼。那么如何做到角度多元化呢？

1）型

型就是你的外型，你要尝试用一下身体语言，手势、姿态、摆拍，一个表情。因为身体语言本身它会传达信息，你要注意有哪些姿势是你可以尝试的，把它变成一个标签或者是符号，这个叫型。你要考虑一个什么样的符号化的记忆点，成为在人物品牌中大家看到了就会有联想，不要指望你的脸有多强的识别度，多尝试用手势、符号化做一个记忆点，这跟做产品品牌的记忆点是一样的。否则你的说话能力，凭什么让人在那么多人中就能识别出你来。

2）色

色是指颜值。我觉得，这个世界最好的美容其实是笑容，你要知道，如果你尝试尽可能的绽放你的笑容，本身也会很好的传达相信、善良和阳光的意识。在色的部分有所表达，不完全是美颜相机，做得很漂亮，好像就很好看了。

3）气

气就是指说话，你要尝试让你的语音，说话更有穿透力，很多人说话有两个问题。一个是啰唆，一个是浑浊，或者是吞音很厉害，这样都不合适。大家可以自己尝试一下。如果在公众面前讲演，要在心理上给自己一个暗示，就是你的头发无限的向上延伸，你的脚无限的向地下延伸，这就会使你显得很挺拔，也会让你显得比较自信。有一个技巧，叫咬字千斤重，听者自动容。要把一些音的停顿咬住，让停顿听起来是中间的节奏。

4）质

质的部分是内涵，是内在，你肚子里没有货是不行的。重要的还是内容。今天某一篇微信、微博可以被关注，你要持续的产生。今天IP不是知识产权的含义，是可持续产生内容的能力，这是质。腹有诗书气自华，每天都读，每天都得摘录，每天都得学习。要保持速率，每天要精进，假设你每天写10条心得，如果写不了10条心得，每天写3条微博，每条不过是140个字符，还加标点符号。每天3条微博，一年就是18万字，够出两三本书了。

最后，我们把型、色、气、质综合起来看，综合起来的部分是为了要塑造一个角色，同时这个角色中独木不成林，要尝试角色秀，除了自己的角色，在跟别人互动的时候你扮演什么样的角色也很重要。有些时候，比如说跟女人沟通不能忽略她的情绪，跟男人沟通不能忽视他的自尊，跟老人沟通不要忘记他的历史，跟伙伴沟通尽可能要陪衬对方的闪光点。要形成多元的角色关系，不完全以自己为中心。

如果有温度、有态度、有角度，势必你就要有多元化的角色。第一你要成为网红之路的布局怎么安排？第二是角色，第三是成事儿、第四是干活儿，角色部分要考虑多元化，你既要有一个敏感的灵魂，也要有一大条的神经；既要有深沉的想法，也要有十足的趣味，所以你不能只扮演一个角色。

3.3.3　如何做一个好内容

　　网红最终还是要回归到产品，要在产品、人格中间形成组合。这个过程中，怎么出现内容呢？就是你发出的文字，做出的视频怎么能够有共感、共鸣，再传播的效果呢？有一个正三角形，它是生活本身，是什么样的生活，然后是人物和产品；倒三角形就是情感、故事和体验。这是你做内容营销中所需要卡住的几个点。比如说如果年节假日的时候，是在情感上和情境上发力，如果讲人物的时候要在故事中做出带入感。如产品和人物之间要做到有体验。什么是体验呢？你要尽可能用感观力量制造他自己要得到的答案，而不是你告诉他，所以会涉及场景营销，会有带入感、画面感，他自己会觉得我的观点是这样的，当然这个观点其实是被你设计出来的。

3.3.4　如何做一个成功的网红

1. 人格化

　　第一个就是这个公众号的人格化特征，公众号我相信大家也关注了很多，而其中有相当大一部分都是以媒体的角度来发声的，而真正以个人的角度来发声的自媒体其实还是蛮少的，以我的经验来看，只有当自媒体有比较强烈的人格化特征，大家才会觉得你这个公众号不是一台机器、不是一个利益团体而是一个有血有肉的人的时候，才有可能对你产生比较强烈的喜爱的感情。就比如Papi酱、咪蒙他们的公众号，都是以自己的名字命名的，或者以自己的昵称命名的，然后里面的内容也都是以自己的口吻来讲述的，这种就是大家一提到这个公众号就知道它背后有一个好玩的女生或者它背后有一个人，看时事比较厉害、会懂些人性的人。比如说新世相的张伟，他们都是属于人格化非常明显的。除了他们之外很难找一个跟他们相似的自媒体可以复制同样的内容。内容是海量的，只有通过人格化的塑造才能使它变得独一无二，如果只是做内容的整理搬运的话，别人很难对你产生依赖感，很难产生亲近的感觉，尤其是新来的粉丝。

2. 高黏度

刚刚说的第一个衡量标准是人格化，我们要说的第二个标准是高黏度，如果一个自媒体的粉丝对他的黏度非常非常高的话，让他成为网红的概率就会非常大，比如说在咪蒙的爆文出来之前，当时我发现咪蒙的文章打开率以及点赞数都非常非常高，就是活跃度非常非常高，远远超出一般的公众号，当时就觉得这个公众号很不一般，然后没过多久就开始出来爆文了，就变成一个几百万的很火爆的人人开始效仿的公众号，由此可见就是活跃量和高黏度的数据，是判断一个公众号红不红的很重要的一个依据。

那如何判断是否有高黏度，对于公众号来说就是看你的文章的打开率，比如说你发出去10分钟有多少人打开你的文章，你一个公众号假如有10万粉丝你发出去一篇文章之后，是有10000人阅读呢，还是有5000人阅读，这些是完全不同的数据量，它反映出来的东西远远多于你的粉丝量所反映出来的问题，你的粉丝量其实并不是很重要，关注你的人是否愿意打开，每天打开你的文章才是真正重要的东西。所以即使有一个一百万粉丝的营销号，但是做出来的每篇内容就是阅读很一般，那这样其实没有任何意义。这个就是高黏度了，你能把内容做得大家每天都想看，才是一个高黏度的特征，这对公众号来说是非常非常重要的，以前公众号少的时候每个人关注一两个公众号，朋友圈里没什么人发链接，大家就会点开看，那个时候你的文章打开率高也是很正常的，但是现在已经发展了几年，信息越来越饱和，想保持高黏度就已经越来越难了，粉丝很忙，粉丝关注的东西很多，他们为什么会看你呢？这就是一个很大的难题，我想在微博或者一些视频网站上也存在着同样的问题，就是粉丝有那么多内容可看为什么要看你的呢？

3. 高互动

第三个判断的标准就是看它是否有大量的互动，这里指的是高互动，不同的品牌都有不同的互动机制，微博给你留言，可以转发点赞，微信的功能有50个精选留言，然后也可以转发到朋友圈，你的后台可以看到别人有多少通过朋友圈转发了，通过后台数据的更新，你可以更加清晰地了解到用户看完这篇文章做出了哪些动作，他是转发给朋友还是转发到朋友圈，这些数据都是很有价值的，我个人觉得互动越高的媒体，它在粉丝心目中的地位可能就越重要。

包括微博上的网红，大家怎么说这个人是网红呢？点赞评论转发都非常非常多的，一般就可以称为网红，动不动就是几千甚至上万的点赞，比如说邓超就是一个巨大的网红，他随便发张照片都有几十万的点赞。这就是博主也就是网红跟粉丝之间，他们的关系维持得非常好，粉丝喜欢给他留言，喜欢调侃他。比如说微博上有一个叫作追风少年刘全有的，每天只是发一些好玩的东西，或者发一些自己很惨的事情，然后粉丝经常在上面调侃他，可能上年纪的人看到会觉得好奇怪啊，为什么粉丝都在骂他还这么开心，从另一个角度来说这就是年轻人喜欢一个账号的表现，每天去黑他或者说一些让他不开心的话，粉丝和博主们在这样一种关系中找到比较好的生存状态。

现在很多微信公众号有这个趋势，就是看它评论区就可以看出来，那种粉丝运营得比较好的公众号，粉丝特别喜欢在评论区揪博主的小辫子，说这个说那个，而不是一味的赞赏，在这样的一个环境中，其实就营造了一个比较好的粉丝互动环境，粉丝质量也会比较高。

4. 用户存在感

最后一个就是用户存在感，只有你充分注重粉丝的感受然后让用户有足够展现的机会，他们才会对你有持久的兴趣，因为你一个人每天在那里说啊演啊，或者打扮得很漂亮，对粉丝的吸引力是不够大的，当你能够把自己的个性营造成一种大家常说的社群，让你的粉丝觉得我关注的不是一个人，而是我们一群有趣的人有共同爱好的人在一起，就是一个我觉得比较好的存在感的体现。

给用户存在感的方法非常非常多，现在很多微博，经常会抛出一个话题，比如说你做过什么最让另一半感动的事情？然后评论区就会有上千条留言说是怎么样怎么样，然后大家在评论区玩得很嗨，不断的点赞，有热门的回复，在里面讲段子，等等。有些人甚至会去抢占评论区，不管是公众号、微博还是视频网站，他们都会争相在评论区里斗智斗勇，然后贡献出很多很好玩的内容，微博刚开始的时候大家就看看那些"大V"在说什么，但是后来好像很多人都说现在不爱看"大V"了，更爱看他评论区的留言，因为他们的留言真的很精彩，每个用户本身就是一个很棒的信息传输口，把他们的聪明才智发挥出来对一个账号的益处非常大。而且当用户在你这个博主下面找到存在感之后，他跟你的依赖性会越来越强。而这也是很多网红会建微信群，还有微博的粉丝群，以及搞线下活动的原因，甚至卖东西其实都是一个让粉丝有存在感的方法。会让粉丝觉得跟博主距离更近一些，是一些实打实的东西，比如卖书。

3.3.5　如何让粉丝对你感兴趣

首先在互联网上注册了一个ID之后，经过反复的试错，当你知道自己擅长什么不擅长什么的时候就应该专注一个领域，持续的生产优质的内容。垂直、持续还有优质这三个因素都是不可或缺的，如果你不垂直，今天发这个，明天发那个，别人会不知道这个账号是干嘛的，我何必要关注你呢，谁有那么多时间随便关注一个账号呢。

其次是要持续，如果你能写出一篇文章或者你发了一个段子，录了一个视频，引发了一个很广的传播，比如雷军之前有一个"are you ok"的视频，那就很火。那个视频虽然只有3分钟，但是剪辑了三天。可是他在持续性上就做得不好，很多人看了这个视频并不知道背后的剪辑者是谁，如果能不断的输出，再加上这样的一篇火爆的作品，就能产生更好的效果。

最后一个就是优质内容了，内容人人都能产生，尤其是原创内容，很多人觉得一定要坚持原创，或者大多数鼓励原创，如果你整天原创出来一些很无聊很差的内容，那原创还有什么意义？所以我觉得优质更重要，你要在原创的同时去磨炼自己，去探索用户到底喜欢什么东西，去拿捏传播的规律，然后保证自己的内容能够打磨的越来越好。写文章相当于你做一个产品，或者你发微博录视频，这些内容就是你最核心的产品，你要不停地将它优化，你的产品才能卖得出去，你的买家就是你的粉丝。

如何生产优质的内容，这个根源就在于你对这个领域是否热爱，如果你足够热爱的话，你真的会不断地反反复复去修改自己的内容，比如说你真的很爱自拍，那你一定会反复利用滤镜、磨皮，然后找不同的姿势，一天自拍几百张。然后最后只选出一张好看的发出去，这个是女生对美的一种热爱，如果一个男生或者一个女生对自己的形象没有那么在意，那他（她）可能就做不到这一点，就不会花几个小时拍一张照片然后发到网络上，这就是热爱的魅力，当你足够热爱你所在的领域的时候，你会很愿意为它投入很多的精力和时间，为粉丝产生很多足够优质的东西。

但是只要热爱就够了吗？不同的人热爱不同的东西，有些热爱非常大众的，有些热爱非常小众的，有些人爱好书法，爱好篆刻，爱好研究昆虫，而你可能爱自拍，爱时尚，爱美食，爱旅游，或者喜欢财经类的东西，或者是一个炒股专家，这些人受众都非常广，而且需求也都非常强烈，要尽量把自己的兴趣和人群真正想要的东西结合起来，把你擅长的和你面对的市场更好地结合起来。这就是一个洞察的能力了，你通过前期的试错去洞察出你的用户究竟想要的是什么？你能够给他们提供的东西和你的同行之间有什么区别，慢慢的你这个ID就会变得非常不一样，非常的具有不可替代性，只有你在市场里变得不可复制的时候，才有很高的价值，我认为这就是在2016年这个人人都想当网红的时代，很有指导意义的一句话，就是没有必要去模仿别人，做你自己就好，但同时你也要洞察用户想要的。

除了热爱和洞察之外，接下来要说的就是团队了，如果你有一个比较完备的团队或者比较有市场经验，每一个人都能独当一面的话，你们在竞争的时候就会觉得不那么力不从心。很多网红都是年轻人，没有什么经验也没有什么人脉资源，在团队上都会薄弱一些，所以要多参加一些活动，多学习和交流。

3.3.6　网红蹿红的法宝

"网红"要红必然离不开三个法宝：第一，他生产的传播内容；第二，他的用户是谁，或者谁喜欢他并"捧"他红（目标对象）；第三，他抓住了哪些渠道分发内容，他的内容通过怎样的传播路径而达到量级传播（工具路径）。

1. 传播内容：多属于治愈系网络文化产品

整体上看网红的作品会发现，他们的内容有以下几种风格："逗比"风格、不羁风格、奇葩风格、搞笑风格、火辣风格、无厘头风格等等，或许美上天，也或许丑到家……内容类型也多是轻松类、搞笑类、娱乐类、社会热点类。

为什么这样的网红作品能比较快的"脱颖而出"呢？

今天，我们已经到了一个物质极大丰富，信息极大饱和，节奏急剧加快，技术更新迅速，今天的技术或产品到明天就可能会过时，焦虑感爆棚，知识迭代超级迅速……生活在网络时代的我们，需要有一些情绪出口。能够让大众在某个时间段共同爆发的"释放式"或"治愈系"文化产品，便极有可能成为热点现象，并备受人们讨论和关注。微信生态中的热点更替很频繁，两三天造出一个热点。在一波波热点出现后，你真的会发现，每一个热点都有全民娱乐的潜质，并且也有极强的"治愈"效果。当大众集中消费一个共同的热点时，他们会达到一种集体兴奋的状态，直到下一个热点到来。这种热点波浪现象已经成为当前社交媒体环境中的一大现象和亮点。并且，如今在社交媒体上，信息阅读已经明显分层。这些分层并不一定是社会地位，而是信息需求口味已经分层。在微信上，那些搞笑、段子、情感、轻松娱乐的内容拥有非常多的粉丝，而这个层次的用户数量也非常大，他们不喜欢严肃话题，对互联网上传播的内容也不会深思。他们只是通过这些内容得到了精神的释放，有了快乐或者有了共鸣，也很容易引起分享欲和传播。当这些内容越来越火爆时，就会形成滚雪球效应，直到"全民狂欢"达到共同的精神释放。信息链条在其中很快打开，并迅速向周围网状式扩展。所以，轻松娱乐型信息或内容会更容易走红，传播量通常也会暴增。当然，我们不能想当然靠阅读量或传播的火热量来判断内容的价值。

2. 目标对象：社交网络上的年轻人

看看2015年的大批网红，他们中的多数是"90后"，他们活跃在各种垂直类社交媒体平台或者二次元社交产品平台上，他们的通用语言可能对于"60后""70后"来说已经无法看懂。当这些网红们用一种"傲娇""无厘头""萌呆""我就是我"的表达方式来展现自己时，他们便获得了这些年轻人的追捧，并且年轻人也最能解读他们在作品中所表现的想法，最能理解和接受他们的奇异独特的方式，也最能get到年轻人的兴奋点。

这些网红作品在最初阶段能累积大批"90后"用户群体的支持，从而提升了曝光和传播力度，随着曝光和传播的进一步加大，再扩展到其他人群，引起更大范围的网络传播。并且，现在很多创业型垂直社交产品越来越想定位在"90后"年轻人或者更年轻的人群（"00后"）身上，很多产品本身来说就是一个二次元社交圈子。这些垂直社交产品就像一个个蜂巢，有一定的运行规则，每个蜂巢里都聚集着类似兴趣、爱好、需求的年轻人圈子。蜂巢鼓励年轻人不停地把信息、作品、观点想法等输入进来，又会把内部优秀的作品或信息分享出去。信息输入和输出的流动性越高，就意味着这个社交媒体平台的分享频率和分享欲望越高，那这个平台圈子对年轻人的黏性就越大。

目前的中国互联网，20~29岁（"90后"）的年轻人占的比例最多，"00后"网民也正迎头而上。要讨好这群拥有独特想法的、挑剔的年轻人会越发不容易——网红门槛将会越来越高。

3. 传播路径：从好内容分发到更大范围传播

如上面所说，网红在某一个垂直社交平台上生产了好内容，也在这个平台所属的圈子里圈住了一定量的粉丝，但这只能说明，他（她）走出了第一步，只在这个平台的芸芸众生中脱颖出来，但这不足以让这个网红红遍大江南北。所以，这个时候传播渠道、路径就显得十分重要。

在今天的社交媒体时代，内容仍然越来越重要，但是内容要形成影响力的话，渠道分发能力就更加重要，渠道分发能力越强，引起整个网络大范围传播的概率就越高。以前，一条新闻内容可能经过几大门户网站的报道和互相转载，就能够在整个网民中掀起波浪。就像曾经电视媒体能够做到的那样。但是，今天的用户已经越来越细分化，越来越分散并活跃在不同的垂直社交平台圈子里，并且这在年轻人群体中体现得更加明显。再加上不同的媒介如今都在修建自己的地盘，都希望将流量圈住，形成自家平台圈子的完整生态链条。所以除去平台和平台之间的定位、功能的差别之外，平台为了自身发展，也并不会有太多意愿互通信息。所以，一条好内容单单在一个媒介平台上只能影响到这个平台圈子里的人，除非你的内容能够很大程度引发这个圈子里的人向外传播，传播到大众社交媒体上，才有可能引发更广泛的传播。当然，这里说的是"可能"，但这个可能性单单依靠一个平台的话，就会显得小很多。如果一条内容，能够同时分发到不同的垂直社交平台，通过这种方式引起更大范围、不同特点用户的关注，那么联动式的传播就更可能会形成。当然，这里的逻辑是可能性或概率更高，而不是说，只要你在所有渠道分发了，就一定能火。

纵观2015年出现的网红以及2016年瞬间爆红的Papi酱，分析他们最初阶段的内容分发就可以看出，大多数网红兴起于贴吧（主要是百度贴吧）、短视频社区（如美拍、秒拍）、长视频网站、兴趣社交平台（如唱吧）、弹幕社区（如A站、B站）等，这些地方都是年轻人最活跃的地方，并且他们在微博、微信上都有阵地。Papi酱在传播渠道的利用方面就非常好，简直到了炉火纯青的地步。

有的网红看似一夜爆红，但许多网红其实在红之前也经历了一定时间的酝酿期。就像上面说到的，一开始在某些社交平台上积累粉丝，小范围传播，小量曝光。然后他们经过不断地内容生产，吸引更多的年轻人粉丝，扩大第一批种子粉丝。当在各平台的种子粉丝达到一定量的时候，更大面积范围的分裂式、网状传播才会形成。即便是红得发紫的Papi酱也并不是一下子就红了。她起初在微博上上传的视频风格并不十分突出和明显，运作较长时间后，也并没有引起比较大的关注。之后，Papi酱开始转战美拍、秒拍、小咖秀、A站、B站等社区，生产的视频内容也不断更新进化，之后利用秒拍将声音进行变声处理，内容话题和风格进一步明朗化，这时才开始在这些垂直社交平台上迅速积累大量粉丝。而后，又在微博上迅速形成传播效应，在微信上引起大波澜，一发不可收。所以，的确有这样一个由"好内容"多分发——吸引更多关注——引发传播点——再到更大范围传播的过程。

在这个路径中，像微博、微信这样的大众社交媒体的作用是最重要的。但是，在这些信息海量的平台上要红起来的成本太高了，一个是时间成本，另一个是对传播点的要求越来越高。人们已经看惯了各种热点事件，已经适应了各种刺激，当你想引起微博、微信上的最终爆发式传播，就必须要在内容上更加努力、更加具有新意、更加具有传播效应的点。

因此，未来随着面向年轻人的垂直社交平台的进一步成熟化，可能网红链条和网红经济也会更加成熟。他们的传播工具或渠道一定是全覆盖的，这样才会有更多可能性存在。而在传播路径上看，先在某些垂直社交平台上打内围赛，然后不断积累能量和声望，最后在微博或微信这样的大社交媒体平台才可能会引起全网传播。当然，未来对于是不是全民都知道的"网红"可能已经不重要，重要的是，他们在这些平台上非常突出，并且后续有很多延伸产品来发展事业。

3.3.7 如何打造营销网红

1. 善于打造自身个性化形象

除了日常更新一些自己的生活状态，网红们更愿意向网民们分享自己的生活日常、穿着打扮、品尝美食、旅行故事，来营造出某种具有固定个人色彩的生活方式，营造出一个令人神往的生活状态，这种生活状态可以有共性：肤白、貌美、多金。但更多的是要有自己的个性，讲究差异化塑造，找到适合自己的风格、路线。比如更受学生党欢迎的清纯路线，或者是上班族更容易接受的御女路线。

2. 善于寻找话题、推广赚取人脉

网络模特与之前的时装模特相比，时装模特对模特身材的要求比较苛刻，时装模特的身高、三围比例有一个相对统一的标准，而网络模特只要颜值高，穿衣好看就可以，现在一个优秀的电商模特除了需要颜值高，穿衣美，她们更需要的是拥有一定数量的粉丝，有一定的知名度来做支撑，并且需要具有一定互联网商业运作的思维。

那么，为什么很多微商代理并不能成为网红呢？论颜值，很多单品成交达千万元的淘宝网红的颜值并不一定比一些微商代理高，论商业思维，一些微商代理比网红的互联网商业运作的思维要更加成熟。究其原因就是不知道如何寻找话题，和有话题可炒作后不知如何推广。话题的寻找没有固定的规律，一条规律都能满足大多数，都能引起人们的好奇，并且扩散指数特别高。现在，一个人单靠自己的力量来做推广很难，推广的好的，传播速度快的一般都需要团队合作，通过各个团队的不断包装、传播、扩散，做到短时间内爆发，在这个拜金的社会，做推广不是一蹴而就的，而要不断努力，进步。

3. 重视粉丝社群经营与情感互动

每天利用大量时间来经营和回复社交平台上面粉丝的回应，用高频次的互动来消除和粉丝之间的距离感，建立信任感。频繁地与粉丝互动交流，用词友善且不失亲昵，虽然置身于网络世界又不至于让粉丝感觉虚假。比起明星，网红更像是个普通人，更具亲和力，更能和粉丝形成情感共鸣，特别是随着社交媒体的兴起，粉丝有情感交流的需求。日积月累，粉丝群不断壮大，变现看上去水到渠成，也自然不愁产品的销量了。

4. 以社交媒体平台为主要阵地

微博和微信是现在淘宝网红吸粉和维护粉丝关系的最重要阵地，而他们之所以没有选择去淘宝网页上投广告来吸引流量，归根结底是因为通过淘宝做推广太贵、太复杂。即使不依靠淘宝的推广方式，光靠经营微博做推广，网红们的生意也已经足够好了。有网红助理称，网红店每次上新的第一天和第二天，后台客服和仓库发货的工作人员都会累疯，因为每一款上万件的新款全是被"秒杀"的节奏，可见社交平台的巨大威力和巨额流量带动。

5. 努力提高自身综合素质

网红表面上虽然光鲜亮丽，但背后要付出很多，也非常辛苦。想要真正成为网红仅仅依靠颜值、话题、粉丝与媒体这些还不够，更重要的是靠自身的努力。

19岁，按常规的人生走法大概正是经历高考前后，不过金选择了不一样的走法，今年19岁的她已经签约了一家针对网络艺人的经纪公司，并且一签就是8年，几乎把人生最美好的年轻时光锁定在了一个地方。

不过，她似乎更着眼于当下，怎么样才能让自己达到成为网络红人的标准。半年前，当时还未入行的金在微博上成了公司旗下一位已经颇具名气的红人的粉丝。几乎没有多想，在看到"红人"归属的这家公司后便慕名而来，结果便签下了这纸8年的合同。当然，签约并不代表就能成网络红人，半年时间里她所付出的辛苦并不亚于同龄人在学业上的付出，甚至更多。单亲家庭的金是一张白纸，一切从头开始，学习必要的舞蹈、声乐和表演课程，逐渐的还要开始完成公司安排的平面、宅舞、微电影拍摄。茫然入行的她选择了坚持，在公司的月度考核中，她总是能取得不错的成绩。

半年后，她已经对这行有了自己的认识——表面上虽然光鲜亮丽，但背后要付出很多，也非常辛苦。有人问她是否曾想过放弃，毕竟还年轻，她却反问，年轻的时候辛苦点不正值得吗？相对于读书，金认为现在的工作正是自己喜欢的事，所以没继续读书也并没有什么遗憾的。并且当一名准网红也让她自己觉得成长起来，工作的压力，以及直播中遇上语言暴力在她看来都有着催化剂般的作用。

而公司中情况和金类似的并不在少数，在艺人真正成长为有知名度的网红前，公司并不会把资源太偏向于某个人，所有人都接受同样的培训，并在规则下进行考核，如果不努力可能就会被淘汰。

网红的世界里，并不缺少长得好看，才艺还多的人，不过现如今缺少这方面条件的大多只能用些触碰底线的手段。在艺人经纪体系下，像金一样能表现出差异化的方面的人并不多，个人风格作品、微博、视频直播等是其为数不多能在同质化网红中脱颖而出的方面。

金的风格大概属于日系可爱类型，这与其偏小的年龄和长相相关，在微博上她的粉丝接近3万，日常也主要是发布一些符合形象的照片或视频，而在B站上投稿的4个作品总点击量超过40万次，已经算是不错的成绩。

3.3.8　网红如何长红

　　"羊毛出在猪身上，狗买单"，这是定义了很久的互联网时代的商业模式。在"粉丝经济""颜值经济""红人经济"遍地开花的今天，许多网友加入到讨论这种商业模式的合理性中来，"网红"是热门词汇。"网红"是近几年兴起的新角色，利用网红来搞"经济"，更是2015年才逐渐形成的一种新兴的商业模式，因此，网红经济到底应当如何发展，尚未有定论。在许多网友享受着互联网带来的免费的、优质的内容的同时，如何将其"变现"也是网红本身及资本市场最为关注的问题。Papi酱的融资可以说为优质的网络内容变现提供了一个好的范例。但是，大多数人并不看好网红能持久。如果真要为网红献上拙计，网红该如何长红？

　　首先，内容要向专业靠拢。自媒体大批量问世后涌入了各个领域的专家，而2016年则会有更多的细分行业的专家进入市场，分享专业知识。同时在原有的领域里也会出现更细分的专业和独特视角，带来原创的内容。可见，专业性内容的价值正在慢慢上升，网红也分个三六九等和各大领域，想要往上爬，并且活得久，专业性的内容生产是必不可少的，所以专业的内容储备团队必定会是网红经济的标配。

　　网红的走红依赖于特定的粉丝群体，粉丝的黏性、忠诚度、转化度都需要因人而异。获取海量粉丝的基础是稳定的、优质的内容生产，如果创作能力下降了，那么对于自己和投资人来说，就存在一定投资风险。

　　加强个性化色彩，其实也就是将差异化道路走到黑。网红之所以红，很大的成分是因为其某一个点出众，从而在亿万人当中脱颖而出。未来的舞台是属于高质量奇葩的，因为他们总是让人眼前一亮，网红要持续抓人眼球，自身特色可不能丢。如果Papi酱的更新被没有新奇的商业化内容腐蚀，那么也会慢慢冷清。

想生存和赚钱，水陆都得通，变现渠道要圆满。从当前来看，中国网红普遍变现能力比美国强，因为他们有一个淘宝平台。随着支付宝、微信公众号、秒拍等各种多媒体、支付方式和平台的出现，让一个盈利营销的闭环很轻易就能合上了。网红利用流量变现的方式也越来越多，除了常见的广告软文植入收入，网红经济电商收入、赞赏，现在还可以通过出书、会员制等用信息、知识来变现。能想到更创意变现方式的平台就能激励更好的内容和更好的运营。网红就如同于一个微型电商、微型品牌、微型社区、微型产品，拥有推广渠道、内容、产品、销售途径则就等同于完成了一个营销闭环。

网红对接了变现渠道，就等同于一家创业公司，网红能够站住脚的概率很高，因为前期除了内容，并不需要有太大的资金投入，有了流量、粉丝和黏性以后再变现，是一个更好的办法。而拥有流量、粉丝和黏性的前提就是要有高质量内容，高质量内容的前提就是要有趣。

此外，网红的"队友"也很重要，如果是一个人在进行内容创作，那么很可能"江郎才尽"，而如果是一个团队的力量，生命力则相对长久。同时，团队里深谙"网红经济"的高手，则会为网红选择适合的、顺利的商业化之路，比如利用哪些形式变现、切入哪些品类、怎么切，或者自创品牌后，自创品牌的定位、商品的质量、特殊性，这都取决于团队运作能力。

第4章 做网红背后的经纪人

4.1 网络推手

4.1.1 什么是网络推手

网络推手是指借助网络媒介进行策划、实施并推动特定对象，使之产生影响力和知名度的人。网络推手又名网络推客，其实就是"网络策划师"，就是那些懂得网络推广并能应用的人。其推广的对象包括企业、产品和人。

4.1.2 网络推手特征

（1）通晓网络操作规则。

（2）熟谙大众接受心理。

（3）手握八方可用资源。

4.1.3 行业准则

网络推手行业有明确的自律规范。大部分人有着明确的接活原则——"不作恶"：

（1）不做有损国家及人民利益的行为推广；

（2）不采取非正当手段替客户打击竞争者；

（3）不做行业内负面消息。

简单地说，接活有两个规定：维权类的不接，牵扯到政府、国企、大型企业之间矛盾的不接。

4.1.4 行业格局

由于网络推手行业发展非常迅速，大量的广告公司和网络公司纷纷进入该行业。于是根据出身不同，有人把网络推手按照"江湖类别"分为三派：

（1）推手派。又称为草根派，是最初的网络推手。其特点是对网络环境非常熟悉，深谙网民心理。自身往往是互联网资深的意见领袖，善于左右网络舆论，靠创意取胜。

（2）广告派。传统广告和公关出身，相对草根派能更多地整合线下媒体资源，并有专业的推广人才。缺点是在对互联网的熟悉和推动网络舆论的得心应手方面大大弱于草根派。

（3）技术派。此派多为此前的互联网推广公司出身，半路进入网络推手行业。善于利用软件进行推广，推崇技术和经验在推广中的作用。此派数量众多，但是在业内少有出类拔萃者。

4.1.5 推广方法

（1）企业品牌网络宣传推广。

（2）产品网络宣传推广。

（3）事件的炒作与宣传。

（4）上市公司品牌美誉度维护。

（5）世界500强网络口碑营销。

（6）企业网络声誉管理。

（7）企业（产品）危机公关。

（8）城市品牌策划与推广。

（9）网络活动策划与推广。

（10）量贩式网络推广。

4.1.6　如何成为网络推手

通过网络新闻、论坛、博客、QQ群、搜索引擎、视频及平面媒体整体推广，网络公关与传统公关并驾齐驱。制作相关的策划，团队执行，引导舆论，从而达到推出新人或者企业产品的目的。

➢ 想成为网络推手，你可以这么操作：炒作的大致思路是，先发现有争议的人物，联系上对方并达成合作意愿后展开形象推广，再找知名写手发表有争议性话题的文章，吸引更多网友参战；当把话题"养"到差不多成熟时，就联络网站编辑、论坛版主制作专题，在数家大型网站上推广；之后会吸引众多传统媒体纷纷跟进，为他们推波助澜。

➢ 在炒作过程中，必须要保持适度的正反观点互驳才能引起网友自发地发帖、跟帖。对批判言论较多的负面人物，就会组织一些写手，写些正面的文章，挺一挺他，转换一下话题，同时删除一些攻击性言论；而受追捧较多的，"会找点人来骂骂他"。让双方形成一种相持局面，然后在你来我往中持续制造热点话题，延续人物的曝光率。

➢ 一个完整的炒作过程由几类人参与：被炒者、策划者、发布者

（写手、网络编辑或社区版主）、传统媒体和网友。其中，唯有普通网民被蒙在鼓里。网络编辑和版主们则是左右被炒作者曝光率的关键力量。

➤ 网络编辑们通过首页推荐、制作专题，网络版主加精、置顶、将标题飘色，就可以帮助网站社区以炒作"提升流量、提升排名"。然后，传统媒体的接棒又将被炒者的网络关注转移到现实生活当中，成为普通老百姓在街头巷尾的谈资。紧随而来的就是现实的经济效益——广告代言费和出场费。

➤ 在捧红一个人后，策划人有多种收益模式：一种是成为红人的经纪人，从其收入中直接分成，每次从签约合同中抽取包装费。据知情者说，包装费通常会达6位数，根据一般的抽成比例7:3或5:5，策划人拿大头。整个包装过程，网站和版主一般分不到任何费用，除非事先谈好，个别网站也可从中抽取二成。还有直接将作品（包括红人）整体转卖给专业演艺公司，一次性获得一笔收入。或者成名后结束合作，这种结果虽然策划人并未直接从被炒作人处获取推广费等收入，但自己成名了，间接收入随之而来。

随着网络推手业务扩展到了传统企业，新的社区营销概念也就应运而生。所谓社区营销，是指通过包括BBS论坛、讨论组、聊天室、博客等形式在内的网上交流空间，展开的一种服务于企业的新兴营销方式。

全国大大小小从事网络社区营销的公司有上千家，它们存在的形式包括传统公关公司、广告公司、网络公关公司、网站社区、发帖公司等，专门为企业提供创意、事件营销、病毒式营销、网络危机公关等服务。有的规模还不足四五人，而规模较大的公司下面还涉及几十家各种供应商。伴随着粉丝经济、网红经济的不断发展，全国各类从事社区营销的网络推手规模已达数百万人。

4.1.7 网络推手必备八大素质

（1）软文营销。软文营销是网络推手的推广法宝，也是软广告的精髓和核心部分。如今，硬广告已经慢慢不被人们所接受。近几年来软广告和事件炒作所迸发出来的力量让人们惊叹。一个个事件打造出来一个个品牌和商铺让很多人明白了一个道理：如今，首要做的不是想好卖什么，而是想好先怎么去炒作出一个品牌，每一个推手心理都要有一个概念，就是怎么样去结合大背景做一次成功的炒作，包括新闻炒作和论坛门户炒作。第二就是什么样的行业适合什么样的软文营销，什么样的软文创作最能应和消费者的心理，取得良好的广告效果。

（2）互动营销。互动营销的概念源自于论坛软文营销，在一片广告软文中怎么去引导网民参与讨论，而不是大呼广告帖而逃之夭夭。论坛软文的写作要有吸引人的点，还要有可以让人回味的内容以及让网民产生争议的话题，推手在从中要旁敲侧击，煽风点火以至于让矛盾最大化。这个矛盾最大化不是让别人针对品牌主体进行评价好与坏，而是通过争议品牌主题相关的话题让人们深刻的记住这个品牌，比如脑白金，当人们都在争议讨论电视广告的讨厌程度、史玉柱的心酸之路、史玉柱的精明之处时，脑白金这个品牌已经深深印在人们的脑海里了。

（3）网站策划。很多网络推手认为网站策划是技术工程师的事情，跟自己无关。其实则不然，网站策划首先应该是一个品牌想借助网络平台做营销的第一步，是广大网民接触企业品牌的一个窗户。无论一个明星还是一个产品给消费者的第一印象是很重要的，如果第一印象好，他可能会成为你一辈子的忠实粉丝。所以，网络推手一定要懂得网站策划，包括网站的结构、布局、美工、内容、网站的推广、网站的流量排名、网站打开的速度快慢等等因素都要考虑。一个成功的网络推手一定是可以陪着一个品牌共同成长起来，包括网络营销的所有步骤和程序都要去了解并且给予很好的建议，甚至传统媒体广告和线下推广等等模式都要深入地去了解和探讨。

（4）SEO以及搜索引擎推广。2016年7月16日，CNNIC（中国互联网络信息中心）发布《第24次中国互联网络发展状况统计报告》，报告显示，2016年上半年我国网民规模已达3.38亿，继续领跑全球互联网；截至2009年6月，有69.4%的网民使用搜索引擎。可见，网络世界里基本所有的行业所有的网站都跟搜索引擎脱离不了干系，都要受到搜索引擎的制约，这源于人们对搜索引擎的依赖。在中国，百度以65.8%的市场份额遥遥领先其他同行对手。网络推手一定要熟知SEO技术和百度推广的流程、价格、效果，关键词的选择以及效果评估。

（5）网络营销。网络营销的范围很广很大，不过分类看来也是比较容易理解的。网络营销可以称之为网络资源整合推广的手段及借助网络平台的营销行为。总体上按照营销手段的不同可以划分为：软广告营销和硬广告营销。软广告营销又分为：新闻营销、论坛门户营销、QQ/MSN等聊天工具营销、IM及邮件营销、博客营销、MSN社区营销。硬广告主要的推广方式是：在各行各业网站和门户网站通过图片、文字和视频的方式进行硬广告的投放，也包括网站弹窗、聊天工具弹窗和皮肤等等方式的广告。一般来讲，硬广告的阅读对于消费者是一种被动行为，有时候也是一种被强迫性的阅读，容易让消费者产生厌恶，而且很多硬广告的投放都有垃圾广告的性质。软广告也有缺点，很多时候容易对网民产生误导，通过标题党、虚假事件等等方式来促成广告信息的传递容易让人产生一种上当受骗的感觉，所以软文推广的时候一定要注意文章和图片的趣味性和价值度，要让网民阅读起来觉得有价值，即使识破这是广告也要感叹此软广告做的巧妙唯美。

（6）危机公关。每一个品牌都要做好危机公关的准备，所谓舆情监控，就是通过网络渠道时刻注重自己品牌的口碑美誉度，时刻掌握舆论和媒体对品牌的各种评论。负面消息是可以存在的，但是不能让其发展成不可掌控的局面。当初，某论坛一篇有关"丰田汽车车祸被撞烂的"的帖子为丰田汽车带来了巨大的损失，口碑传播之快，不到半年，所有汽车用户和汽车潜在客户都知道丰田汽车是多么的脆弱。如果当初第一时间发现这篇帖子，能有效地控制它的蔓延，联系当事人和论坛编辑管理员暂时封帖，并与当事人一起探究事情的真实度和事情的经过以及发帖者的初衷等等，也许事情就不会发展到后来的阶段。

（7）网络推手。网络推手地主称，网络推手想要了解网络就先要了解自己。先要规划自己怎么去发展，知道自己每天要学什么，要了解什么。首先，新闻是网络推手每天必须要关注的事情，新闻媒体本身就跟网络推广有着千丝万缕的联系，经常性的关注一些新闻事件，媒体行业事件，不断的把握网络、媒体的走向和当今社会的形式。第二，要不断学习网络技术、市场营销知识、心理学知识、经济学知识。这些都是网络推手必备的专业知识和技巧，如果你想跟大企业、大品牌合作的话，网络推手公司至少应该保证自己的团队中80%以上的成员要具有本科以上文凭。第三，公关技巧。公关技巧面对的方向有两个，一个是客户，一个就是广大消费者。首先你自己应该是以及夸下海口，最基本的你要能把你做什么说清楚，能告诉客户你能为他们带来什么、效果怎么样。

（8）长期的战略思想和耐心。网络营销有时候有滞后性，比如软文推广。信息的接受+好奇心+多方面考核才构成消费行为的动机，并不是你广告打出去了立刻就会带来收益和交易。所以每一个网络推手在推广一个产品的时候要有一个长远的计划，你要明确你的短期、中期、长期推广会给客户带来什么样的效果，区别在哪里。品牌的打造是一个长期的行为，历史上很多品牌都是经过数十年上百年的积累沉淀下来的，而我们要怎么样才能加速这个过程。品牌的打造不在于一时的炒作，而是一个长久的计划。不过厉害的炒作确实可以达到通过短期的时间达到长期的目的，比如史玉柱的脑白金。不过一个品牌要想有长远的目标必须牢牢把握四个步骤：品牌炒作+品质优良+口碑营销+舆情监控。

4.1.8 代表人物——浪兄

捧红人物：天仙妹妹（网络红人）、非常真人（真人漫画）

2000年以来，浪兄混迹于各大中文网站，发表自己旅游时拍的风景照片。浪兄曾是国防大学研究生，毕业后从军，退伍后，于1990年移居瑞士，从事进出口贸易。每年，他回国生活一两个月，探亲和旅游。2005年8月6日，他开车到四川阿坝州理县旅游，车厢缺水，他去公路边的一个农户家借水，偶然间，他看到坐在门前公路边发呆的羌族姑娘尔玛依娜。坐在眼前的是一个"天然美丽的女孩"。在得到她的同意后，这个喜欢旅游和摄影的男人给她拍了很多照片。随后，浪兄在TOM网站汽车论坛发表了这组照片。之后，尔玛依娜无可挽回地走上了明星的道路。之后，她被称为天仙妹妹，迅速在各大网站蹿红。而浪兄此时摇身一变成了天仙妹妹的经纪人，幕后推手终于浮出水面。仅一年多的时间，天仙妹妹实现的合同经济收入达200多万元。浪兄尝到甜头后便一发不可收，又在北京吆喝了几个落魄演员，捣鼓起了真人漫画，就是那种真人模仿四格漫画做出特夸张的姿势，然后配上文字对话。此漫画一出，便炸开了锅，网友又开始跟风了。据不实传闻说，浪兄还准备推出发情宝贝、超级老头等等网络红人。

4.2 网红"孵化器"如何运营网红模式

4.2.1 什么是网红"孵化"公司

网红"孵化"公司是泛指通过批量签约网络红人，进行粉丝经济营销，并主要负责客服、运营、物流仓储、产品质量、生产开发、售后流程等各方面流程的公司。

在杭州，几十家网红孵化公司如雨后春笋般涌现，其中发展较快的就有如涵电商。2015年年底某平台公布的"微电商年度十大时尚红人"中，张大奕、管阿姨、左娇娇、大金等网红都来自这家公司。

在网红孵化公司，网红们负责和粉丝沟通、推荐产品，孵化公司则将精力集中在店铺日常运营和供应链建设以及设计上。由于资本的介入，网红们也从单打独斗逐渐变得规模化，甚至开始形成一条网红运营的流水线，从入驻孵化器发展到后期的淘宝大数据分析，以及雇佣专业的运营团队等。公司化的运作让一些新晋网红的粉丝群体得到了迅猛扩张，店铺存在的供应链问题也得到了一些改善。

4.2.2 培育"网红模式"

网红模式：泛指网络红人、明星名人利用自己的人气借用电商平台对商品进行营销的模式，主要表现在女装类目的运作当中。

电商做久了，人们都见过这样一种店铺，一个很普通的店，某一天销量突然爆发，如果是真实销量的话，这很可能就是红人店。网红模式的最大特点就是爆发力特别强，借用红人的名气在微博、微信、QQ群等平台发布对产品的推荐信息，来达到最大的曝光量，吸引潜在顾客进行购买。爆款模式的销量波动呈现的是山峰形状，分为上升期、峰值期、下滑期三部分。而网红模式的普遍销量波动呈现的是下滑的坡状，主要就是靠第一天的爆发，把商品销量推到最高峰值，之后就开始快速下滑，根据峰值高低不同，销量在几周之内降至个位数。

网红模式中的四角关系：网红本人、运营团队、粉丝、平台。

第一，网红本人。通过什么方式验证这个网红好与不好呢？

通常会通过一些简单的微博数据看互动，通过描述、时间段、什么时候发这些指标可以简单判断他有怎样的热度，并且他的话题性与他的点非常重要。话题性怎么来的呢？网红有很大的个性，我认为有些人是天生的网红，没有人教他做营销，但他就是在营销，他在营销他自己的美、新发型或者新鞋子，所以有些人就是在运营他自己的传播方式，让更多人关注他。如果是做服装的，可以从商业价值角度来看，偏重于形象特别好的去配合接下来跟粉丝的互动。

第二，运营团队。这里面包括生产和营销。那么是怎么做到把产品营销出去的呢？第一块就是我刚刚说的网红的自我营销，把自我的形象卖给了一些不认识的人，那怎么卖呢？是通过新媒体的推波助澜。第二块就是产品，一定要保证产品的质量和快速的供货能力。营销从哪里做呢？不要单单停留在淘宝上面，还要做一些微博的营销，只要有粉丝活跃度的地方都要看一看、逛一逛，利用手上的资金、资源以及各方面的渠道，把他们的粉丝吸引过来。比如今天我们走在大街上面，放眼望去，看到一个美女我会盯一盯，美女养眼，自然产品覆盖到她身上的时候就传播出去了。但是这需要持久，因此需要不停地去点爆它、引燃它。

第三，粉丝。团队的运营离不开粉丝。一方面，要根据粉丝做精准营销。比如我的粉丝有100万了，要知道粉丝是谁，怎样根据粉丝做精准的营销？如果粉丝多是30岁的人，大家推介产品一定要在晚上8点的时候，但是如果是18岁那就等到10点以后推。我们要理解这些人群生活环境是什么，他们干什么。简单举两个例子。

在所有网红中，其中也不乏有一些非常年轻的网红，如果按照正常的水平晚上10点去点燃她是不行的，因为她是一个艺人形象，由于形象的不同造成了粉丝群体不同。在这个群体当中，打广告一定要选择星期六和星期天，或者星期五晚上10点、11点之后，因为他们可能持续到凌晨1点还有人刷微博。

另一方面，新媒体渠道会比原来传统营销多很多的渠道去点燃。我们可以做到30天每天运用好几种营销工具，早上7点看到我的品牌，下午3点看到我的品牌，8点看到我的品牌而又不厌烦，因为运用了三个到四个的软件。所以营销是一种非常有效的方法，让自己的品牌整体形象攀升很快。

第四，平台。平台真的很重要。"8·24"那场活动有六七个网红占据了淘宝集市店的前10，2015年年底，价格一两万才给推广一条。但是现在投不出去了，没有人接这个，而他们更多选择了一些渠道去做商品的直接签署。比如说我今天签署他可能花了很大一笔费用，但是他在这笔费用中已经买断了。现在这种情况非常多，这就是平台赋予他们的。

4.2.3 网红"孵化器"的核心竞争力

1. 丰富的网红资源和强大的网红复制能力

首先网红经纪公司会主动联系具有一定粉丝量基础的网红，一部分网红本身粉丝资源硬，因此在与企业合作分成上难以妥协，孵化器面临的是如何说服网红合作。其次网红的生命周期不如明星，许多人的生命周期只有短暂的几年，如何在此期间储备网红，并使之填补过气网红，是考验网红孵化器管理的重要一环。许多网红公司会在高校设置类似星探的角色，挖掘真正具有潜力的网红，签约并培养。最后，许多网红容易被网友深扒，尤其当其因为某事件因素迅速爆红。这个时候考验的是网红孵化器的危机公关能力以及利用事件迅速营销网红的能力。

2. 强大的数据分析能力

基于微博粉丝的数据分析，能快速定位粉丝类型、偏好、活跃时间、互动比率、互动形式、转化率等等。根据粉丝的回复率、转发率、点赞率以及回复内容关键词提取，可以预测产品款式的热销程度从而以销定产。基于现有的粉丝互动数据判定网红的成长能力，即是否具备成长为超级网红的潜力。

3. 强大的供应链支撑

传统服装业最大的痛点是不知道明年会流行什么，却要在今年收明年的货款，提前把明年的服装板型都设计生产出来，所以存在较大的风险，有可能存货的压力，还有可能压货卖不掉造成损失。而孵化器基本上能做到随时生产，随时发货。在粉丝投票确定产品偏向之后，他们能迅速与上游供应商联系原材料，并立刻投入生产，5~7天就可以发到粉丝手中。孵化器一部分有自己的工厂，舍弃并打散了传统供应链中几十人一条产线的大流水线，改成三四人的小组式，灵活调整生产计划，以适应互联网销售的小批量生产。也有一部分孵化器选择和工厂合作。比如在全球最大的毛针织集散地浙江桐乡有个服装供应链B2B公司"空中濮院"，他们差不多整合了10000多家毛针织品类工厂和原辅料供应商。如果网红需要定制某款服装，可以直接找他们，可以从数千家供应商里面挑选符合自己需要的工厂。

4. 社交平台的粉丝运营能力

网红签约或者养成之后，会在社交平台上穿着商家的衣服拍宣传资料。这些带有广告性质的博文会巧妙的嵌入在其他的信息流里，避免过度的商业化引起粉丝反感。总体而言这种弱关系下粉丝是愿意为偶像花钱或者接受偶像在自己身上赚钱。网红店孵化器模式最打动消费者内心的，就是想象马上能变成现实，从社交媒体的点赞，到一键点开淘宝链接，在华丽大图冲击下，实现冲动式购买。消费者行为学就是，消费者往往都会自以为聪明，所以商家需要做的就是让他们想象自己很美好，在还没开始购买的时候，就让他们觉得自己会变美，制造出一个梦境，这样消费者就很容易冲动买单。

5. 合理的利润分成及激励机制

孵化器出资，网红出力，网红拿10%~20%的销售额。直接用微博粉丝换20%销售额，对网红来说很划算。网红出资，孵化器出产业链和店铺运营，孵化器拿10%~30%的销售提成。这对孵化器来说也是很赚钱的事，网红可以取代一个运营团队，不需要任何额外广告宣传，就可以达成宣传目的。网红、孵化器共同出资，共同建设产业链。这种模式一般会按底薪+利润分成。比如底薪给网红开100万元一年，年底再五五分成利润。如果一个网红店年销售1亿元，利润大概在2000万元以上，网红拿底薪+1000万元，孵化器拿1000万元。

4.2.4 网红"孵化"公司如何运营网红模式

从数据上来说，网红店一般情况下销量当中老顾客占据很高的比例，上新时老顾客的占比甚至能达到70%以上，日常则保持在50%左右，这是属于比较好的网红店。首先并不是所有的红人都适合做网红店，根据网红职业的不同，粉丝关注的重点也不同，粉丝的人群需求也不同。网红开店就必须满足三种要求：①粉丝群体适合促销；②红人选择服装的风格够好；③有快速反应能力的供货和上新。

先来说说网红模式的粉丝群体，粉丝的目标不同，其促销的结果也不同。先来给网红划分一下粉丝群体。影星、谐星、歌星、主持人等红人，虽说有很大的粉丝群体，但是这些粉丝都是冲着红人本身来的，对其推荐的商品，并不会有太大的兴趣。其次，不同平台对粉丝的维护，也有着不同的效果。微博有较强的传播性，微信、QQ群有较强的交流性。多数网红倾向于主要采用微博来进行商品预热，而且通过微博付费投放来吸引粉丝，但这是近乎无效的。微博的作用应该主要放在维护粉丝上，新粉丝的吸收应主要靠店铺导入，这样的粉丝是对商品有一定了解，比较容易产生二次消费，靠粉丝头条花钱引入的粉丝，有较长的观察期，且较容易使粉丝转路人。微信、QQ群的作用主要应该是针对忠实粉丝的，及时收集顾客信息，测试对新款的喜爱程度等都比较合适。

在维护粉丝的同时，如何引入更多的新粉丝，在前期和中期是相当重要的。如果你有5万的忠实粉丝，一次上新可以销售千万元以上。但这5万粉丝的积累，需要很多年，或者说你需要足够好的眼光，保证每期都有比较好的衣服款式，通过一年左右的积累，才能逐步达到这样的忠实粉丝群的数量。在运作初期，红人的粉丝并非出于购买商品的需要而路人转粉的，初期的推广效果比较低，粉丝的认可程度较低，而且推广信息的增多会导致粉丝转路人，这是那些背着红人包袱的似红非红的红人最不愿意看到的。而正是由于这样的条件，在最初期红人店与伪红人店并没有任何区别，只是在运作过程中，能否甩开明星包袱，成了两者的分水岭。由此可以说是，前期靠的是运营能力，后期靠的是运营和粉丝维护能力，红人在其中起到的作用主要是选款，拍照。其中选款是最为重要的，选款能力的高低，在没有积累足够的粉丝之前，起到左右店铺销售能力强弱的作用。

网红的运作模式在前期主要依靠三项：粉丝、款式、运营。其中款式在前期极为重要，在运作前期，粉丝数量有限，而运营依靠的是款式、价格、图片，红人选择的服饰有较强的个人风格，属于小众群体，占据市场比较容易，借用粉丝的力量可以快速占据。但是数据的有效周期过短，必须有合理的运营才能解决这个问题，在运作前期，老顾客占比很低，多数买家为新顾客，在有稳定的品质保证和货源供应的情况下，产品会有较高的二次回购率，运营最重要的操作就是如何预热上新，和选择最合适的上新周期，这些数据都是需要无数的钱财和精力去测试的。

请记住，以上这些只是网红模式的初期，到了中期，店铺需要面临两大严重问题，运作合理几个月的初期积累后，每天营业额可以达到每天20万元以上，这对供应链产生了很严峻的考验，每天几千件产品的销售，而且这几千件中分为几十个不同款式，还必须严格控制产品质量。要实现这些，又需要非常多的时间和金钱才能去解决。对于真正的网红大店我们解决这些问题一般会采用优化供应链，并且进行预热，并利用预热数据做基础，利用一套研究出的独有的算法，来彻底完美解决库存问题。解决了供应链问题，还要考虑如何将如此多的新顾客沉淀为忠实顾客。

到了网红店运作的后期，主要就是粉丝的维护，和监控数据的波动，对决策进行数据分析，避免多数的风险问题。

案例 ▶▶ 　　　著名网红孵化器——如涵

如涵地处九堡，同时又有自己的制衣厂，因为杭州服装业本身比较发达，导致杭州有大量的服装模特资源，当传统公司还在靠摄影外包赚钱的时候，如涵直接跟有潜力的网红合作开店，充当的还是一个网红店铺代运营和服务商的角色。同时强大的服装产业链集群，加上得天独厚的电商资源和模特网红资源，成就了如涵独特的网红店孵化器模式。事实上它就好比是传统服装外包公司与摄影外包公司两者的结合体。

如涵目前模式被看好，已完成A/B两轮融资：2014年12月由赛富基金投资了A轮；2015年10月由君联资本领投，赛富基金跟投了B轮。如涵被描述为国内领先的"社会电商公司"，成立4年来，客户过万，移动端月度成交金额数千万元，年GMV过5亿元。如涵创造过一个月内新店月销售即过百万元的行业领先速度，2015年其旗下网店销售额增长将超过2000%。据估算到2016年年底，如涵计划运营逾百家红人网上店铺，并积累2亿社交媒体粉丝。

如涵在对每一个网红进行孵化的过程中，网红经济都会找到一个明确的定位。每位网红的核心竞争力均不相同，他们亦或服装搭配弄潮儿、化妆品达人，亦或是美食领域意见领袖、旅行方面的专家，都会在不同领域与粉丝产生精神共鸣以增加与粉丝互动的黏性。不同定位的网红们为如涵电商带来不同产品线扩张的机会：实物品类销售中，如涵电商旗下网红店铺的鞋子、箱包产品销售量已经占到总销量的10%，化妆品则将成为如涵电商着力发展的又一重要类目；拓展实物类目的同时，如涵电商还正在讨论虚拟产品的嫁接。

如涵全年的不良库存率为2%~3%，（传统服装品牌为15%~18%），主要得益于网红电商模式的快速周转效率和与服装产业链的高效整合。公司负责人透露，网红的订单数量即便较大，也是把单子折成5次甚至10次下单，通过不断翻单的方式制作。

如涵电商进一步为合作网红们推出了移动端ERP系统：网红们可以及时查看从开发到生产的各个环节进度，同时该系统也可以用于信息传递效率和信息商议准确度的提升。

实际运营中，如涵电商为每一个网红品牌设一位专职品牌队长，负责平台与网红之间的沟通。在每个网红品牌上新时，平台的基础服务团队则主要聚集在该品牌的工作中。

案例 ▶▶ **著名网红经纪人——丁辰灵**

丁辰灵，连续创业者、天使投资人、自媒体人、科技作家、电商及互联网专家等。2015年开始，丁辰灵给强生、联想、米其林、OPPO、步步高、中青旅等多家国内外知名企业的高层进行了传统企业互联网转型、粉丝经济、社交媒体运营等相关培训，直接促进了企业的内部变革。联想服务部门把二维码印刷到包装盒，强生建立跨部门甚至包括总经理的协作小组，都直接受益于丁辰灵的培训课程。现如今中国第一所网红商学院是由丁辰灵发起并创办的、研究"网红经济"的学习型社群。网红商学院的研究范围包括：网红本身、网红养成记、营销传播，商业化等。集结了微博、秒拍、淘宝、陌陌等各大网红造星平台，知名网红，电商行业，奢侈品牌以及互联网行业领域等丰富的资源。

(4.3) 如何让网红变现

不管是互联网时代还是移动互联网时代，流量仍然是一切的基础，自带流量的网红们已经找到了变现的方式，而有温度的流量最赚钱。自己就是最好的产品代言人，活跃于台前的他们通过社交平台展示自己的穿衣搭配、日常生活，工作周边，以吸引更多人关注自己。网红经济的本质是吸引力经济，网红产业的本质是内容产业。要在网红经济中赚钱，并不是一定要自己当网红，跟颜值也无关，而是围绕着网红经济的风口进行业务模式的调整。

在介绍如何让网红变现之前，先来看下应该如何跟网红合作。

（1）"包养"方式。比如一个月包多少条微信图文、微博、朋友圈，网红根据自己的理解，持续性地发布内容，影响他的粉丝，转化为商家的客户。

（2）最好的方法是投资。如果想要更好的变现，投资是最好的解决方案。对于演艺类网红，比较合适的方式，是尽可能把粉丝导入微信上去。比如直播间网红，一下子几万人在线没问题，但是微博上粉丝比较少。直播过程中，植入微信号，把粉丝导入到微信上，通过朋友圈导购变现。这类网红变现比较弱，但合作门槛比较低。假如自媒体本身有公司的话，可以入股自媒体。自媒体网红价格相对高，比如Papi酱、咪蒙，小商家承受不起，直播间网红付出的钱少一些，但付出的努力要多一些，比如要帮他们建一个微信公众号。

总的来说，两种方式，"包养"他们或者投资他们。

很多人，没办法接触到网红。怎么办？

目前，争夺网红资源已经很难了。微博上50万粉丝以上的网红都被签了，二三十万粉丝的包年价格已经很高了。聪明的商家会采用逆向思维：最好的办法，就是把现有的微商培养成网红。这样不仅省掉广告费，还培育了自己的资产。

培育网红需要找到路径，或者找到专业的包装机构，都可以培养出一批网红。

微商团队可以想一想，有了自己的网红，就再也不用推广品牌，只要说你团队成员中涌现的网红颜值有多高，多么有正能量，多么有示范性价值，自然而然地就会塑造出品牌形象，带来销量。

经济下行环境下，网红是目前为数不多的能够让大家眼前一亮的新的经济增长点。经济下行时，娱乐、游戏等行业就容易赚钱，网红是三者兼具，让人遐想，吸引眼球。所以，今天网红的火，跟整体经济下行是有关系的。做出商业决策，不能不考虑大环境。网红经济红利属于敢玩敢闯的人，懂得算长远账的人，而不是短视、急功近利的人。

目前网红变现和盈利来源主要有以下几种：

第一种是粉丝打赏，在各大主播平台上，往往火的主播一晚上就能赚好几十万元人民币，靠的就是粉丝送礼物，还有的靠着微信公众号，粉丝打赏，网红是依托于社交媒体平台的，网红变现同样依赖于其所在的平台。平台方有微博、微信、秒拍，以及YY、陌陌、花椒、斗鱼、映客、9158等如火如荼的各大直播平台。这些平台基本都开通了打赏功能，让网红可以直接收粉丝的钱！对于直播间的网红，粉丝可以送各种虚拟礼物，平台方进行折算之后返还给网红，早在2008年时已有顶尖直播间网红月收入高达10万元新闻，有一个网红妹子在某个游戏直播网站中突发奇想——直播睡觉，"国民老公"王思聪竟然打赏了7万元人民币！Papi酱目前可能看到的最大的经济来源，来源于其微信公众号原创文章和秒拍的粉丝打赏。其一篇文章的赞赏数达3500多个，假设平均每个读者赞赏10元钱，那么一篇文章的收入就高达35000多块！对于一个年轻的女孩子来说，可以任性一星期了。

第二种是做广告，天才小熊猫一度成为微博广告界的良心，采用幽默有趣的方式传递广告，达到广告效果，报价同样数万元至数十万元不等。目前在软文界，粉丝数十万元的价格往往写一篇测评在数万元。网红做广告比影视明星更为便捷，发软文、发链接，动动手指即可。Prada、香奈儿等品牌发布新的口红、香水等产品时，会找网红发广告。他们甚至会在不同的时间节点，找不同的网红，展现产品的某一个特点，以达到精准营销的目的。奢侈品圈、化妆品圈已成为网红收入的重要来源。有强烈个人属性的自媒体网红年收入上千万元的已不是少数。比如，咪蒙通过连续写作爆文迅速积聚起百万粉丝之后，其软文报价已达到一篇二三十万元。品牌方请粉丝几十万人的网红拍些照片，需要支付两三万元广告费。现在淘宝网红有很多前几年曾经是淘宝女郎，当时写一篇产品测评收入几千元。

第三种是淘宝卖货，网红还可以直接销售产品。淘宝卖货，是我们所熟知的狭义上的网红主要的收入来源。在新浪微博上拥有10万粉丝的网红大概有5000多个，他们早就被商家盯上。他们在微博上发的动态、生活场景均可以植入产品，引流到淘宝。比如，王思聪的绯闻女友雪梨在微博上一年就卖了上亿元商品。

还有些网红通过签约的方式获取稳定收入，一年稳获保底收入50万元、100万元等。网红开店，已成为一条致富之路。淘宝上，网红淘宝店名列前茅已属常事。去年"6·18"期间，淘宝女装Top10中网红淘宝店占一半多，店铺收入达百万元量级。粉丝和网红之间的互动沟通非常强，粉丝愿意为他们的明星买单。比如，张大奕每一次推荐新款服装，都会被疯狂的粉丝秒杀！

第四种是做微商，网红销售产品的渠道不只是淘宝。唱吧、映客等直播间一些勤奋的网红转型做起了微商，将自己的粉丝发展成代理，让粉丝帮助卖货。一两个月卖出两百万元的货，收入几十万元是很正常的。做微商，也是网红的一种主要的变现方式。不过相对于大量网红来说，特别是懒惰、脾气不好的直播间网红来说，这个有点难。据做V塑的杨晶晶透露，其手下就收拢了不少网红，V塑如今销售额已达好几个亿，主力总代就是网红出身。

第五种是商业演出，诸如芙蓉姐姐这样的网红，出场费高达15万元，一些网红本就是四流小演员，小模特，本身颜值不低，利用网红优势迅速抬高身价，出席活动也是数万元起价。网红出席品牌商的活动不仅能获得出场费，还能在现场获取更多的粉丝。粉丝增多，有利于提高自己的身价，真是一举两得。比如，前两年马佳佳一场商业演讲动辄收费15万元，甚至30万元。靠颜值出名的网红出席活动的出场费高低不等，三五万元到十几万元都有。到今天为止，最成功的网红应该是章泽天（奶茶mm）。看看刘强东的身价就知道了。

第六种是炒作舆论。一些无良网络推手不仅为企业提供品牌炒作、产品营销、口碑维护、危机公关等服务，也按客户指令进行密集发帖，诋毁、诽谤竞争对手，甚至控制舆论，左右法院判决。这种现象被称为"网络黑社会"。也有一些网络推手在网上帮人声讨不公平的事件，收取一定的费用，把事件曝光，引起舆论注意，促进争议最终完美解决。

喜欢八卦的朋友可能已经知道，王思聪的绯闻女友是一位淘宝店主朱宸慧，而朱宸慧就是网友熟悉的网红"雪梨"。1990年出生，2009年，她还是浙江工商大学经济学院国贸系的学生，2011年去新西兰留学，当年年底就开了淘宝店"钱夫人"。

依据淘宝数据显示，到2015年7月止，"雪梨"的淘宝店有评价的成交单是87万3331笔，所售产品平均单价在220元到240元之间。也就是说，她的淘宝店销售额超过2亿元。淘宝相关人员说，服装零售的平均利润率能达45%以上，如果到2015年结束，加上买完衣服还没给评价的成交单，估算她2015年净赚1.5亿元。那么成功的秘籍在哪里呢？

（1）在商品选择上，选择大众消费的服装类产品

在淘宝，服装类产品销售量一直排在前三位，服装类产品不仅销量大，而且利润高，淘宝相关负责人透露，服装零售的平均利润率能达到45%以上。在淘宝店，销售量最大的服装价格一般在100~300元之间，而"钱夫人"出售的服装价格一般都在200元以内，颇符合大众消费能力。同时，服装销量和"模特颜值"成正比，买家中意某款服装，更希望看到别人穿上这款服装是什么样子，而在"钱夫人"网店，大量的"模特真人实穿"照片，从不同角度展示出来，"用图片说话"胜过任何华丽的描述。这种红人模式的服装店铺已经成为主宰店铺销量的有力法宝，据资料显示，2014年"双十一"活动，销量排名前10的女装店铺中红人店铺占到整整7席；部分红人店铺上新时成交额可破千万元，表现丝毫不

亚于一些知名服饰品牌。

（2）将"粉丝经济"量化

从麻豆到网红，折射了淘宝服装店铺的变迁。麻豆是淘宝服装店铺最早的模特，"有身段无名气"的麻豆一度让淘宝店铺销量翻倍，而从麻豆到"网红"的变迁，网红最早是通过上传照片获得转载而在网络上走红，一般都有大量的粉丝，而"淘宝店，把粉丝变成购买力"。

无论是在微博，还是在微信，包括各种公众号，想要获得人气就需要不断地"吸粉"，以此达到营销目的。而网红就是将"粉丝经济"演绎的淋漓尽致，可以说，在社交化的网络营销时代，"淘宝的网红营销模式"和现代最流行社交化的营销模式不谋而合，正是因为如此，才显示出强大的威力。

（3）"定制"符合现代人个性需求

不知从什么时候开始，互联网开始流行"定制"，装修定制、沙发定制、西服定制、酒定制……在定制经济中，最火的当属小米的"饥饿定制"，一下子占据了手机市场的半壁江山。定制的好处在于，一方面是满足了当下网民的个性需求，另一方面是定制一般都是先付钱后发货的，在"钱夫人"一款定制服装中，需要20天后才发货，这样可以掌握市场需求量，"按需生产"，有效地减少库存积压，加快资金流转。无疑，定制具有多种营销优势，未来的互联网营销模式中"定制"的作用越来越重要。

（4）团队运营，重视原创

"钱夫人"运营时间是2011年年底，"当时还是大三学生的朱宸慧和同学钱昱帆开始创业，经营淘宝女装店，取名'钱夫人'，朱宸慧担任本店模特"，而据相关报道显示，"钱夫人"已经解决了50多个人的就业。从中不难看出，"钱夫人"从成立到目前运营都是一个团队，而且这个团队很会借势，凭借"王思聪"的"推广"关注度会更高，销量自然不用说。

（5）原创

在传统的SEO理念中，原创一般都是指文章而言，但是，时过境迁，现在在百度上搜索相关关键词，显示的不仅仅是新闻内容，还有图片和视频。而在"钱夫人"淘宝店，有大量的"原创图片"，而且几乎每上线一个产品，随后就是大量的"朱宸慧真人照"，并且开始重视自己的原创产权保护，在商品描述中明确提示："本店于8月24号开始全店申请实拍保护，盗图者将被淘宝投诉并扣分。请勿盗图！"

（6）销售模式

网红模式是出样衣拍美照—粉丝评论反馈—挑选受欢迎的款式打版、投产—正式上架淘宝店。完全颠覆了以往网络店铺选款—上新—平销—商业流量—折扣的传统模式，而且获得了不菲的价值，无怪一位"网红"如此说："以前我总觉得网红不是一个褒义词，现在我却觉得挺骄傲的，我们并不是一个空花瓶，我们所获得的一切都是我们花费成倍的时间、精力来经营出来的，这不是一般人能做到的。"

第5章 网红是如何做电商的

5.1 淘宝网红

5.1.1 淘宝网红的发展

说到淘宝网红，不少人眼前会浮现出几个诸如"呛口辣椒""vcruan""雪梨"等等肤白貌美、大眼长腿、名牌包包加身、永远造型完美的时髦女郎。她们无一例外地集合了能让大多数女生羡慕嫉妒恨的种种优点，而且竟然还赚得一手好钱——按照那些"扒皮帖"的说法，她们每个人依靠着开服装淘宝店，早已经成了富翁，就算保守点说身家也是千万元级的了。但网红们的发家史真的就是一个个"一美全都有"的故事？看上去美，或者起码在照片中美，只能说是成为网红的基础。来自淘宝的统计数据显示，在2015年"6·18"大促中，销量排名前10的女装店铺中，有7家为网红店铺；在日常销售中，部分网红店铺新款成交额一天就突破千万元，表现丝毫不亚于知名服饰品牌。据淘宝统计，网红店铺的成交爆发力是传统淘宝店铺的2.5倍。凭着姣好的面容，这些年轻的女孩就这样过上了人人都羡慕的光鲜生活，至少在社交平台上她们是明星。在那个世界，她们只负责美和享受美。

淘宝上的"美"，自然是指高颜值、好身材。但更关键的，还包括穿什么、怎么穿。"其实你可以把网红看成一个KOL（意见领袖），她们在做的事情就是审美输出，把自己穿衣风格分享给大家。所以，一个成功的网红一定是有自己的品位和鲜明的穿搭风格的。"

2004年前后，横空出世的第一代网红"呛口小辣椒"姐妹，就是靠着分享自己日系甜美风混搭少许欧美范儿的每日穿搭照片走红。这种关于穿衣搭配的分享在当时还很少见，而曾经红遍街头的皮衣内搭雪纺连衣裙的穿法就是这一对姐妹的成名之作。

后期成长起来的一代网红，包括现在仍然还很活跃的vcruan、小宜，则走起了更日常、更具实穿性的风格。有设计感的风衣、纯色T恤、打底裤都是她们的明星款。

而现在正当红的张大奕和雪梨，穿衣风格越来越细分，不论是学生范儿还是大牌名媛风，基本上国外街拍出镜率高的类似风格单品都能在她们的店里找一找。当在网店又或是社交平台看到一张张照片里，打扮得美美的网红们出现在高档商场、热带小岛又或是高级餐厅，观望的不少人就会开始抱着一种粉丝的心态，并且由此产生一种对"美好生活"的向往。而当网红们开出了卖衣服的网店，这些向往之情就找到了一个释放的出口——转嫁到了网红穿着的衣服上。

"这种情感联系是非常牢固的"一位有三年网店经验的淘宝女装店主对记者说，"这也是为什么原本只是网店模特平台的淘女郎里会涌现出一波网红。很多粉丝就认脸，所以模特'单飞'开店，粉丝也就跟着走了，之后再好好经营，有了更多粉丝，模特也就成了网红。"

案例▶▶　杭州虎门淘宝网红陈绮婷

陈绮婷精心化好妆，调好三脚架，设定好相机快门，迅速站回有浴缸的镜子前面，"咔哒、咔哒"跟随着相机的快门声，她摆出不同的站姿，拍好照片。她像所有女孩子审视自己喜爱的包包那样，翻看着相机中的照片，她要尽快把照片修好，俗称"P图"，再传到朋友圈里售卖。

陈绮婷是东莞本地人，传说中的网红，不过应该是最小的那一种，尽管如此，她的几个微信号都加满了，按每个微信号加好友上限是5000人来计算，她已经有几万真实粉丝了。在东莞甚至是全国服装重镇之一的虎门镇，像陈绮婷这样向自己粉丝卖衣服的女孩有很多，互联网称之为"自带流量"。陈绮婷是圈子里比较成功的，她打趣说："可能是我P图的水平比较好吧。"

最近一段时间以来，阿里巴巴已经多次与虎门镇联动，开展了"电商生态圈""虎门服装产业带""淘工厂""中国质造""百行赋能"等一系列项目，包括虎门镇镇长曲洪淇在内的一些当地主要领导都有参与相关的论坛或会议，虎门镇正在谋求传统的服装产业与电商产业深度融合。记者也了解到，随着"网红经济"的兴起，目前，有越来越多的虎门服装电商企业想与"网红"搭上界，从而形成服装产业、电商经济与网红效应的合力。从实体店到开网店"自带流量"。

陈绮婷大学学的是国际经济与贸易专业，属于班花那一类的女孩，2013年还在念大四的时候，就开始在淘宝上卖衣服。她很快发现，只要是自己当模特，衣服销量就特别好，她很快就积累了一批种子用户。大学一毕业，陈绮婷就在虎门开了一家服装店，为了减少成本，索性将实体店转手了，专门做电商。因为有前期的种子用户，陈绮婷又很会穿衣打扮拍照片，她的粉丝上涨得非常快，"天南海北都有加我的，还有新疆的女孩加我向我买衣服，粉丝的活跃度都很高"。她注意到，她在朋友圈发布衣服的广告，都是私聊问她，但有时也会发一些生活照，很快就能收获上百个赞。

"所谓的网红，就是创造一种别人羡慕的生活方式"，陈绮婷说。她发现那些全国知名的网红，都是在引领一种时尚和潮流，她们穿什么，粉丝们就跟着穿什么，"所以我也特意发一些生活照，有时会有意拿些大牌包包配上我的衣服，会让粉丝有一种代入感，她们也会想象自己穿上的样子，这样就慢慢得到认同"。

陈绮婷目前的月收入稳定，每天早上一睁眼就是打包发货，还要不时地各种自拍发朋友圈，化妆前后是一个人，P图前后又是另外一个人，"我准备在市区开个工作室做体验店，我不怕粉丝来见我真人"，她说。

一位国内知名网红在"双十一"一天就能卖出2000万元的衣服，在网红那里卖得好的衣服被称为"网红爆款"。

国家级的虎门电商产业园正着手打造名为TAT的摄影基地，想通过邀请所有小网红及摄影师来这里拍照片，进而跟上"网红经济"的风口。这些网红是专门服务于虎门的服装电商产业的，特指那些能把衣服穿出感觉，并能为客户带来销量的。通常拍摄一款衣服的价格从一百元到数百元不等，一般30件衣服起拍，每张衣服会拍摄几十张底片，但给客户的就是几张精修好的照片。阿州创业已有几年，前年就签约了自己的"网红"，目前正在和电商产业园合作摄影基地的项目。阿州说，外界都知道虎门服装产业的实力非常强，但并不知道配套的宣传和品牌推广其实很弱，大量虎门本土的电商企业舍近求远，去广州找公司拍摄，连"以纯"也是这样。广深的"小网红"很多，对提升服装品牌很有好处。

虎门电商产业园的相关负责人韦建军说，如果说多年前虎门的服装产业借助互联网发展电商是第一次升级的话，那现在就面临二次升级，"电商是销售方式的改变，当前虎门服装企业要的是品牌的创建，网红经济给了一条很好的选择出路"。仅以2015年"双十一"为例，在虎门电商产业园里销售情况最好的，并不是传统方式在电商平台上靠砸广告的，而是那些会用"网红"拍片子做营销的，"去年'双十一'当天，我们也有销售额在千万元以上的企业，几百万元的销售额就比较常见了"，韦建军说。

阿州说，杭州做电商的理念是非常超前的，也是因为阿里巴巴在杭州，而最早的网红孵化器也在杭州，有很多值得东莞本地电商学习的地方，"虎门的电商产业是领跑东莞的，但是在如何深度发展，甚至与风口上的网红经济搭界，我们在这方面还没有太多经验，是接下来要重点摸索的"。

虎门镇镇长曲洪淇表示，当前虎门正全力打造完善的电商产业生态圈，在虎门1平方千米的服装商贸市场区域，运用大数据和"互联网+"技术，对服装商贸区进行全景信息化管理，通过大数据分析调整商圈功能、优化业态管理。目前，虎门镇从事电子商务的服装企业及个体户超过8000家，2015年，虎门全镇通过第三方平台实现服装网上销售额295亿元，服装服饰注册商标超5万个。

5.1.2 想成为成功的淘宝网红，需要掌握这些秘诀

1. 那些"独家定制款"，其实常常就是仿大牌

为了实现从"卖家秀"到"买家秀"，网红们要开始批量复制那些被粉丝寄予"丰富情感"的衣服了。

一般来说，网红卖的衣服有两种来源，一种是拿货，也就是网红前往服装批发市场选款。杭州的"四季青"和广州"白马商城"都是淘宝店主常去的批发市场。当订货量大的时候，还可以以批发摊位为中间人，向工厂订货。

另一种是做货，即网红以选购的样衣为模板，购买或定制与样衣用料相同或相似的面料、辅料，再找服装工厂进行仿版生产。规模较小的网店可以把整个仿版生产的过程外包给工厂，以降低经济和时间成本。而成熟点的网店因为拥有自己的设计师团队、制版工和样衣工等，只需将批量生产的流程交给工厂。通过自己制作样衣，这些大店可以更好地把控衣服质量，减少一些做大货时不必要的失误。

仿版是网红生意经里的灰色地带，打开网红的店，从知名度高的Lanvin、Valentino，到更小众的Ann Demeulemeester，原价超过2万元的

裙子，网红的仿品只卖200元。即使淘宝打假的口号越喊越响，但是淘宝的女装品类，仿品仍然多不胜数。"所谓原创与否，很多时候其实也只是仿得多、仿得少的区别而已。"这是整个行业公认的现状。这也许和消费者对于仿品的容忍度出奇高的现实有关。随着越来越多的消费者在衣着方面的审美提升，他们开始想要购买有设计感的大牌服饰，但很多年轻人的购买力没办法跟上眼光成长的速度，于是网红们推出的"独家定制款""限量款"就成为了性价比更高的选择——现在去百货商场，买件摆在"中岛"的品牌冬装，至少也需要花上1000元；而在一个针对大学生的日韩风网红店，一件精仿Acne Studio的冬装外套也只要七八百元。

目前来看，大多数网红店都经历了从拿货过渡到做货的过程。在拿货的时候，他们完成了粉丝的原始积累，这使得之后开始做货时他们有了向合作工厂下单的底气——外包工厂都会有个起订单量，动辄上万元，而网红店一件爆款很多时候就能卖出上万件。1万件是多数加工工厂可以赚到钱的产量，因为在这个产品基础上，工人熟练度会比较高，出货的效率和良品率都更高。而几百件甚至更少的生产规模也就意味着成本较高，所以一些做定制、不跑量的淘宝店一般单价就会高不少。

网红为什么都集中出现在"包邮区"？

当大家开始意识到开淘宝、做网红是个好生意之后，行业竞争更加激烈，其中最明显的表现是从选款思路到拍照风格，甚至是店铺网页设计，相互模仿的痕迹越来越重。这也逼得既不想打价格战，又害怕掉粉的网红们，不得不动起自产独家款、限量款的脑筋。比起款式，做独家款和限量款对于网红们更大的挑战在于面料。

一位在浙江绍兴柯桥开面料店铺的店主说，淘宝店铺选购面料一般会直采现成面料、购买外单尾单面料或者定制面料。其中，购买外单面料，就可以制作成所谓的"限量款"，因为尾单面料数量有限，卖完即止。而定制面料则是进行大牌服装仿版的源头步骤，是所谓"定制款"

的基础。浙江绍兴柯桥是中国面料买卖的最核心地区之一，生产和销售各种档次的面料，包括不少进口面料，也承接高级面料的定制。它加上福建厦门和广州，与密集集中在浙江、江苏的服装生产加工企业一起，构成了一条围绕江、浙地区而生的服装生产、加工产业链。从这条产业链来看，为何网红总是出自"包邮区"的谜团就可以解开了。这不光是指做货的网红离原料和工厂更近，形成了地理区位优势；拿货网红们的最大货源地——位于浙江杭州的中国最大服装批发市场"四季青"，也是这条产业链的下游产物。

2. 在淘宝买广告位太贵，微博、微信成了圈粉的好地方

"网红能红就三个要素：除了人美、款好，会互动也很重要。"前述网红助理说，"比起明星，网红更像是个普通人，更具亲和力，更能和顾客形成情感共鸣，特别是随着社交媒体的兴起，顾客有这个情感交流的需求。"

微博是现在淘宝网红吸粉和维护粉丝关系的最重要阵地——一个有血有肉有钱有趣的潮人，在微博上和自己的数百万粉丝分享生活中的嬉笑怒骂、吃喝玩乐，顺道见缝插针的推销一些自家的产品，是最常见的营销手法。而他们之所以没有选择去淘宝网页上投广告来吸引流量，归根结底是因为通过淘宝做推广太贵太复杂。

目前通过淘宝做推广有三种途径：淘宝客、直通车和钻石展位。

淘宝客是指卖家给待推广宝贝设置佣金，然后淘宝找个人及合作网站通过链接推送、网页广告等一切可能的方式推广这款宝贝，一旦有顾客通过该途径生成的购买链接拍下了宝贝，那么淘宝客就可以收取佣金，一般来说佣金数额是成交金额的10%~15%。

直通车是指卖家通过购买搜索关键字来进行有针对性的推广，一般按实际点击量收费。

钻石展位就是指平时逛淘宝时看到的那些页面广告，付费采取指定位置、指定时段的竞价模式，价高者才有广告展现机会，最终按展现次数收费。一位有多年经验的天猫店运营人员介绍，目前直通车的行业平均付费金额在1～2元/1次点击，而钻石展位的平均付费在30~40元/1000次展现的水平。

不过，即使不投广告，光靠经营微博做推广，网红们的生意也已经足够好了。网红店每次上新的第一天和第二天，后台客服和仓库发货的工作人员都会累疯，因为每一款上万件的衣服全是被"秒杀"的节奏。"每一家网红店的基本流程都是大同小异的，但是细节处理可以天差地别，而这些细节往往才是网红店能赢得竞争的关键。"一位五冠淘宝店主在接受记者采访时说道，"这是一个要靠时间积累、烧钱摸索的行业，早就不是最初只要照片美，人人都能赚到钱的那个时候了。现在留下的，已经是经历过市场追杀的聪明人了。"

5.1.3　淘宝网红推广技巧

淘宝网红的推广可不仅仅是在微博上就轻易解决了，随着微信朋友圈越来越融入人们的生活，社群营销也开始攻占了微信，淘宝网红的粉丝也转入到朋友圈当中。

1. 真诚就是日常生活

我身边一个淘宝网红，每天拍视频教大家健身，粉丝互动一直不是很好，我说你为什么不把自己的减肥心路历程用图文的形式写出来呢，这样粉丝会觉得真实，说不定会与你互动，网红半信半疑写了一篇几千字的文章，瞬间有几十人与她互动减肥技巧，这一方面是长文章带来的效果，另一方面是真诚的效果，因为自己的心路历程，只有自己能表达出来，这个是别人无法复制的。

中国人做生意流传一种说法，叫澡堂子文化，就是自古至今，为什么在洗澡的时候容易谈成生意，是因为洗澡的时候都要脱光衣服，这在古代叫坦诚相待，这样也能迅速拉近两个人之间的距离。

如果你能想办法以真诚的姿态去打动粉丝，比如我今天发货很累，我今天学习很努力，我今天很忙很充实，我今天带着儿子在听课，这些内容都能从真实的角度去打动粉丝。

2. 让粉丝像看连续剧一样看你的朋友圈

很久之前有一篇长文章，讲的是如何塑造一篇爆款微信文章，如果要让用户体验够好，得让粉丝在看文章的时候跟看电影一样，大部分的图都做成高清动态图，这样粉丝一定会喜欢，至少粉丝会觉得真实，用心！

这个理论一样可以运用在朋友圈上，你可以在朋友圈把自己的生活塑造成电影，通过小视频、文字、图片，来记录自己的生活。但这个生活，不是普通人的生活，而是一种极致的生活体验，你需要塑造一个核心的主题，让粉丝每天都想看你的生活，这种生活首先得是极致的，其次得带有个人强烈的专业理念、价值观和情感，你需要把你的专业意见分享到朋友圈。

让优质的内容产生价值，比如你的文字，必须具有煽动性，这个煽动指的是能煽动起粉丝的情绪，比如正面的、负面的，都行，不温不火的文案是无法引起粉丝注意的。如何让粉丝像看连续剧一样看你的价值生活呢，比如在怀孕前，你可发孕妇美照，生了小孩，你可以发儿子的照片，这些照片一定要通过专业机构来塑造，如果是你自己拍摄，请百度一下怎么拍出好看的小孩子照片，一张照片的精美程度，代表了你的生活精美程度。

在这个过程中，你有下意识的让粉丝融入你的生活，参与到你的生活，甚至为你的生活出谋划策，让他们来帮你做决定，比如你可以在朋友圈公开聊母婴方面的话题，引起有共同兴趣的粉丝群的注意，这样粉丝们会想看你小孩长什么样，想看你去旅游的状态，想看你吃什么美食，住什么酒店。

还有一种连续剧情预告式的朋友圈方法：定期预告自己的行程，让粉丝猜测你会干嘛，让粉丝关注你用什么，玩什么，跟什么人在一起，这样有同类型的精准粉丝，会比较有代入感。

3. 这个世界就是男性和女性混在一锅熬制而成的鸡汤

容易引起人共鸣的内容，是会得到大量粉丝支持和转发的，要引起共鸣，你的观点就得犀利和尖锐。

引起粉丝共鸣，指的是情感上的共鸣，但人的情感共鸣区分为好多种，比如搞笑、喜欢、生气、愤怒、狂躁、焦虑、伤心等等。这里面任何一个共鸣区只要你能激发出来，都能引起粉丝兴趣，问题是有些共鸣本身是不容易引起二次传播的，比如伤心、难过，我们在朋友圈看到别人伤心、难过，都会选择默默躲在一边，不敢点赞，也不敢评论。

但如果你在朋友圈看到搞笑内容，或者骂人的内容，或者能让你愤怒的内容，这些能高度唤醒和激活你情感共鸣区的点，你会深度参与话题并转发。所以对待女性粉丝比较多的朋友圈，我们应该怎样唤醒情感共鸣区呢，我觉得表达女权主义就可以了，说出女性用户内心深处想说的话，但又不敢说的话，替她们说不敢说的话，替她们做不敢做的事，更容易赢得粉丝信任。表达女权主义，就是相当于你为某一个，或者某一类用户代言。所谓代言，就是替她们说话，替她们办事。

4. 要想做别人的生意，先学会做自己的生意

很多时候，我们会发现，当别人不理你的时候，是因为你没有多少

可利用的价值了。当你努力改变自己之后，你会发现身边的人会越来越多，气场也越来越强，这时候你不仅能改变自己，也能改变别人。对了，改变自己，这就是用户的痛点和刚需，在中国，几乎每一个屌丝用户，都有一颗逆袭中产阶级的心。所以这也是一个比较好的点，先改变自己，再来吸引同样想改变自己的人，比如下面这段文案。

"前男友联系你无非就那么几点，你现在住哪里，啥工作啊，你单身吗。依次渐进。在各方面都没有得到自己的满意回答之后他立刻就回到自己的生活里去了，贱得要命。想要变美气死前男友的加我"这个文案的重点是在阐述女人得改变自己，但这个文案并没有复制通俗的朋友圈文案，因为通俗的文案大家一看就是抄来的，没有个人情感色彩，好的文案一定是要能引起个人色彩的情感共鸣。

所以当你把自己经营好，当你让自己的粉丝有意识来经营自己，这时候粉丝和你的情感已经高度融合了，他们会帮你做口碑传播和价值传播，给你带来二次转发和口碑效应。

鸡汤几乎是万用汤，人人都需要，不是说鸡汤就是洗脑术，你得学会把别人的鸡汤变成自己的现身案例教学，把别人的鸡汤加点作料变成独家秘制鸡汤，这样会增加情感权重，最大限度的唤醒激活粉丝的情感。

当你把高难度的鸡汤，说得浅显一点，把浅显的鸡汤，附上案例说得深入一点，这就是一碗精致的鸡汤。

5.1.4　商家如何跟淘宝达人合作

1. 社交电商时代

2016年将是社交电商的火爆年。打开手机淘宝，首页已经逐渐由以前的商品导购转向内容导购。电商发展到3.0阶段，商业形态有了改变：

从物以类聚的多品类走向人以群分的细分市场。电商运营方式由过去的运营产品到现在的运营内容。优质的内容往往有了更多的达人推荐，从而为商家赢得更多的用户。

在无线时代，商品是有情绪的，是带有内容性的。它以标签的形式，聚集特定用户，通过有质感的内容，产生连接。用户很难有耐心去花很长时间去搜索商品，面对巨大的商品库，他们希望有更强的导购，轻松找到自己想要的东西。

消费者的消费习惯改变，商家的推广方式也会随之变化。原先，商家想得最多的问题是如何报名参加更多的活动，提升自己的销量。争着上淘宝内部的广告资源位，获得更大的曝光。而这种消费路径带来的转化，效果差强人意。

商品只有在场景中才能增强辨识度发挥价值，离开场景的商品，很难获得用户认可。好的内容能让潜在的顾客停留（Stop）、阅读（Read）、思考（Think）、信任（Believe）。

2. 什么是淘宝达人

淘宝达人是自媒体、红人、KOL等各种角色的总称。他们凭借自己专业的选品能力，为消费者解决了选品困难的问题。在一个细分市场，通过个性化的推荐，更垂直地渗透到用户。

手机淘宝总监张阔讲到，在移动时代第一个变化是账号体系变强，2015年阿里零售平台BC之间关系数量达到100亿+，在过去一年里这个关系数量每年成倍数增长。移动时代，账号属性更强，不只是简单的店铺，而是用户的链接。2015年，阿里零售平台的消费者链接关系数，超过100亿。达人帮助商家和平台降低了维护用户的成本，同时也让整个关系链路变得顺畅。

目前淘宝达人已经增至10个入口，包括：淘宝头条、有好货、爱逛街、必买清单等，这些开放性内容分布在淘宝的各个黄金档位。总体分为四块：①基于生活资讯的淘宝头条；②基于长尾市场的内容，推出各个细分市场；③与网红和时尚相关的产品，红人圈和爱逛街；④基于商家打造的有好货。

合作模式的多样化。淘宝为了鼓励达人创造优质的原创内容，合作方式已经从CPS（按成交付费）到CPC（按点击收费）转变。达人聚焦内容，平台匹配到相应人群。社交电商走平台化是一大趋势。让更多角色参与进来，社区产生更多达人，更多优质商家。达人淘（红人圈、视频直播、搭配控）、我要日报、微淘、社区、每日新品。

3. 商家如何与淘宝达人合作

找达人是第一步，有以下两种方法：

（1）进入淘宝PC端，找到淘宝达人。

（2）在淘宝达人发布的各大版块里面搜索（特别适合网红店铺），在百度里面搜索，100%精准。

淘宝达人是连接商家与用户的平台，基本上商家找达人合作，以淘宝客形式推广。需要注意以下6点：

第一，商家在找达人时，首先要量化。找到一定数量达人去实践推广，找到适合产品的达人。哪些达人适合推广自己的商品，在淘宝客后台设置定向佣金，作为重点合作达人。

第二，重点运营优质达人，增强合作黏性。对于优质的达人，一定要有奖励。配合度要高，减少达人的工作量。比如推广文案和高质量图片提前准备好，给达人留下很好的印象。同时可以把关系从线上转移到线下。与对方见面，建立更深度的合作。

第三，提升产品辨识度。优质商品是达人和商家合作的基础。商家要专注好产品，让达人主动推广。

第四，图片一定要符合整个手机淘宝版块的风格。电商是读图时代，图片一定会越来越精细化。

第五，商家的推广文案一定要推陈出新。一定要写出产品的卖点，不要泛泛而谈。高质量的有创意的原创推荐文案能够快速吸引用户眼球。用户需要的是建议，购买的理由。

第六，商家推广的持续性。内容是一个大池子，往里面持续地丢入商品，能得到更多的展现。

4. 淘宝达人+微博

淘宝达人与微博2000万+的达人进行了深度合作。最明显的例子是红人圈这块。目前微博上比较受欢迎的网红有一部分已经入驻了红人圈。他们通过自己的颜值、粉丝，成了手机淘宝特色版块。

值得一提的是，不少淘宝达人同时也在运营微博。有不少代表性的淘宝达人曾经问过有没有必要运营微博？答案是非常有必要。作为和商家沟通的渠道，微博有着不可替代的作用。达人不能永远把自己定位于导购，达人应该是一个品牌。微博是品牌营销最重要的社交媒体。社交电商时代，阿里十分重视电商的内容化，在淘宝达人上面投入了几十亿元。还不知道淘宝达人是什么？你将错过一个巨大的红利窗口。

5.2　网红商业运作解密

5.2.1　网红的商业运作

一个网红的淘宝店年销售额破2亿元，几乎比肩传统服饰品牌。在互联网时代，网红市场正在成长为一个新风口。在经历了以凤姐、芙蓉姐姐为代表的1.0时代和以车模"兽兽"等为代表的2.0时代后，网红迎来了微博吸粉+孵化公司炒作+淘宝店等多渠道变现的3.0时代。大尺度自拍、背靠富二代、炫富……网红市场在喧嚣之下其实已经渐渐形成了分工明确的产业链条，网红不再是一个个体，而是一个品牌，背后的推手公司依靠输出网红品牌创造出令人惊叹的经济价值。

1. 如何造品牌

与传统品牌类似，网红品牌的制造首先也得把一个网红推向市场。

传统意义上的网红，只需要借助一定的网络事件吸引大众目光即可，过程相对简单。发展至今，网红的推出则形成了较为标准的流程。网红的首要条件是较高的颜值和傲人的身材，那么网红制造的第一步便是整容。在此基础上网红通过在微博上发布大尺度自拍、独特的穿搭等个性化内容吸粉。积累一定人气后，网红品牌便可以开启变现之路。他们几乎利用了微博、微信、贴吧、博客等可以利用的所有网络渠道，堪称全渠道推广。利用火热的人气，在平台上发布广告，这便是网红的收入来源之一。据拥有32万新浪微博粉丝的网红ayoku经纪人介绍，ayoku的一条微博推广价在4~7万元。

在2015年乌镇世界互联网大会"互联网技术与标准论坛"上，阿里巴巴集团CEO张勇亲自为"网红经济"代言，对网红店铺予以了肯定，网红品牌的影响力可见一斑。目前淘宝女装红人卖家数超千家，仅其中百余个网红店铺粉丝量总计便超过5500万。他们依靠社交平台快速引进时尚风潮，在淘宝上进行预售、定制，配上淘宝商家的生产链，最终形成了独特的网红电商模式。

2015年9月，淘宝为网红专门开设了iFashion平台。淘宝店铺作为网红最主要的变现途径，变现能力惊人。淘宝数据显示，目前在淘宝女装类目中，月销售过百万元的网红店铺约有1000个，其中一些店铺一次上新后，3天时间就能实现普通线下实体店一年的销售量。2015年"6·18大促"中，销量前10的淘宝女装店铺，7家是网红店铺。网红店铺中甚至出现了开店仅两个月就做到了五钻（至少成交5000笔）的案例。其中的代表性人物王思聪绯闻女友雪梨（朱宸慧）的淘宝店"钱夫人"目前在售商品92种，价格区间在29~499元之间，最近一周产品销量就达到7731件，去年全年的销售额则超过2亿元。据了解，网红店铺的毛利率和净利润率分别高达40%、30%。

2. 还要会推广

与时下火热的O2O类似，网红品牌不仅需要团队支撑，还需要诸多吸引眼球的概念。网红其实早在1.0时代，背后便存在推手。以网红鼻祖之一的芙蓉姐姐为例，其背靠的便是拥有10人左右的北京芙蓉天下文化传媒公司。另一网红鼻祖凤姐的网络推手孙建业曾公开表示，凤姐的夸张造型和张口即来的雷人语录等都是团队精心策划的"心血"。这些雷人的概念成就了凤姐，亦让推手尝到了甜头，通过炒作凤姐，他月收入可达30万元。

伴随着网红市场的发展，网红间的竞争趋于激烈，在以时尚博主和网红店铺走红为标志的网红3.0时代，仅靠一些简单的雷人雷语和大尺度自拍已无法抓住大众的眼球，一些更加高明的借势营销应运而生。与传统品牌天价签约人气明星代言来推广品牌不同，网红们选择了另一条难度较大但事半功倍的道路——成为明星的女朋友。尽管听起来犹如天方夜谭，然而目前已有郭富城、罗志祥、王思聪等多位重量级明星被网红"斩获"。在郭富城晒出"这样开车要慢点"的秀恩爱微博吸引十余万的评论与点赞后，已是"天王嫂"的网红方媛第一反应不是给予爱的回应，而是借此给自己的淘宝网店打广告。同时，曝色情图片、视频等游走在法律边缘的营销亦是网红一直以来的一个推广方式。

3. 初现产业化

当品牌出现集聚后，便会逐渐形成完整的产业链。在目前的网红3.0时代，网红品牌背后的产业链已经初步显现。以网红呛口小辣椒为例，这对双胞胎姐妹通过在博客上发布亲身演绎时装搭配吸粉，随后跻身时尚主流媒体，与大品牌合作，创建自有品牌ZOWZOW，从而成为时尚博主类网红的典范。这种模式在欧美已成为一种较为成熟的商业模式。另一种模式则是更具中国特色和更为普遍的电商模式。由于网红店铺往往存在缺乏供应链支持、团队管理不规范等痛点，于是专门解决这些痛点的淘宝孵化公司应运而生。网红莉家、榴莲家等已转型为网红孵化器，依托供应链的优势和公司化的管理开始批量制造网红品牌，然后借助网红的影响力实现淘宝店铺销量的迅速增长。莉家CEO冯敏认为，现阶段尚属中早期，未来网红市场将会有更多人入局，前景不可限量。

5.2.2　网红背后的产业链关系

由于网红平民化、廉价以及精准营销的特点，其商业价值正在被逐渐挖掘，逐渐形成了商业化的产业链。

1. 网红产业链结构剖析

在网红产业链结构中，主要的成员包括社交平台、网红经纪公司、电商平台以及为网红提供产品的供应链平台或品牌商。每个成员都有自身的定位，自上而下结合成一条完整的产业链结构。

1）社交平台

在整个产业链中，小社交平台由于其在某领域的专业性，往往会有部分在该领域有特殊才能的网友，在回帖互动的过程中逐渐受到其他兴趣相同网友的关注。随着关注人数的逐渐增多，该具有特长的网友逐渐成为小型网红。

2）网红经纪公司

其运作模式基本为：

（1）寻找签约现有合适网红；

（2）组织专业团队维护网红的社交账号。定期更新吸引粉丝注意的内容，保持互动、维持黏性，使粉丝点击相关店铺链接、购买推广的产品；

（3）组织生产。利用其供应链组织生产能力为网红对接供应链渠道，将其在网上宣传的产品进行实体生产；

（4）提供相关电商店铺的运营管理。网红经纪公司通过在网上店铺销售产品的方式将网红社交资产进行变现。

3）供应链生产商或平台

网红由于其讲究的时尚性和独特性，往往想要寻找到能够灵活应对下游消费者需求，做到随时生产、随时发货的供应商。由于这对供应链提出了较高的要求，部分品牌上市公司也想借助自己已有的成熟供应链体系参与到这个环节之中。

2. 为什么网红店里的商品会大卖？

网红的出现其实改善了目前供应链效率较低以及客户精准营销的问题。从供应链和零售两端来看：

1）"网红买手"制的购物模式提升供应链效率

网红作为专业领域的意见领袖，其可以利用自己在时尚领域的敏感度、品味以及其背后强大专业的设计团队，将符合潮流趋势且迎合自身粉丝偏好的产品推荐给消费者，这在降低消费者购物难度的同时，提升了供应链效率，缓解了品牌商库存高、资金周转慢的问题。

2）打开吸引客流新通道

网红为品牌电商吸引流量提供了新的渠道选择。网红经济作为粉丝经济的平民化表现形式，能够通过社交平台的海量流量以及精准营销大幅提高转化率。由于粉丝关注的网红均为各自专业领域的达人，其对网红推销的专业领域产品会更加敏感也更容易接受（比如游戏达人推荐的游戏硬件会更容易被游戏粉丝接受），因此提高了消费者的转化率。

同时，随着社交平台的兴起，逐渐增长的流量使得在这些平台上成长起来的网红能够辐射到更多粉丝，加上网红粉丝消费的高转化率使得品牌服装公司开始试图以网红宣传代替平台广告的宣传方式。

5.2.3　网红的吸金大法

出生于1988年的上海姑娘方媛在发布恋情后又甩出了一条淘宝链接，尽管事后澄清并非她的自营店铺，但不能否认的是，网红正在以自己的方式走出一条全新的产业链：他们在社交媒体上"演出生活"进而拥有众多粉丝，他们经营的网店收入不逊于一线明星，他们拍广告做代言，围绕网红的商业价值甚至催生了一种名为"网红孵化器"的公司。

网红们的成长路径比较相似：通过社交平台塑造自己鲜明的形象，或年轻貌美或有品位有格调，或"逗比"或不羁，通过"故事"来聚集大量粉丝与之互动赢得信任，接下来就是开店，形成品牌，将粉丝转化为购买力。

网红爪小爪在微博、微信、fittime健身社区共拥有近10万粉丝。在她的微博上，经常会秀自己的健身美照以及旅行照片，她的走红最早因为在博客时代写专栏。之后又开了自己的淘宝店，由她自己做设计，闺蜜家的服装厂生产，在没有投入任何成本和广告的情况下，在开店的第二个月就开始挣钱了。

不过由于2015年怀孕生宝宝，爪小爪暂停了淘宝店的销售，"现在偶尔心血来潮上个新，但销量也不错。"尽管她自己很不喜欢"网红"这个叫法，但不能否认的是，网红的身份给她聚集了大量的粉丝，不论是淘宝店铺的销售或者是一些广告代言，都源于她的知名度和个人口碑。

"这双鞋，给那些文能填葬花词武能修宝马车的女人……"赵若虹转发一条卖自己店里高跟鞋的微博，顺便补上这段广告语。这个名为"73小时"的高跟鞋品牌，是网红赵若虹的自创品牌，其店内最便宜的鞋子售价也在千元以上。尽管售价不菲，但店内经典款和颜色永远在抢购和待补货状态，粉丝们会在购买后发布微博甚至朋友圈来展示。赵若虹的微博粉丝数是28万，此外，她还拥有着一个庞大的具有"文艺气息"的微博闺蜜圈，包括一些电台和电视台主持人等，圈内闺蜜也有几万到几十万不等的粉丝，她们会给粉丝分享美食、旅行、自拍以及闺蜜自创品牌的产品购买链接，网红与闺蜜之间也会频繁互动，吸引大量粉丝群体。除了线上的淘宝店，赵若虹在线下还开了餐饮店和甜品店，粉丝从线上到线下实体店体验和消费，会在发微博时秀出来，如此循环互动。

2014年5月成为淘宝店主的董小飒，是某直播平台的一名网络主播，每一次线上直播都能获得百万人次的围观。在粉丝的支持下，仅仅一年多的时间，董小飒的淘宝店已经是三个金皇冠的店铺，每个月的收入可以达到六位数以上。

网红店主张大奕在微博上有193万粉丝。2014年5月，她开了自己的淘宝店"吾欢喜的衣橱"，上线不足一年做到四皇冠，而且，每当店铺上新，当天的成交额一定是全淘宝女装类目的第一名。

以雪梨为例，在成为王思聪绯闻女友之前，她在大学期间就和同学开了一家淘宝店，据淘宝提供的后台数据显示，2015年，雪梨的淘宝店到8月止有评价的成交单是873331笔，所售产品平均单价在220~240元之间。也就是说，到目前为止，雪梨的淘宝店已经至少有2亿元人民币的销售额。据淘宝相关负责人介绍，服装零售的平均利润率能达到45%以上，"如果到2015年结束，加上买完衣服没给评价的成交单，由此推算，她2015年净赚1.5亿元人民币没有问题"。

淘宝服饰行业运营总监唐宋认为，红人模式的主要竞争力表现在：选款能力强（时尚度高，市场反应快）、测款成本低（库存低，利润高）、推广成本低（自有流量，不依赖活动，且粉丝忠诚度高）。

网红店主赵大喜和丈夫赵岩因为淘宝而结缘，并最终走到一起。在她看来，美丽是女人有时限的资本，最好的变现方式就是开淘宝店。他们两人的微博粉丝达到30万，还拥有一家100名员工的工厂，从服装的设计、制作、模特到后期生产，都是两人亲自完成。

赵大喜每天要花大量精力在微博上跟用户互动，推出样衣和美照，根据粉丝用户们的评论和反馈，挑选受欢迎的款式打版，投产后正式上架淘宝店。以日常新品上架为例，第一批5000多件商品在2秒内就会被顾客"秒光"，热销状况如同"双十一"，而所有新品在三天内基本售罄，基本是普通线下实体店一年的销售量。

前不久，微博上一条美妆教程的视频"短发妹子福利，五分钟速成丸子头"转发量高达近5000次。这条微博的博主大金就是网红大潮中刚刚崛起的一位新人，在微博上拥有85万粉丝，每年通过电商、广告代言等方式将粉丝变现，年收入在百万元以上，而她并非一个人在战斗。事实上，她背后还有一个专业的团队在推动。

近年来，随着资本的介入，淘宝平台上出现了不少网红孵化公司，它们将一些网红聚集起来，进行公司化运营。与相对张扬、喜欢抛头露面的网红而言，孵化器公司大多都沉默低调。它们排斥媒体报道，并对自己的运营模式讳莫如深。

　　孵化器眼下最急于做的就是快速扩张完善供应链，和签下尽可能多的正当红或者有潜质的网红。比如淘宝上的莉家、榴莲家、Lin家，都是行业里比较出名的网红孵化公司。网红靠自己的美貌和智慧，消费粉丝，而孵化公司则依靠强大的整合能力和流水线作业，帮助网红们在这条路上越走越远，同时它们也分得一杯羹。根据公开的报道显示，知名网红呛口小辣椒、管阿姨就是由莉家孵化。

　　Lin家的一个时尚创意公司在杭州滨江园区附近的一座写字楼里。几个Lin家签约的网红在摄影棚不断换装、拍照，很快，这些照片就会出现在她们各自的微博和朋友圈等社交平台。与此同时，在她们的淘宝店就会看到同样款式的衣物，等着被粉丝点击和购买。Lin家负责网红运营的总监王垒在接受媒体采访时表示，和Lin家签约的网红都是通过各种熟人渠道找来的，很多网红在签约之前就已经小有名气，粉丝数量多在30万以上。她们中有人此前就有开店经验，但也有人从未涉足过淘宝电商领域，但巨额的粉丝意味着强大的粉丝变现能力。不过，尽管如此，Lin家在正式与网红签约之前，都会有一个半月左右的考察期，主要是通过微博观察网红真实的粉丝数量，以及粉丝群体属于什么阶层。

　　实际上，Lin家创始人张瑜的妻子张林超本身也是一位淘宝网红，她在微博上已经有129万粉丝，网店每月的下单量可以轻松过万。有一些网红在微博上看起来粉丝数量很多，但微博下面的评论和转发量不高，只有寥寥几条，这种情况他们一般会认定存在"僵尸粉"。还有一些，评论和转发率很高，但言之无物，意味着很有可能雇佣了水军。正式签约以后，网红和孵化公司就会分工，公司来负责运营店铺、供应链建设以及设计等，同时为网红提供团队，负责为新品推广生产内容。而网红们主要在微博等社交媒体上展示自己的日常生活，也就是"讲故事"，吸引粉丝维持黏性。当然，如果有娱乐明星、天王参与助兴，圈粉的速度会大大增加。这是一个资本助推的游戏，投入也相当可观。拿Lin家举例，签约一个知名度一般的网红，也至少需要配置一个10人的专属团队，包括服装设计、客服、社交账号运营等一系列工作人员，投入资金高达百万元。

与此同时，一些粉丝变现能力弱或者缺少变化的网红即使签约也有可能很快会被淘汰。如何能保持网红的活跃度、良好的形象并同时给网店带来持续的销量，这并不是一件简单的事情，很多网红拥有大量的死忠粉，只要网红店铺上新粉丝就会毫不犹豫的购入，有些粉丝拿到衣服后觉得质量不好，扔了也无所谓。这类死忠粉在微博上甚至会戏称为"脑残粉"，但却是孵化公司的重点维护群体。拿Lin家举例，他们每年都会为签约网红办一两次粉丝见面会，为购买力排名靠前的粉丝提供特别的福利。

这看起来是一个多方共赢的商业模式。在这个产业链上，传统的淘宝店主和买家并不直接对接，而是通过网红来完成交易，在整个过程中，网红更像是一个超级导购，进而名利双收。

不过，优质的网红都是稀缺资源，而在这信息爆炸的年代，再想通过社交媒体捧红一个新网红进而转化为商业价值，并不是一件容易的事情，在崔女士看来，"这个行业的水已经很深，不是一般人能搅动得起的了。"

5.3 如何打造网红店铺

以服装行业为例，目前服装产业链的销售端主要分为线下实体销售以及线上销售两部分，而线上销售目前又延伸出了网红店铺这种新型的销售手段。网红的出现其实改善了目前供应链效率较低以及客户精准营销的问题。从供应链和零售两端来看，网红店之所以会成为热点，有如下一些原因。

5.3.1　网红买手制的购物模式

提升供应链效率。传统服装产业链包括服装设计、组织生产以及服装销售三部分。在这三部分中，服装设计和组织生产两个环节属于整体产业链的制造端。网红作为意见领袖买手制模式，通过精准营销方式促进我国服装产业链效率提升。我国目前整个服装产业链多数环节通常由品牌商内部化完成。品牌商会负责时尚潮流的市场跟踪以及产品的设计，并自行联系外包供应链组织产品的生产。各品牌在利用广告打造品牌方面比较成功，但由于在设计、供应链及终端营销管控各方面均难以专业化、存在不同程度的缺失，在不利的外部冲击下容易陷入销售效率下降、渠道库存巨大、资金周转缓慢的困局。而网红作为专业领域的意见领袖，其可以利用自己在时尚领域的敏感度、品味以及其背后强大专业的设计团队，将符合潮流趋势且迎合自身粉丝偏好的产品推荐给消费者，这在降低消费者购物难度的同时，提升了供应链效率，缓解了品牌商库存高、资金周转慢的问题。

5.3.2　网红销售模式有望为品牌商打开吸引客流新渠道

在产业链的零售端，线下实体店、淘宝门店以及新晋的网红店在运作模式上有着较大区别。

1. 线下实体店阶段

在线下实体门店上（主要指直营，分销商模式则为分销商主导），品牌商需要负责店铺租赁、店员雇佣，各种品牌推广以及店铺的最终运营。由此带来的业务支出主要包括店铺租金、广告费用、人工成本以及其他运营相关开支。品牌的线下开店模式均有一个从规模经济逐步转向非规模经济的过程。在品牌创立之初，由于品牌商在广告宣传方面从无到有的大量投入带来的客流量，由于低基数效应将使得公司的店铺扩张以及单店销售取得高速增长。但随着公司规模扩张到一定的阶段，由于特定消费群体需求的逐渐饱和或者单一品牌推广边际效用的下降，单纯的线下广告以及开店模式所获得的边际收入将大幅降低，这也使得租金、人员工资等一系列费用在总收入中的占比大幅提升。与此同时，我国过去几年由于房地产价格持续走高带来的租金成本持续上升，进一步突出了这一问题。

2. 线上B2C电商阶段

在此大背景下，线下品牌商均要寻找新的品牌推广廉价渠道以获取新的廉价客流，由此形成了以淘宝、天猫为首的B2C电商的兴起。在初始阶段，由于阿里仍以吸引客流为主，因此淘宝或天猫的引流费用极其低廉，在我国互联网用户数量迅速发展的大背景下，品牌商纷纷入驻淘宝、天猫为代表的电商平台，以其低廉的流量费用代替日渐高昂的店铺租金以及广告推广费用。然而，随着阿里对平台流量变现的逐步开始，淘宝、天猫等平台的流量费用也日渐高昂。根据阿里年报，其集团广告服务收入/平台GMV的数据从2012年的1.2%上升至2015年的2.4%。在天猫平台抽成、平台引流广告费用与日俱增的情况下，各大品牌商的广告费用率也逐步上升。如电商品牌韩都衣舍，其推广费用占总收入的比例已超过10%，而其众多子品牌的推广费用大多占总收入的20%~30%。在平台引流费用昂贵且效率低下的情况下，各品牌商开始寻找新的营销办法。随着越来越多的商家在电商平台开店以及流量费用的日渐高昂，品牌商所支付的推广费用转化成实际消费的效率极其低下（比如平台类目繁多，置顶或搜索功能并不一定能使消费者进入品牌商网上店铺），目前传统B2C电商获得一个实际客户的成本已突破百元。因此各品牌商亟须寻找新的吸引流量手段以代替依托中心平台的引流方式。

3. 寻找新营销渠道——网红店为其中之一

网红为品牌电商吸引流量提供了新的渠道选择。网红经济作为粉丝经济的平民化表现形式，能够通过社交平台的海量流量以及精准营销大幅提高转化率。由于粉丝关注的网红均为各自专业领域的达人，其对网红推销的专业领域产品会更加敏感也更容易接受（比如游戏达人推荐的游戏硬件会更容易被游戏粉丝接受），因此提高了消费者的转化率。同时，随着社交平台的兴起，逐渐增长的流量使得在这些平台上成长起来的网红能够辐射的粉丝数量越来越多，加上网红粉丝消费的高转化率，使得品牌服装公司开始试图以网红宣传代替原先的依赖中心平台广告的方式进行宣传。网红店铺的整体费用大体与线下门店以及目前的线上门店相当。但是，网红店铺对于供应链效率以及客流吸引效率的提升则更为明显。

5.3.3　网红虽然只是销售模式的转变，但有望帮助社交电商平台取代中心电商平台

网红销售只是品牌商重新寻找高效率的营销方式。根据前文，由于线下扩张以及淘宝为代表的电商平台导流的效率逐渐下降，品牌商正在重新寻找新的高效率导流方式。网红利用自身在社交网络积累的大量社交资产以及其精准营销的买手制意见领袖导购方式大大提升了其宣传的有效性，这是品牌商找到的一种推广宣传自身产品的全新方式。虽然网红销售本身仍只是一种销售方式，但其有望将线上交易场所从中心电商

平台转移至社交电商平台。虽然网红销售只是品牌商又一次销售渠道的改变，但是由于身处互联网社交平台这一独特性，使其成为移动社交电商B2C变现的一个缩影。

随着品牌商将交易转向网红，网红所依托的社交平台将吸引越来越多的顾客浏览、产生更多的产品展示。移动社交电商通过无缝对接社交平台的方式将迎来更多的产品交易。随着越来越多的顾客流量开始由网红社交账号导入，越来越多的支付交易通过可直接对接社交平台的移动社交电商完成，传统B2C电商的中心平台搜索推送功能将被大大削弱。因而借助网红所吸引的大量流量以及高效率营销能力，移动社交电商有望通过社交网站承载起越来越多的交易功能，从而实现互联网购物的去中心化。

2015年的7月下旬，淘宝店主张大奕完成了又一轮新品上架，第一批5000多件商品在2秒钟内就被顾客"秒光"。所有新品在三天内基本售罄，也就是说短短三天时间，这位网红店主便完成了普通线下实体店一年的销售量。近年来，越来越多的网络红人通过社交网络积累出大量粉丝，但是如何将其他平台的千万粉丝转化成淘宝店铺的粉丝却是一个不小的难题——在现实中，往往不少红人通过微博或者微信公众号积聚了为数不少的粉丝，但愿意为红人打造出的产品买单的粉丝却显得寥寥无几。

红人的导流：究竟是什么，让人们在刷着微博的同时，不知不觉完成购买行为。这就是红人导流的过程：视线聚焦，情感支配，商流融合。

（1）视线聚焦。互联网上的内容是由1%的人产生的，那么这其中优质的内容便会获得充分曝光，线上经过人们不断点击，不断提高搜索权重，从而加速其传播，线下通过口口相传完成到线上的转换，马太效应明显。红人便是优质内容的生产者。

（2）情感支配。这一点上，技术的发展起到了至关重要的作用。在4G网络和WiFi普及之前，刷个图都很费力，而今的移动视频已不会受到太多的限制。视频作为一种媒介，通过动画、声音等多重感官刺激，是目前最能够引起人们情感共鸣的媒介形态。根据麦克卢汉"媒介即讯息"理论，视频本身即是一种信息，人们逐渐摒弃了阅读，也在逐渐远离静态的图片，更多地会去观看信息获取门槛最低的视频。可以这么说，没有4G网络和WiFi的普及，视频不会成为人们主流的观看媒介，红人对于人们的情感支配便无法达到引爆点，就难以实现电商的高转化。

（3）商流融合。与以往的品牌广告不同的是，红人与商品同时出现在人们时间线上。我们在A处获得了某品牌的信息，得去B处购买，但红人电商的信息源和购买点可以同时发生，两者只相差一个链接的点击。这让红人的每一次刷屏，都成为一次对于人们有限预算的抢夺。转发抽奖的老路数也好，卖艺卖萌的新手段也好，社交媒体上的同步，使得红人电商不知不觉完成了时间和预算的双重抢夺。社交信息流、商品信息流、媒体信息流逐渐融合，界线变得模糊。在人们想到要购买某商品时，发现已经从红人那里获得了足够多的满足，这种即时转化的效果，传统的品牌广告只有望洋兴叹。

两个模特出身的微博红人——Tony与宋松，将网红店铺打造归结成两部分，首先是人气的积累，其次是粉丝的经营。

1）粉丝积累方式多样

刷脸积累。"颜"一向是网红们的圈粉利器，而晒自拍也成为大多数网红的第一步，当然，如果有团队推手助力，就最好不过。

段子积累。有的网红天生就是段子手，靠着或诙谐或犀利的语言风格，在微博以及各大论坛都能圈住一批死忠粉。

学识积累。随着知乎等平台越来越被大众所使用，一群依靠帮网友解答疑问的"知青"迅速成为在一定圈子内颇具知名度的红人。

分享积累。在美妆与服饰类网红店铺中较为常见，这类网红在初期都会通过社交网络分享自己日常搭配或者护肤心得，从而在网上吸引第一批的粉丝；当然，目前也存在不少每天分享幽默段子或者时事新闻而矗立于互联网的网红。

曝光积累。这是最为"简单粗暴"的方法，现在各个App、视频网站甚至是卫视，都有大量"真人秀"式直播频道，而目前通过这种曝光渠道成长起来的网红数量不少。

2）经营粉丝打破常规

以模特身份活跃在平面纸媒和网站媒体上是Tony、宋松两人迈出的第一步，而且因为不时在微博以及其他渠道分享自己的私服搭配，从而获得了不少粉丝的关注。

目前宋松的微博粉丝数量已经突破200万，但如何把这部分粉丝转化成店铺粉丝，却是个不小的考验。那么宋松和Tony是怎样做的呢？

1. 自建品牌定位中高端，主打年轻

尽管目前淘宝平台充斥的男装品牌不胜枚举，但大多风格相似——现在的很多情况是消费者搜索"男装T恤"关键词，但跳出来的几十个产品"长相"相似，甚至完全一样；这给消费者带来的购物体验其实非常不好，在这样的情况下，即使你把产品价格压得很低，消费者也只会产生"大家东西都一样，你价格还低？"的怀疑，因此建立自己的品牌，自主设计，"不参与低价竞争"从而把店铺/品牌定位做一定程度的提升，反而更能吸引消费者注意——而且很重要的一点，从粉丝身份转化过来的消费者，从一定程度上来说都更具"黏性"，比起稍作抬升的价格，其实他们更加关注与网红们的互动和产品质量。

其次，微博粉丝的年龄特点是偏年轻化，因此店铺风格也应该主打年轻潮流——这就需要卖家根据自己粉丝群体的特点做出适当调整，不

能是你的粉丝大多数为18岁到25岁的年轻人，但你的店铺却在鼓捣古董文玩。

鉴于店铺与现在淘宝平台泛滥的其他男装店铺做出了区分，且偏韩版简约风格特色顺应粉丝群体特征，尽管才转向做网红店不久，店铺每天的流量都能轻松破万。

2. 粉丝互动重要 视觉效果也重要

网红店铺与一般淘宝店铺相比，最大的特点在于上新当天的成交量巨大，5000件上新产品在几秒钟之内被"秒光"对于网红店铺来说并不是什么难事。

但是，如此令人瞩目的上新效果应该如何达成呢？Tony与宋松的做法在于及时利用其他推广渠道大面积宣传"上新活动"。宋松日常经营着自己超过200万粉丝的微博，因为其粉丝群体多为20岁左右的小女生，故日常的微博内容除了生活记录之外，很大一块内容还是日常穿搭和店铺活动消息——这样做的好处在于能够吸引新的粉丝进入，并且筛选出适合转化成店铺粉丝的人群；此外，这群粉丝还能够成为店铺活动宣传强有力的"自发者"，帮助其淘宝店铺宣传造势。除了将现有粉丝通过其他社交工具引流至店铺外，红人店的另一块主要工作就是提升产品质量和整套服装搭配开发。Tony的做法是将设计产品到卖产品顺流成为"一条龙"，Tony和宋松除了担任品牌设计师的职务外，还兼任店铺模特等多项工作，并且为粉丝提供服装搭配参考服务，这些"附加"的服务尽管在店铺老板看来略显轻松，但对粉丝们来说却是一场不可多得的福利，把微博的粉丝用这些"细节"培养成产品的粉丝，而产品一旦获得粉丝认可，网络红人的粉丝效应就会变得非常明显，店铺复购率达到100%也将成为常态。而在2016年，Tony还将在店铺视觉上投入更多精力，其中包括邀请更为专业的拍摄团队，设计店铺专属标识，使消费者在其他地方看到标志就能想到店铺品牌。

5.4 网红与电商的结合

5.4.1 什么是电商及网红电商化

电商即电子商务，是以信息网络技术为手段，以商品交换为中心的商务活动；也可理解为在互联网、企业内部网和增值网上以电子交易方式进行交易活动和相关服务的活动，是传统商业活动各环节的电子化、网络化、信息化。通常是指在全球各地广泛的商业贸易活动中，在因特网开放的网络环境下，基于浏览器、服务器应用方式，买卖双方不谋面地进行各种商贸活动，实现消费者的网上购物、商户之间的网上交易和在线电子支付以及各种商务活动、交易活动、金融活动和相关的综合服务活动的一种新型的商业运营模式。各国政府、学者、企业界人士根据自己所处的地位和对电子商务参与的角度和程度的不同，给出了许多不同的定义。电子商务分为：ABC、B2B、B2C、C2C、B2M、M2C、B2A（即B2G）、C2A（即C2G）、O2O等模式。

其实想要成为一名网红，就像将网红分类一样，是一个复杂的过程。成为一个网红，首先要明白自己或者是网红本身代表了哪一群人，定位是什么？崭新的时代在全新的移动端时代，有各种各样的平台将各种各样的人群打散、细分，所以想要成名就在你的细分领域内成为你真正意义上的红人。

首先，现在的网红就像明星一样，要想成名就必须职业化，所以很多的网红真正成功的就是把自己的红作为自己的职业。

其次，网红要有一定的培训体系，即网红艺人培训体系。

商业和网红一定要结合得更紧密，为什么要这么说呢？明星之所以能成名，绝对不是因为一个事件或演了一部电影，而是有一连串的商业联络体。所以要有一个很强烈的、很密切的商业体系和网红联络在一起，这样网红才会更加有生命力。

所以网红电商化就是：网红职业化，并建立一个长期的培训和支撑体系，同时商业和网红要紧密地结合在一起。网红也许比明星更赤裸，因为明星还牵扯到电视节目和老百姓之间的关联性上。而网红呢，是在互联网上赤裸裸的和他的粉丝紧密的沟通和交流，更加赤裸的商业化。可以看到很多网红一红起来马上就变现，而明星还扭捏不好意思，还企图把很多商品变成品牌化，通过品牌化再展现零售的过程。

5.4.2　电商发展趋势

更广阔的环境：人们不受时间的限制，不受空间的限制，不受传统购物的诸多限制，可以随时随地在网上交易。

更广阔的市场：在网上这个世界将会变得很小，一个商家可以面对全球的消费者，而一个消费者可以在全球的任何一家商店购物。

更快速的流通和低廉的价格：电子商务减少了商品流通的中间环节，节省了大量的开支，从而也大大降低了商品流通和交易的成本。

更符合时代的要求：如今人们越来越追求时尚、讲究个性，注重购物的环境，网上购物，更能体现个性化的购物过程。

5.4.3　运营模式

从内部结构上看，电商的运营模式有四种：

1. C2C（Consumer to Consumer）也就是消费者和消费者间的电子商务

C2C指的是消费者和消费者间的互动交易行为，这种交易的方式是比较多变的。C2C商务平台就是通过为买卖双方提供了一个在线交易平台，使卖方能够主动的提供商品传上网进行拍卖，而买方能够自行的去选择商品来进行竞价。其代表是淘宝电子商务的模式。

比如消费者能够同在某一竞标网站或者是拍卖网站上，共同在线上出价而由价高者得标。或者是由消费者自行在网络新闻论坛或BBS上张贴布告以出售二手货品，甚至是新品。

2. B2B（Business to Business）也就是企业和企业间的电子商务

B2B电子商务是指以企业为主体，在企业间进行的电子商务的活动。指进行电子商务交易的供需双方都是商家（或者是企业和公司），她（他）们使用了互联网的技术或者是各种商务网络平台，完成商务交易的过程。其主要代表就是马云的阿里巴巴电子商务的模式。B2B主要是针对企业内部和企业（B）与上下游协力厂商（B）间的资讯整合，并且在互联网上进行的企业和企业之间交易。借由企业内部网（Intranet）建构资讯流通的基础，及外部网络（Extranet）结合产业的上中下游厂商，达到供应链（SCM）的整合。B2B电子商务将会为企业带来更加低的价格、更加高的生产率和更加低的劳动成本及更多的商业机会。

3. C2B（Consumer to Business）也就是消费者和企业间的电子商务

C2B是商家通过网络搜索一个比较合适的消费者群，真正实现定制式的消费。对消费者来说，是一种比较理想化的消费模式。

由客户发布自己想要什么东西，要求的价格是多少，然后再由商家去决定是否接受客户的要约。如果商家接受客户的要约，那么交易就成功了；如果商家不接受客户的要约，那么也就是交易失败了。

这是一种创新型的电子商务模式，和传统的供应商主导商品是不同的，这主要是通过汇聚具有相似或者是相同需求的消费者，形成了一个比较特殊的群体，经过集体的议价，以达到消费者购买的数量越多，价格也相对越低的目的。

电子商务的模式可从多个角度去建立不同的分类框架，比较简单的分类莫过于B2C、B2B、C2B以及C2C这样的分类，但就各模式还可再去细分。

4. B2C（Business to Customer）也就是企业和消费者间的电子商务

B2C就是企业透过网络销售产品或者是服务给个人消费者。这是消费者利用互联网直接参与经济活动的形式，比较类似于商业电子化的零售商务。也就是企业通过互联网为消费者提供一个新型的购物环境即网上商店，消费者通过网络在网上购物以及在网上支付。其代表是亚马逊的电子商务模式。这种模式节省了客户与企业的时间以及空间，大大的提高了交易的效率，特别是对于工作比较忙碌的上班族，这种模式能够为其节省宝贵的时间。

从表现形式上看，电商的运营模式丰富多彩：

1. 综合商城

商城，谓之城，自然城中会有许多店，是的，综合商城就如我们平时进入现实生活中的大商城一样。商城一楼可能是一级品牌，然后二楼是女士服饰，三楼男士服饰，四楼运动装饰，五楼手机数码，六楼特价等将多个品牌专卖店装进去，这就是商城。而淘宝商城也是这个形式，它有庞大的购物群体，有稳定的网站平台，有完备的支付体系，诚信安全体系（尽管目前仍然有很多不足），促进了卖家进驻卖东西，买家进去买东西。如同传统商城一样，淘宝自己是不卖东西的，但提供了完备的销售配套。而线上的商城，在人气足够、产品丰富、物流便捷的情况下，其成本优势，24小时的不夜城，无区域限制，更丰富的产品，等等优势，体现着网上综合商城即将获得交易市场的一个角色。

2. 百货商店

商店，谓之店，说明卖家只有一个；而百货，即是满足日常消费需求的丰富产品线。这种商店是自有仓库，以备更快的物流配送和客户服务。如线下的沃尔玛、屈臣氏、百佳超市。

3. 垂直商店

垂直商店，服务于某些特定的人群或某种特定的需求，提供有关这个领域需求的全面及更专业的服务。

4. 复合品牌店

佐丹奴是一个传统的服装品牌，自己有多家直属、加盟店。正佳商城开了，佐丹奴进驻；而网上的淘宝商城开了，线上的佐丹奴也进驻了。而哪怕是所有的商城都倒掉，佐丹奴也有自己的独立形象店，这就是传统的品牌。当佐丹奴发现线上的消费者和线下的消费者是不同的时候，他们大胆地运用价格歧视，而其完善的仓储调配管理通过网络的销售降低了商品店面陈列成本，摊分了库存成本，优化了现金流通及货品流通的运作。

类似这种店，随着电子商务的成熟，将有越来越多的传统品牌商加入电商战场，以抢占新市场，拓充新渠道，优化产品与渠道资源为目标，一波大肆进军的势头蠢蠢欲动。

5. 轻型品牌店

PPG与VANCL的案例已传遍大街小巷了，尽管存在着诸多争议，但新事物总是在争议中产生的。而这里提及梦芭莎有两个原因，一是PPG已被众多媒体棒打，尽管已经倒闭，但其首创的商业模式依然值得提及。二是后起之秀的VANCL，已经成功转型为综合商城。对于梦芭莎则是先从DM投递+网络+CALL Centre，然后再做线下形象品牌店。据说月销售额已达700万元了，也是值得关注的一个代表。

6. 衔接通道型

M2E是英文Manufacturers to E-commerce（厂商与电子商务）的缩写，是驾驭在电子商务上的一种新型行业，是一个以节省厂商销售成本和帮助中小企业的供应链资源整合的运作模式。在2007年美国电商峰会上由知名经济学家提出，在国内代表企业有广州点动信息科技有限公司。

7. 服务型网店

易美是一家网上冲印公司，比如，小王结婚了，跟老婆去了欧洲度蜜月，拍了好多的相片。可是，还没回到家，亲戚朋友们已经拿到了小王通过易美网上冲印好的相片，相片有的嵌在骨瓷杯上，有的按自己的意愿，装订了漂亮的相框，正放在爸爸妈妈的房间。"亦得代购，购遍全球。"亦得可以帮你到全世界各地去购买你想要的产品，并以收取适量的服务费赢利。

服务型的网店越来越多，都是为了满足人们不同的个性需求，甚至是帮你排队买电影票，都有人交易，很期待见到更多的服务形式的网店。

8. 导购引擎型

比友们可以通过这里分享到比友的产品体验点评，比友们也热衷于将自己用过的产品体验告诉给更多的比友。作为B2C的上游商，给商家们带去客户。服务业必须站在消费者的角度，这才是王道。爱比网力争成为电商有效的流量采购平台，并降低高品质B2C商家们的营销成本。

9. 网购导航型

以导航模式收录正规诚信的商城。收录的正规诚信商城，解决了用户需要记忆繁多的网购商城的烦恼，而且可以避免用户因进入钓鱼网站而造成经济上的损失。这种类型的网购导航型网站，能够让对网上购物不了解的用户迅速地找到自己所需要的商城。

10. SNS-EC（社交电子商务）

社交电子商务（social commerce），是电子商务的一种新的衍生模式。它借助社交媒介、网络媒介的传播途径，通过社交互动、用户自生内容等手段来辅助商品的购买和销售行为。在Web 2.0时代，越来越多的内容和行为是由终端用户来产生和主导的，比如博客、微博。一般可以分为两类。一类是专注于商品信息的，比如Kaboodle、Thisnext以及国内的较新的网站：美丽说、辣妈说、葡萄网是比较早期的模式。主要是通过用户在社交平台上分享个人购物体验、在社交圈推荐商品的应用。另一类是比较新的模式，通过社交平台直接介入了商品的销售过程，如社交团购网站Groupon。还有就是社交网店平台：法国的Zlio、中国的辣椒网Lajoy。这类是让终端用户也介入到商品销售过程中，通过社交媒介来销售商品。

11. 电子商务ABC模式

ABC模式是新型电子商务模式的一种，被誉为继阿里巴巴B2B模式、哈妹网B2C模式、淘宝C2C模式、Mai126安全网购导航N2C模式之后电子商务界的第五大模式。是由代理商（Agents）、商家（Business）和消费者（Consumer）共同搭建的集生产、经营、消费于一体的电子商务平台。三者之间可以转化。大家相互服务，相互支持，你中有我，我中有你，真正形成一个利益共同体。

12. 团购模式

团购，就是团体线上购物，指认识或不认识的消费者联合起来，加大与商家的谈判筹码，会取得最优价格的一种购物方式。根据薄利多销的原则，商家可以给出低于零售价格的团购折扣和单独购买得不到的优质服务。团购作为一种新兴的电子商务模式，通过消费者自行组团、专业团购网、商家组织团购等形式，提升用户与商家的议价能力，并极大限度地获得商品让利，引起消费者及业内厂商，甚至是资本市场关注。团购的商品价格更为优惠，尽管团购还不是主流消费模式，但它所具有的爆炸力已逐渐显露出来。现在团购的主要方式是网络团购。

13. 线上订购、线下消费模式

线上订购、线下消费是O2O的主要模式，是指消费者在线上订购商品，再到线下实体店进行消费的购物模式。这种商务模式能够吸引更多热衷于实体店购物的消费者，传统网购的以次充好、图片与实物不符等虚假信息的缺点在这里都将彻底消失。传统的O2O核心是在线支付，而爱邦客、象屿商城是将O2O改良，把在线支付变成线下体验后再付款，消除消费者对网购诸多方面不信任的心理。消费者可以在网上的众多商家提供的商品里面挑选最合适的商品，亲自体验购物过程，不仅放心有保障，而且也是一种快乐的享受过程。

5.4.4 网红电商的运营优势

1. 推广成本低

（1）社交媒体坐拥巨大流量（存量资产）。

（2）不依赖任何店铺排名、不需站内推广。

（3）粉丝忠诚度高，复购率远超其他店铺。

2. 选款能力强

（1）时尚高度，网红或其团队善于抓住或创造时尚潮流。

（2）市场反应快，展示加粉丝互动投票，迅速把握市场偏向。

3. 测款成本低

（1）库存低，不需要囤货销售，粉丝投票后再生产。

（2）利润高，供应链对接完善，产品利润一般可达45%。

5.4.5 网红经济点燃社交电商

互联网环境下，传统的商业模式开始遭到颠覆，电商和社交化营销逐渐主导市场，网红经济也由此诞生，是社群经济发展过程中快时尚的演化。

"网红"从一个社会现象，演变为一种经济行为。网红的本质是个性化品牌的表现形式，网红经济是粉丝经济的一种。网红目前的收入模式包括广告、品牌合作、个人店铺以及出场费用。这都意味着网红不仅是博取眼球和新闻话题的网络人物，强大的变现能力逐渐让网红成为品牌商青睐的合作对象，是一类具有互联网基因的新型营销模式。

网红经济迅速崛起与淘品牌的崛起类似，他们也是从淘宝、天猫上发迹的，为电商平台导流是最初动作，目前已演变成内容运营。网红通过自身影响力逐渐把站外的流量变现，除了开拓淘宝站内的粉丝经济之外，还发动粉丝大量地从站外拉很多流量进入淘宝。淘女郎是网红的前身，以分享品牌爆款为主，而现在的网红则是自己开店，经营自己的品牌，开始管理供应链。网红表现得更加专业化，开始走向企业经营形式。

不仅服装领域，网红经济空间巨大。互联网时代有一技之长且在某些领域有影响力的人都有可能成为网红。除了美女，游戏高手、摄影达人、段子手都有特定的粉丝群体，均有潜力影响粉丝消费行为并变现。因此除了服装，网红经济还包括电子竞技、视觉素材、旅游、母婴用品等行业，影响范围广泛。2014年服装网购交易规模达6153亿元，保守估计网红服装市场规模有望超过1000亿元，未来，电竞、旅游、母婴、整容等相关行业网红经济的空间巨大。

社交电商是趋势，网红店铺是社交化电商的重要体现，网红营销超越了过去平面或电视广告的单向传播，通过精准定位、推荐引导、评论互动，利用粉丝效应与市场预判实现精确高效的营销效果，低成本和强变现能力是网红经济的优势所在。从现状分析，网红孵化公司实现了从0到1的飞跃，但从趋势来看，缺乏供应链方面和电商品牌运营上的优势，很可能成为牵制其发展壮大的重要因素。

5.4.6　社交电商如何用好"网红思维"

起于社交媒体的"网红经济"被看作是社交电商趋势下的一个重要

体现。那么，以自带粉丝流量为竞争优势的网红们，对于"以人为流量"的移动社交电商有什么样的参考价值和指导意义？移动社交电商时代，企业如何善用"网红思维"打好粉丝经济这手牌？

1. 找准定位，对品牌进行人格化塑造

正如我们刚才提到的"网红经济"的本质就是品牌进行人格化、达人化塑造，这个塑造可以是多方面的、涉及各个领域的，比如除了我们最常见到的"时尚达人""白富美"这样的网红形象设定，我们还能通过社交媒体，塑造出养生达人、健身达人、美容达人等各种领域的KOL。当然，进行这个设定的前提是要对品牌、产品、目标人群，以及所选择的KOL自身的优势短板，都有比较明确的一个定位，然后有目的性、有节奏地推进。

前几年生鲜电商非常火爆的时候，有一个水果电商品牌"菓盒"。前期主要通过其官网、1号店等平台进行销售，2015年年底开始用微商三级分销系统微巴人人店，把店开到了微信上，仅10天销售额就达到50万元。首先，菓盒给自己的市场定位就非常明确——"中高端水果的采购、销售、配送"，这决定了它所面向的人群和市场。通过网络、微信渠道购买中高端水果的会是什么样的人？一般来说是经济能力较强+有互联网/移动互联网购物需求+追求健康、有品质的生活的人群。

如何才能有效地吸引到这一类人群？

我们认为，人和组织不容易建立感情，人和人更容易建立感情。企业要与消费者建立感情，最好的方式是建立一个人格化的品牌。菓盒正是如此，将品牌人格化、人格标签化。所有菓盒的客户和分销商都知道菓盒的CEO壮爷，壮爷身上有这些标签："85后"、奶爸（注重安全和健康）、高知识人群（浙大毕业）、专业专注（在上海最大的农产品批发市场从事食品安全管理工作7年）等等。这些标签所传递出来的信息

简单鲜明，让人有记忆点，再通过阐述创业初衷、品牌故事传达了"新鲜、营养、安全的高品质水果"这一品牌诉求，壮爷本身就是菓盒的人格化品牌代言人。可以说，KOL的形象、特质就与产品和品牌给人带来的感觉和印象息息相关。

2. 持续输出有价值的内容

将品牌进行人格化塑造只是万里长征的第一步，有人会因此记住你，甚至成为你的粉丝，但这还不足以构成刺激他们购买的动力。再加上我们生活在这样一个连鹅都能成为网红的信息爆炸时代，受众的兴趣点分布广、迁移快，粉丝的忠诚度也不是持久保鲜的。

如何能持续为粉丝热情加温，并将其转化为购买力？持续输出有价值的内容，和粉丝谈一场持久的精神恋爱是非常重要的。网红经济中，KOL本身就是品牌最大的差异化竞争力。粉丝选择你推荐或销售的产品，是因为喜欢你、认可你、相信你，粉丝所选择的并不是简单的产品本身，而是通过你塑造的形象、输出的内容，传递出来的一种生活态度和方式。

微博上有个著名的独立高跟鞋品牌"高跟鞋73小时"，每双鞋子的平均售价在1000元以上，即使在商场专柜，这个价格也不算便宜，更何况是在我们通常认为去"淘便宜"的淘宝。但这家店铺经常新品上架不到1小时，就被粉丝抢到断码。店主"@赵小姐失眠中"赵若虹的前主持人、演员、出版人等身份决定了她具有较强的话题性、内容输出能力和粉丝运营能力。除了分享店铺的更新动态，她在微博当中更多的是通过时尚、美食、健身等元素，塑造一个精致、乐观、温暖、有情调的"名媛"形象，而她的粉丝大多认可并羡慕她的生活态度和方式，套用一句网络用语来说就是"姐买的不是鞋子，而是情怀，是一种新的生活方式！"

由此可见，在进行内容输出时，要注意以下几点：

（1）贵在坚持。坚持输出自己，其实就是坚持输出你的品牌和产品。

（2）对什么样的人说什么样的话。比如赵小姐的粉丝大多是有着少女情怀、小资情调的都市白领，向这类人群输出内容就要注意有格调、有情怀；菓盒的粉丝很多是"80后""90后"的年轻妈妈，关注食品安全、育儿健康等，进行内容传播时有针对性，才是有效的传播。

（3）新鲜感、刺激点。在人格化品牌中，对KOL的消耗较大。因此在运营过程中，KOL需要不断充实、提升自己，与用户一起成长，而不是进行刻板化的内容输出。

最著名的代表：Papi酱就是通过"紧抓热点+强内容输出"不到半年迅速蹿红。

（4）多平台化运营。粉丝在哪里，你就在哪里。除了微信、微博等平台，根据粉丝的分布特点，选择不同的渠道、平台进行内容输出，比如粉丝群体比较年轻、"逗比"，就可以选择小咖秀、秒拍这样的平台与粉丝互动。

3. 注重粉丝运营、用户体验

网红店铺与一般店铺相比，有一个很大的优势在于，网红和粉丝间不是简单的买卖关系，既可以作为某一方面的偶像、导师，也可以亲切得像是身边的朋友、邻居。而我们知道：越强、越深入的关系，对营销的需求就越低。

网红通过社交媒体与粉丝互动从而建立起信任感、亲切感，除了能不断提升客户黏性，还能在互动过程中更清楚地明白客户需要什么，进而能够优化产品、服务。像现在很多网红店铺在上新前还要经过：选款→粉丝互动（有兴趣的人留言或点赞）→预售等步骤，让粉丝（客户）

参与到产品的开发中来，实现精准生产和销售。当然了，这个方法也不是只适用于服饰鞋包这样的产品，对于一些稀缺性的、差异化的产品也是非常适合的。比如菓盒是卖水果的，除了大家比较熟悉的那些品种，他们还会不断去全国、全球各地寻找各种美味的水果，并将寻找的过程以朋友圈图文的形式进行直播，获得与粉丝、客户良好互动的同时，再根据客户的意向来决定是否要订货、订多少货。

　　总结来说就是：通过连接和互动，增加客户的购买频次；通过信任和加强关系，可以使客单价不断提升；通过推出符合客户需求的新产品和服务，可以延长客户的生命周期。

　　对于"网红经济"，尽管也有唱衰者，但是毕竟网红经济基于一种社交关系，为企业（尤其是依托社交电商平台的企业）提供了一定的品牌塑造、运营推广等方面的新思路。

第6章 网红的背后

6.1 "国民老公"——王思聪

1. 人物介绍

王思聪，北京普思投资有限公司董事长、万达董事、王健林独子。王思聪自小被送到国外，在新加坡读小学，在英国读中学和大学，他也因此被父亲看作外黄里白的"香蕉人"。王思聪此前在万达集团里属于"神秘人物"，很多人都没有见过他，直到他从英国留学回来并担任了万达集团的董事，才慢慢走进人们的视线。作为中国内地前首富王健林之子和万达集团的少东家，王思聪的微博上却鲜有关乎市场和生意的内容，最多的，是嬉笑嘲讽、随性发言。年少轻狂、口无遮拦的他正努力成为一个关注时代进步与社会发展的青年才俊。

很多人都会把王思聪当作一个简单的"富二代"或者一个天真无邪萌萌哒的富家公子，事实真的是这样吗？为何是王思聪而不是别人？在公民意见领袖、公知和各种打假斗士满天飞的时代，像王思聪这般有影响力的人确实不多，像他这样有钱的人更是少之又少。王思聪是富二代没错，但是他的一言一行却又恰恰是反富二代的，王思聪在这场全民狂欢的盛宴中扮演的是反公知、反"装逼"的角色，细心一点你会发现，他从未像其他的富二代那样被人们所仇视，反而成了"大众情人""国民老公"，究其原因，是王思聪知道人们需要什么，迎合了时下网络人群的思维和集体情绪，网络情绪堆积的太久，需要发泄，而王思聪就是那个发泄的窗口。

2. 王思聪靠什么成为网红之首

"2015年中国网红排行榜（见下表）"中，王思聪艳压群芳，一举夺得2015年网红届头把交椅。被王思聪艳压的不只是他的历任女友，还包括Papi酱、"天才小熊猫"广告圈、段子手、影评人等各路达人。王思聪其实是网红江湖最大的另类，他创造了属于自己的网红门派。在网红江湖武学比拼中，王思聪每一项都不是最强的，可是综合素质加起来却恰好成为江湖最需要的"网红奇才"，就像武侠小说里写的那样——机缘巧合。只是王思聪的机缘，是这个互联网时代。

2015年中国网红排行榜

排名	名称	口碑	创作力	影响力	综合得分
1	王思聪	95.25	88.67	94.17	92.70
2	Papi酱	92.50	94.05	79.50	88.68
3	天才小熊猫	90.58	93.64	79.04	87.76
4	艾克里里	90.27	92.74	80.17	87.73
5	回忆专用小马甲	88.91	91.71	78.40	86.34
6	叫兽易小星	91.85	90.40	67.99	83.41
7	八卦—我实在是太CJ了	93.08	86.79	68.16	82.68
8	穆雅娴	87.40	84.98	71.71	81.36
9	张大奕	86.40	84.65	73.00	81.35
10	章泽天	84.16	84.35	69.71	79.41
11	同道大叔	85.40	93.93	66.81	78.71
12	谷大白话	85.73	82.59	65.89	78.07
13	郭斯特	85.42	82.29	65.39	77.70

（续表）

排名	名称	口碑	创作力	影响力	综合得分
14	罗玉凤	83.22	80.98	65.99	76.73
15	草图君	78.99	79.82	69.36	76.06
16	留几手	82.56	78.88	66.83	76.09
17	吴大伟	79.60	77.52	68.91	75.35
18	使徒子	80.27	78.17	67.68	75.37
19	伟大的安妮	77.40	77.61	68.17	74.39
20	秋田六千	76.67	79.15	64.40	73.40

1）对于网红最大的争议与误解，就是颜值

从这个排行榜来看，不是没有高颜值就不能成为网红，否则以"天才小熊猫"这样的普通姿色，如何能夺下排行榜第三的位置？但是3.0时代的网红与1.0时代网红最大的区别就是：网红的审丑时代过去了，奇葩型网红越来越难红，要想成为网红，有才固然不错，可是最好还是有颜。对于网红江湖最简单的分类方法正是：高颜值网红和普通颜值网红。不同颜值的网红类型也决定了不同的走红套路和游戏规则。

2）高颜值网红拼的是颜值，普通颜值网红拼的是言值

走红之后，两种网红赚钱的方式也不同，颜值网红卖的是功劳，言值网红靠的是苦劳。颜值网红通过在微博上发布自拍等个性化内容，就可以轻易吸粉，在平台上发布广告，就可以轻松赚钱。可是对于言值网红来说，无论你有多红，只要自媒体一天不更新，就意味着有手停口停的风险。而且对比颜值网红较为稳定的商业变现模式，言值网红们的商业模式却往往处于不断的变化中。

即使在顶级网红的江湖里，也永远不存在公平。而在网红背后，更有数不清的幕后推手，那些真正的游戏，也永远在故事的细微处。可是无论是谁，只要踏进这个江湖，就必须遵守这个江湖的规矩：依靠互联

网的玩法，获得尽可能高的网络人气，无论是好名还是恶名，有名是必须的。而随着江湖武学的切磋，越来越多的网红开始成为复合型人才，比如样貌不俗，颜值同样不俗的Papi酱，又比如网红江湖的头名——王思聪。

3）王思聪为什么这样红

王思聪其实是网红江湖最大的另类，他无门无派。或者说，他创造了属于自己的网红门派——王思聪派。因此网红江湖的那套规矩，对他不管用。他颜值不算低，可是也没有好看到可以和他的历任网红女友比拼的程度；他算"逗比"，可是绝对没达到登上微博搞笑排行榜的水平；他的影评不错，可是比起咪蒙的文字水平，恐怕也算不得一流。当然，他还很有钱，而且有个非常有钱的老爸，可是在中国有钱的不少，有有钱老爸的富二代也不少，为什么只有王思聪成为超级网红，他们不是？

在现在这个信息爆炸的互联网时代，媒体需要震撼性标题；在分众偶像时代，公众需要更"逗比"的富二代；在多元化时代，我们需要不一样的有钱人。能满足这一切需要的王思聪，站在了网红时代的潮头。反过来说，如果王思聪没有钱，只是一个普通的"逗比"，会有这么多粉丝吗？或者说，如果他有钱却没有段子手的潜质，会不会只是一个普通的富二代？很凑巧，这些条件他全部都具备。

由此也就很好解释：为什么是王思聪，而不是其他人夺得2015年网红届的头把交椅？因为决定网红价值的，从不是颜值，是你具有的社交媒体的口碑、创作力、影响力，简单来说，你需要成为网红届的超级爆款——和许多互联网产品一样，超级爆款往往也是最具有颠覆性的，那么在所有的网红中，谁最具有颠覆性？当然是王思聪。

在新消费时代，人们更多消费的是一种价值观，当人们集体消费网红，是不是说，网红已经成为新时代的某种价值向往？明星数量爆炸式增长，可是越来越多的明星我们听都没听说，因为粉丝被瓜分到一个个部落，大众明星变成了分众明星。于是网红的机会来了。当一个国家的经济和文化从大众转向分众，对公众而言，他们需要自己定制的偶像；而对产业而言，网红是新的利润制造机。一个时代的机会来了。说到底，成就网红的是互联网，但是抓住互联网时代机会的，还是网红自己。

6.2 一个集美丽与才华于一身的美女——Papi酱

1. 人物介绍

姜逸磊，又名Papi酱，是中央戏剧学院导演系的一名学生。网络评价为"2016年第一网红"。

Papi酱在不到半年的时间迅速蹿红，微博粉丝已经超过400万，微信公众号文章的阅读量分分钟超过10万+。她给自己贴上的标签是"贫穷+平胸"，口头禅是"我是Papi酱，一个集美貌与才华于一身的女子"。2015年10月，她开始利用变声器发布原创短视频内容。在那之后，Papi酱在各大内容发布平台的人气都一路高涨，短短两个月的时间内迅速积累了几百万粉丝。她以一个大龄女青年形象出现在公众面前，对日常生活进行种种毒舌的吐槽，幽默的风格赢得不少网友的追捧。作为艺考出身、中戏导演系的"专业人士"来说，Papi酱其实很早就有一颗"想做网红"的心。在早期，她的微博多为段子和gif图，2015年7月开始陆续发布秒拍和小咖秀短视频，但都是相对常见的无厘头恶搞视频。在此过程中，她的风格不断迭代，也始终保持着与粉丝互动。2015年8月，Papi酱就在其个人微博上试水，发布了一系列秒拍视频，包括嘴对嘴小咖秀，台湾腔+东北话；而后又推出了系列视频，如日本马桶盖、男女关系吐槽、烂片点评、上海话+英语话等。

2. 主要作品

《男性生存法则第一弹：当你女朋友说没事的时候》《单身节前夕送给单身的你几句暖心话》《你的爱豆脱单了吗？》《喜迎双十一》《微信有时候真让我崩溃》《马上就要过春节了，你准备好了吗？》等。

3. 受欢迎程度

Papi酱在2016年的第一个月，蹿红的速度着实让人眼红，在各大平台上均有令人艳羡的表现。

➤ 新浪微博：截至2016年1月27日，Papi酱微博粉丝已超200万。

➤ 微信公众账号：Papi酱也在微信公众号上开辟了阵地，她的微信公众号（ID：dapapi）从2015年9月开通至今，已经在新榜爬上46名的位置。近期推送更是篇篇10万+阅读数。

➤ 以2016年1月18日推送的《Papi酱吐槽 | 微信有时候真让我崩溃》为例，阅读数10万+，点赞数超过7000，赞赏人数更是超过1200人。

➤ 优酷视频：在优酷视频上，Papi酱共发布31个视频，总播放量达2595万。

➤ 秒拍：在短视频应用秒拍上，Papi酱的粉丝人数同样超过200万。

➤ B站：在二次元聚集地B站，Papi酱粉丝42万，打开新近视频，满屏弹幕足见其热度。

4. 2016年第一网红

Papi酱是中文互联网世界里2016年第一个现象级人物。尽管她自己并不喜欢被称作"网红"，但仍然被许多人称为"2016年第一网红"。

突然爆红，Papi酱大概还有些没反应过来，但这并不意味着她对此没有预感与谋划。2015年7月15日，她发过一条豆瓣广播："我好像要火了"。一个月后，她发布的短视频《男性生存法则第一弹》在微博上小爆发了，获得2万多转发，3万多点赞。随着这一类型的视频陆续发布，她越来越火。2016年1月初，她的微博粉丝突破200万，直到今天，微博粉丝已经有797多万。此外，她还在微信公众平台、优酷、今日头条等多个平台上开设了账号，分发她每一次的视频创作：类似于某种单口相声，对大龄单身女青年的囧境、情侣惹人讨厌的行为、过年回家令人讨厌的亲戚行为等现象进行吐槽与嘲讽。这些视频单在优酷上的播放量就已近3000万，还不算其他平台上的影响力。

她的大火，也是站上了一个时代风口：随着短视频工具的逐渐成熟，视频制作的门槛大大降低，给了像Papi酱这样的非专业视频制作者以机会。此外，年轻人娱乐方式向视频观看聚拢，大量宅男宅女、"90后"用碎片时间观看手机视频，也让Papi酱制作的1分钟到4分钟时长的视频最容易得到青睐。

5. 短视频创业机会来临

无论是开淘宝店卖衣服的网红、还是像Papi酱这样的内容创作类网红，都是短视频与平台发展的受益者。平台＋个体的模式，已经成为当前互联网内容领域的一大趋势，这一趋势在2016年必将更加明显。资本与人才都早已闻风而动，涌入了这两个方向。有才华、有颜值、有个性的个体成了网红，而资本要么去投平台，要么就培育网红。这也是为什么在资本寒冬时期，秒拍还能获得2亿美金的D轮融资、10亿美金的估值。所以总结下来，2016年的关键词可以说有这样几个：网红、短视频、内容分发平台。

对于网红来说，短视频将成为传播与变现的主要方式，而准确捕捉社会热点与敏感点、具有洞察力仍是核心竞争力，而视频做得更专业与个性化或也将成为必要的竞争力。而长远来讲，像国外网红一样，建立起具有明确内涵指向的个人品牌，或许是进入更高境界与长久存活的关键。如YouTube上的美妆达人MichellePhan，她从开始3分钟的美妆教程到后来建立了自己的化妆视频聚合平台Ipsy、推出EM MachellePhan化妆品系列、建立FAWM女性电视频道，推出第一本自传，还成为了兰蔻的代言人。

对于短视频与平台，或仍将是相辅相成的关系。秒拍的大股东是新浪微博，二者互相助力发展，都得到了更大的活跃度与内容量。而在微信、今日头条、优酷等平台上，视频或都将成为主要呈现方式。对于内容创业者来说，如何运用视频工具与平台渠道，是一道必选题。

6. 内容创业是主流

内容不是一个新的产业，而是一个被移动互联网激活的产业。不论是互联网还是移动互联网，基础商业模式均是：拿到用户、占用时间、提供内容、连接服务四部曲。PC端互联网不是没有内容消费，只是不能靠内容赚钱，没有产业化。移动互联网时代，内容生产门槛越来越低、消费需求空前旺盛、变现模式十分多样，形成了产业并且日益繁荣，2015年就有人指出：内容创业的黄金时代来了。

腾讯、阿里等大公司均启动了内容战略，企业和资本开始对内容进行投资；微信公众账号、微博、今日头条、美拍等内容平台纷纷走向开放，正在形成类似于App Store的内容创业生态；传统内容生产者纷纷转型到新媒体内容行业；移动App、O2O、智能硬件诸多创业领域机会越来越少——这些都是内容创业迎来黄金时代的原因。

回头看过去几年，移动互联网的第一波内容创作者应该是"自媒体"，在微博、微信、知乎等社交平台，今日头条等媒体客户端做内容，不少都赚得钵满盆满，尤其是汽车、时尚等领域的自媒体。下一波内容创业的机会又在哪里？Papi酱、艾克里里、罗休休等短视频明星的火爆，就体现了一个新的机会：视频创业。

7. 为什么视频创业会火

相对于图文来说，视频阅读成本更低，适合碎片化消费场景，不怕被打断。视频更直观，信息更丰富，更容易实现搞笑、感人、煽情诸多效果，这些是视频本身就有的优势，为什么视频创业现在才会火呢？

第一，人们消费视频的门槛更低，高清、大屏移动设备普及度越来越高，4G网络和WiFi普及度越来越高，这降低了视频消费的门槛。

第二，人们可选的视频内容更多，视频消费需求被激发了，不再局限在电视节目或者视频网站，移动设备带来了诸多新式内容，比如视频直播、短视频、小视频等。

第三，视频生产现在变得有利可图，商业模式更丰富，点赞、秀场、付费、网红等，更多民间高手会加入。

内容产业崛起的征兆一般都是民间高手入局，过去视频是少部分专业人士生产为主的，现在开始会越来越多由民间高手生产，从PGC（专业生产内容）时代进入UGC（用户生产内容）时代，视频内容产业已被激活，越来越多的草根达人将会出现。

8. 短视频是视频创业的最大机会

短视频、长视频，都有其市场需求和消费场景，不过对于创业者来说，机会最多的是短视频。

从生产来看，长视频走的均是PGC模式，工作室用专业设备和专业工具操刀制作，门槛高，成本高，能玩的人不多。优酷等网站这么多年诞生的长视频创作明星少之又少，不乏有暴走漫画、军武次位面这些成功者，但明星真的很少，而短视频却是谁都可以做，就算要做好有门槛，但也低一些，并且成本一定会低很多。

从消费来看，长视频不适合碎片化消费，不符合轻量级内容消费习惯，传播性远不及短视频。移动端消费和传播，机会更大。不过并不是越短越好，微博近期取消了140字的限制，就是意识到几百字、上千字图文内容的潜力。短视频太短就是Gif了，几秒钟也很难有效表达，因此，几十秒到几分钟应该是短视频的一个常态，Papi酱等火起来的红人，每集视频时长都控制在3分钟之内，很多都是1分钟，可谓恰到好处。

9. 短视频创业的挑战在哪里

Papi酱借助于美拍等平台火了起来，将内容分发到秒拍、优酷、微信诸多平台，一处水源供全球，跟当初自媒体走的路几乎是一样的：发于某平台，成于全平台。看到Papi酱、罗休休等越来越多的红人从短视频平台起来，很多人都蠢蠢欲动，都想要投入到短视频创业大军之中，一些入局图文自媒体时代太晚的，也想转战短视频。不过，相对于图文自媒体来说，短视频创业恐怕要难很多。

1）短视频比图文自媒体难做很多

Papi酱、罗休休火了，很多人将短视频等价于搞笑段子，这是一个误会。

Papi酱的视频，搞笑只是其手段，感觉其更像是单口相声：追逐社会热点话题、引发观众情感共鸣、敢于说一些心里话，嬉笑怒骂。不过Papi酱的相声是新式的：有技术特效比如变声，借助于互联网传播，等等。还是传统视频节目的里子，只是穿了互联网的新衣。传统视频节目都是策划驱动的，创意至关重要。事实上，Papi酱成名的美拍平台上，火爆的短视频都不是搞笑为目的的：化妆达人有恋珊妮（粉丝119万）、嫣儿；唱歌达人有Skm破音（粉丝105万）、胖胖胖_胖（粉丝51.5万）、

Pianoman-苏阳（36.5万），还有舞蹈的、影视的，直播吃饭的张福鑫Connie粉丝都有27.9万。打开秒拍我看到同样的现象：搞笑的短视频只是一小部分，靠搞笑并不能成名。

短视频内容都有一个共同特征：有创意，与众不同，才能脱颖而出。

图文自媒体或者长视频内容，很大一部分是告诉大家发生了什么，去解答问题，去评论事情，甚至去介绍事物的来龙去脉。这不需要怎么策划。因此做短视频之前，想好自己能做什么有创意的短视频吗？搞笑不是每个人都擅长的，这需要天赋。如果你唱歌还不错、有跳舞的底子、有独到的经验，可以去尝试。

2）你的短视频能不能持续输出

打开微信订阅号列表，会发现一些曾经很火的微信号早就停止更新了，写一篇好文章容易，持续输出却很难。同样，拍一个短视频容易，拍一个红极一时的短视频有可能，但要围绕主题持续生产短视频却很难，更别说每一期都要做出彩了。要做到持续输出，就需要在精准的定位基础上，有一定的策划能力，有配套的制作能力，以及坚持的决心——许多自媒体和短视频红人在一夜爆红之前都已等待了很久，比如咪蒙之前是写小说的、Papi酱之前是学导演的。持续输出，Papi酱做到了，2015年9月份到现在已经产出30多期了，美拍上其他达人均是不断生产、连续输出，如果只做一期内容，观众很快会忘记你。

3）你的短视频会不会有人格特征

做得好的自媒体都有一个共同特征：具有人格特征。个性鲜明，哪怕背后是一个团队在打磨的自媒体，也是拟人化的，是一个有人格的品牌，粉丝会追，会互动，会打赏，做娱乐八卦很有名的"关爱成长八卦协会"，做时尚评论很强的"石榴婆报告"都有鲜明的个性。

再看短视频，做得好的Papi酱、罗休休、kiki队长、嫣儿，都是有鲜明的人格特征的。比如Papi酱，大家会记住她的相貌特征，说她是集美貌与才华于一身的人（这也是其自身定位，希望观众记住的人格特征），更有媒体称之为是中国版的苏菲玛索，不只是她，她的老公之类的亲戚都开始被观众所关注。不乏一些短视频微信大号，主要是东拼西凑或者转载视频，阅读量很高，但却未能形成个人品牌，很难取得像Papi酱这么大的成功。相对于图文自媒体来说，短视频更需要人格特征，因为观众看到、听到的是音容笑貌，就算你不出镜，你的声音，你的画风，都更能体现出个性特征，比文字直观许多。

4）短视频分发能力在未来将是核心大考

每一波内容创业潮都会经历两个阶段：内容市场和平台市场，第一阶段内容稀缺，平台缺乏好内容；第二阶段内容创作者爆发之后，就需要想办法让内容脱颖而出了，除了内容本身质量之外，内容分发能力至关重要，即让好内容到达更多用户。

Papi酱很早就意识到这一点，其在美拍成名之后，迅速全平台分发，在微信上收获了数十万粉丝、微博收获500万粉丝、优酷每期阅读量平均在几十万，可见其分发能力很强大。我曾与一位在微信上崛起的美妆达人沟通，对方表示尽管其在微信上收获了近百万粉丝，但观看量在其他视频平台表现一般，现主要投放在优酷，她坦言"美妆视频越来越多，就算你内容很好，但还要平台推荐你才行"。总之，在内容本身没问题之后，内容分发将是关键大考。

5）商业化应该会比预期的更加容易

我认为，短视频创业，短期内唯一不需要考虑的是赚钱——在你做短视频火起来之后，钱自然会来找你，就像许多自媒体，最初其实都不是为了赚钱去做自媒体，仅仅是兴趣驱动的尝试，但最后都做大做强了，赚得钵满盆满，年收入千万元者比比皆是，还有一些自媒体拿到了千万元级融资。短视频与网红IP、粉丝经济、打赏模式、视频广告等模式均可很好结合，钱景不会比图文自媒体差。

尽管门槛高了些，但短视频创业机会还是很大的，短视频内容消费市场起来了，生产门槛又比长视频低很多，还没有像图文自媒体那么竞争激烈。理论上来说人人都有机会靠短视频火起来，但从实际来看，每一次创业大潮袭来，都是陪跑的多，成功的少，短视频恐怕也不例外。不过，一切都要尝试了才知道，谁知道你会不会是笑到最后的人呢？

10. Papi酱爆红的原因

近两年来，从美拍平台走出的网络红人络绎不绝：从女神、女神经于一体的HoneyCC，到登上《奇葩说》的"奇葩姐妹"王小强与Kiki队长，再到上了央视的段子女神喵大仙，都在全网火爆一时。而为何只有相貌平平的Papi酱火出了新高度？我们在比对美拍达人们自制的内容中得出结论——"内容制胜"是Papi酱火出新高度的法宝。

那么，Papi酱的短视频内容中都有哪些值得当代网红借鉴的呢？

1）善于规划内容

打开Papi酱的美拍主页，不难发现，她的视频内容主题性极强，比如：#美女的烦恼你们根本不懂#、#Papi酱的男性生存法则#、#台湾腔说东北话#等主题，都非常受粉丝们欢迎。除此之外，她还会对粉丝互动性高的话题进行系列规划，比如"台湾腔说东北话主题"中，Papi酱连续做了三期内容，每期笑料各不相同，但都以搞笑的形式反映出其所诠释的"小市民"的价值观，主题的层层深入，使Papi酱的形象不断深入人心。喜欢发布社会观点类短视频的网友不在少数，但是，由于对于内容没有规划性，导致很多网友在发布几条视频后便思维枯竭。为此，如果你想成为一个闪闪发亮的网红，用心规划内容非常重要，能够为你的短视频内容寻找源源不断的灵感；适当地做一些系列性的主题内容，还能充分表达你的观点，让视频内容更丰富。

首先，不能曲高和寡。网红和明星最大的区别是，网红从草根中来。而且现在连明星都学着自黑接地气了，所以作为网红要讨好受众，在内容定位上自然还是要做能引起广大受众共鸣的内容。反观Papi酱的视频，大多内容都离不开男女关系，互联网以及聒噪的三姑六婆，网友们关注的话题也都是她吐槽的对象，关键的关键是人家的吐槽也是有水平的，字字珠玑，句句都说到了人们的心坎儿里。比如，有一则视频关于过年回家，如何应对亲戚的吐槽视频，Papi酱在视频最后直接戳破，"说这么多还是没啥用，我知道你还是不会和亲戚们撕的"。且不说那些例子她肯定做了很多的内容收集，光冲这句话也看得出Papi酱在内容的操刀上，无论是收集素材还是铺梗，都是很专业的。

其次，找准传播方式。网红的存在不是一朝一夕，Papi酱能在短时间内吸粉那么多，还有一个很关键的原因是她是全网传播。Papi酱选择的短视频传播方式好在不受平台的限制，不像段子、长文章等很难获得跨平台传播，比如段子可能只适合在微博上发布，长文章可能只适合发布在公众号和媒体专栏，而短视频则打破了这种边界，能够在目前具有广泛用户量的短视频分享网站和视频门户上去发布。传播渠道多了，转载和点击量自然也就上来。

最后，选对内容方向。Papi酱其实很早就有一颗"想做网红"的心。这不难看出，比如近期就有媒体扒出了她曾经在天涯和豆瓣上教授时尚穿搭的帖子。而且在早期，她的微博也多为段子和Gif短视频，直到2015年7月才开始陆续发秒拍和小咖秀短视频，但也只是些常见的无厘头恶搞视频。

但是为什么时尚穿搭、搞怪都没火起来了？

方向过于同质化，没有达到差异化竞争的优势。教时尚穿搭包括化妆的网红那么多，无论是正常的美女范儿还是搞怪的艾克里里、Papi酱都很难再开辟出不同的路子。直到最终红起来的吐槽视频，Papi酱就是这种风格的第一人，这个方向她做到了极致，就像同一个创业项目，首先占领市场绝对是优势。

2）有料观点寻得共鸣

有人说Papi酱犀利，她的犀利在于视频中观点的大胆表达。比如，在她的"女人有些想法"的美拍短视频中，就把身处不同情景下的女性奇葩OS（内心独白）非常犀利的表达出来，获得了一大波女生的点赞。有料观点不但能够体现网红的个人特色，也是体现短视频内容品质、增强粉丝黏度的关键要素。也有人说Papi酱亲民，她的亲民在于视频内容为粉丝带来的共鸣感。Papi酱算得上是非常善于观察生活的姑娘，她将生活中能够令人产生共鸣的情绪演绎出来，再收获更多的共鸣，这对快速增长粉丝非常有帮助。

3）跟随热点

想要在网络上迅速走红，蹭热点是非常有效的途径。红极一时的Sunshine组合，靠蹭女版TFBOYS的热点走红，蛇精脸男子刘梓晨靠过度整形的热点话题走红。跟随网络热点的最大好处莫过于"站在巨人的肩膀上登高"，当网友们正对某个热度话题保持着高关注度的时候，同样也会对你对这个话题的观点感兴趣。Papi酱也是跟随网络热点的高手，她获得高点赞数的美拍，基本都跟随了网络热点话题，比如临近第58届格莱美颁奖典礼之时，Papi酱推出了"当明星获奖时，他们到底在想些什么"的搞笑内容；电影《恶棍天使》热映时，她又发布了对该电影的吐槽段子，让网友们忍俊不禁。除了跟随网络热点，春节、圣诞节等节点的内容更新也很有必要，节日期间往往也伴随着一些社会热点，比如春节假期，大龄青年总免不了被家人询问成家、买房、立业等各种问题，困扰诸多。Papi酱为此就专门做了春节期间面对七大姑八大姨问题的神回复段子，为大龄青年们狠狠的解了气，粉丝们大呼过瘾。

4）找对同盟者

Papi酱还是很低调的，在融资前就有不止一家的媒体找过她做采访，她都没露过面，说明在"想红"这件事情上人家还是很慎重的。

从其团队构成上，她选择的CEO是大学多年的同窗好友，杨铭曾是Angelababy的经纪人，把网红打造成明星本就经验十足。在接受融资上就更不用说了，接受罗辑思维、真格、光源资本和星图资本的投资，从现在的噱头热度上，可想而知是步大棋。

5）适当炒作

自打Papi酱的融资消息一出，就有声音说其估值并没有那么高，也有业内人士不看好其未来发展趋势，表明其变现速度过快，操之过急很难将生意做大。

但无论如何，2016年4月召开的广告招标会，8000元的门票，招标席位100个，就算靠卖门票，也能净挣80万元。网红的变现之路，无非就是广告和电商，但是搭上罗振宇的Papi酱，虽然卖的是贴片广告，但在整个事件的过程中其IP就已经增值，广告位的附加价值自然水涨船高。

以上体现Papi酱"内容制胜"的五点干货，总结成一个词语那便是"用心"，对比普通网红，Papi酱的短视频内容多能体现出其做过丰富的生活观察与充足的文案准备，这也许是导演系研究生出身的Papi酱自身的专业素养所致，但这点，是很值得当代网红们学习与借鉴的。毕竟，与靠颜值、靠雷人、靠炫富相比，靠内容才是长久之计。

6.3 "洪荒少女"——傅园慧

傅园慧是一名中国女子游泳队运动员。

她1996年1月7日出生于浙江杭州，成名于2011年的世界青年游泳锦标赛，在此次比赛中，她夺得100米仰泳银牌，并在随后的全国游泳锦标赛上夺得金牌。2011年七城会上，傅园慧夺得4×100米自由泳接力金牌，这是她首枚全国综合性赛事的金牌。2014年1月31日，在澳大利亚举行的五国游泳对抗赛女子50米仰泳中傅园慧获得冠军。2014年在仁川亚运会获得100米仰泳冠军。2015年8月6日，在第16届喀山世界游泳锦标赛女子50米仰泳决赛中，傅园慧以27秒11获得冠军，这是她第一次取得世锦赛冠军。

尽管取得了冠军的荣耀光环，但是真正为大众认知并津津乐道的是在2016年里约奥运会上，她从一名优秀的游泳运动员瞬间爆红，成为一个未经策划包装而刷爆朋友圈的实至名归的知名大众网红。

2016年8月8日，在里约奥运会女子100米仰泳半决赛中，傅园慧以58秒95排名第三的成绩晋级决赛。接受采访时，傅园慧每一帧画面都是天然表情包，对于自己的成绩，傅园慧表示："我游这么快？我已经很满意了！""我已经用了洪荒之力啦！""这是我历史最好成绩了，我用了三个月去恢复，鬼知道我经历了些什么。"8月9日，2016里约奥运会女子100米仰泳决赛中，傅园慧和加拿大选手麦斯并列获得铜牌。赛后第一时间接受采访听到自己58秒76的成绩时，傅园慧惊呼："哇，太快了，我打破了亚洲纪录。"但她似乎还并不知道自己得了铜牌，而是自嘲："我昨天把洪荒之力用完了，今天没有力气了，可能是我手太短了吧。"

傅园慧接受采访时说话的表情夸张得简直令人难以置信。这段"洪荒之力"的采访，使得她迅速走红网络。泳坛"小公举"傅园慧获封"行走的表情包""泥石流女神"。她那略显"神经质"的夸张表情和肢体语言，更透过镜头让国人忍俊不禁。上场前走错泳道、接受媒体采访时摆出各种姿势和表情、训练中屡屡"捉弄"教练和队员，这种种表现很难想象会发生在一向低调内敛的中国运动员身上。傅园慧却是一个例外，她夸张的举动完全出自她的内心。但整天笑脸相迎的傅园慧却毫不隐藏她成为世界冠军的雄心，2015年世锦赛，傅园慧摘得女子50米仰泳冠军。或许从今天起，我们可以把这个"疯癫"女生与"傅园慧"的名字联系起来。傅园慧的"疯癫"举止是她的最大特点，尤其在赛后采访中更能够彰显她的与众不同。绝大多数的中国运动员赛后都会一本正经地感谢自己的教练和家人，而傅园慧表情丰富，时而手指伸进鼻孔摆出怪异姿势，时而全身颤抖表情痛苦，有时还会拿记者和队友开涮。

"没心没肺"的傅园慧还是不折不扣的段子手，当被问到会不会羡慕匈牙利名将霍斯祖有老公陪同参赛时，她却毫不在乎地说道："我单身19年了，不懂这种快乐"（事实上傅园慧2016年才19岁）；而当谈到闺密叶诗文比赛前几天身体不好时，傅园慧更是豪迈地说："我就抱抱她，给她取暖。"

2016年8月10日，傅园慧做客国内直播网站映客，与粉丝畅聊，在线围观人数在400多万的时候，已经人气爆棚，随着热度的不断上升，围观人数超过千万，甚至演员黄渤也来围观。直播过程中，一直有粉丝给傅园慧送"法拉利""保时捷"等虚拟礼物，傅园慧十分不好意思，劝粉丝不要花钱。"你们这样就变成送钱了，我也不会提现，这让我充满了罪恶感。"

傅园慧的视频走红网络后，甚至国外主流媒体都对她给予了关注，并大赞她是奥运会最可爱运动员。傅园慧回应称："这个最可爱我真的当不起，能给大家带来欢乐就好了。"傅园慧现在变成网红，但她直言有些莫名其妙。"大家喜欢不喜欢都是缘分，爸爸一直相信我是最棒的。我从来都是这样子，以前也有表情包，这次莫名其妙就红了。"但以前，傅园慧的可爱和搞怪却不被一些人接受。"我就是这样的，但以前骂我的人很多，我很难过，我从来都是这样的，不管你们这么说，我就是这样，我喜欢这样，我自己得爱我自己，其他什么都无所谓。"

6.4 宠物爱好者——回忆专用小马甲

1. 人物介绍

回忆专用小马甲，新浪微博大V，粉丝数2000万+。微博人气博主，网民为其取名马建国。2015年12月9日，因参加新浪微博V影响力峰会真人照片曝光，话题"马建国真人照片"上微博热搜榜。从日记形式的微博《狗，你好，你家缺猫吗？》开始走红网络，用一只喵星人"端午"和汪星人"妞妞"来说话，机智搞笑又不乏温情。有网友说得很中肯：看完会心一笑，同时心中也是暖暖的。

2. 走红经历

"回忆专用小马甲"开始是一名网友因为对前女友过于思念，便经常在微博表达对她的思念之情，后来偶然因为他养的一条狗而在微博上意外走红。回忆专用小马甲是大多数宠物爱好者都关注的微博账号，微博主要内容是两只宠物——萨摩耶"妞妞"和折耳猫"端午"的生活记录和各种萌照。博主"马建国"（名字为网民所取）最初设此微博是做感情回忆之用，其间时有放上两只萌宠的照片，当他发现自己的两只宠物十分受大家喜爱，该微博账号便逐渐成了"妞妞"和"端午"的专门微博。

3. "回忆专用小马甲"微博热原因

"回忆专用小马甲"是大多数宠物爱好者都关注的微博账号，如今在博主的经营下，"回忆专用小马甲"粉丝量已达566万。

第一，从传播者看，其一，博主具有敏锐的眼光和洞察力，能抓住发展机会，抓住人们的喜好进行拓展延伸，适应受众需要；其二，博主经营能力强，把微博当作业余事业去发展，丰富微博内容，用合理适当的方式获得商业利润；其三，博主摄影技术较好，想象力强，有一定的文化内涵，能够形象地展现并留给网民想象空间，赋予微博更多的幽默性。

第二，从传播内容看，其一，微博主要展示两只萌宠的生活，而可爱的动物作为现代人快速节奏生活中调节紧张情绪的宠儿，主角本身具备趣味性和吸引性；其二，博主善于抓拍两只宠物各种行为中可爱、有趣的瞬间，拍摄它们的各种表情，同时根据照片中的动物状态，配上相应的解释词或打趣语句，将语言符号和非语言符号相结合，图文并茂，更能激发网民的想象，从而更加感受到两只宠物的灵性；其三，微博除了写"妞妞"和"端午"的生活，博主还会根据网民的提问或需要，将养这两只宠物得到的经验、发现的养宠窍门分享给大家，给广大有宠物或对养宠物有兴趣爱好的网民提供具有说服力的实际帮助，具有一定的实用性；其四，微博内容不光是宠物动态，辅助内容还有美食、笑话段子、哲理语句等，内容形式丰富，符合不同人的需求；其五，微博多以诙谐、调笑的方式对社会热点问题或话题进行评论，也有对慈善、寻人等方面的帮助转发，发挥了其微博的公众效应；其六，商业内容隐秘性。虽然已达高粉丝量，但极少会在微博中插入商业广告，而是以派发礼物或抽奖的方式和商业公司合作，避开了网民厌恶的内容，同时实现了一定程度的商业价值，还给予网民回报从而使微博更具吸引力。

第三，从其传播媒介看，如今已是电子传播时代，是高度信息化社会，微博作为互联网社交的重要形式之一，有其本身的传播范围广、传播效力大、传播速度快等特点。博主通过微博记录宠物的生活、分享关于养宠物的相关知识，适应了时代发展的要求，适应广大网民获取信息的习惯方式和途径，无疑能有效推广自己的信息、想法和观念。

第四，从传播受众看，受众广泛。现代人广泛忙碌于事业和生活，节奏快，压力大，且相当部分人有爱心、喜欢动物，故对萌宠情有独钟。该微博的受众可以是养宠物的人，可以是喜欢动物的人，可以是对可爱事物感兴趣的人，甚至可以仅仅是喜欢该微博辅助内容的人，年龄跨度大，事业专业不受限，能力无要求，只要感兴趣的人都可以成为其粉丝。

第五，从传播效果和反馈循环看，其一，微博获得广大网民的肯定，每条微博有上百、上千甚至上万的点赞、评论、转发，显然传播效果是好的，并且会因为广泛的传播网得到更好的拓展性传播；其二，宠物爱好者常在此微博留言提问，形成了新的传播，而博主能够针对最集中提出的问题进行公开解答，给予二次传播以反馈，在如此传播过程的循环中，能够培养出一批长期粉丝，更加扩大了微博的影响力。

第六，从大众传播的角度看，其一，该大V博主"马建国"利用微博（现代化传播技术）面向广大网民（以大众为对象）进行讯息的传播具有协调社会关系、活跃互联网市场、提供娱乐的功能；其二，互联网是大众传播新的平台和革命，利用微博传播具有实时性、海量性、交互性、形态的多媒体性、检索的便利性和范围的全球性，博主用微博记录传播两只宠物的生活信息，能够实时上传，可包含关于宠物的各方面信息，能和网友进行互动、传播范围广泛，还能利用视频、图片、动态图集等多媒体手段使其活灵活现，通过关键字就能搜索到已发讯息，具有较好的传播效果。

有专业人士对于该微博账号的运作提出改进的地方：

第一，对于传播者而言，微博已具有一定的社会影响力，博主就不能太过私有化，不能再有过多私人的瞬时无厘头的微博，需要考虑到公众影响。

第二，从内容上说，此微博是较具针对性、专门性的微博，内容可以丰富，但不能杂乱，要保持仍以宠物为主线展开。

第三，就媒介、受众、反馈和效果来看，虽然博主日前刚开始发放一批新年台历，但媒介还可以多样化，如图册书籍、纪念物，还有传统杂志、报纸，甚至电视广告等。博主可以借鉴日本宠儿俊介和猫叔的主人的成功经验，在两只萌宠得到相应影响力后，印制发售相关的写真集和养宠心得类书籍，制作相关纪念物品（公仔、陶瓷玩具等）出售或赠送，实现媒介的多样性，拓展传播网。

若能够实现媒介的多样性，网络传播的同时用纸质、玩偶实物等传播，可以满足非上网族和收藏爱好者的需求，受众无疑是能够得到发展的。而如果博主能够找到合作商，出版两只宠物的写真照片集，出售相关纪念物，拍摄电视小型纪录片、广告，形成一条简单的产业链，不光能利用微博的力量传播，还能利用实物来多样化扩大传播，完善传播网；同时多方式记录自己宠物生活、自己心得体验，方便自己今后更好地回忆和收藏，还能获取一定的商业利益；而在有经济支持的情况下继续发展，就能继续扩大传播，以更好的方式传播，甚至使其影响力走出中国，如此三个方面，都能使其得到更佳的传播效果。

第四，大众传播易形成"拟态环境"，微博所在的网络信息环境就是一种"拟态环境"，虽然"回忆专用小马甲"热度很高，得到大家欢迎，但对于未与博主和两只宠物谋面的网民或是并不真正了解的人来说，仍是一个拟态环境，微博所传递真实性会有一定的折扣。

6.5 喜剧导演——叫兽易小星

1. 人物介绍

叫兽易小星（原名：易振兴）1984年7月15日出生于湖南省岳阳

市，毕业于长沙理工大学。中国内地男导演、编剧，新媒体影视公司万合天宜的创始人之一，首席内容官。知名新锐导演，中国新媒体影像界最具影响力代表人物，网络最为火爆的原创作者之一，常年盘踞土豆网排行榜前列，其独具笑点的脱口秀视频一度风靡，其创作风格独具，作品题材多变，最擅长抓住时下最IN（流行）的受众心理，将KUSO（恶搞）文化完全巅峰化风格化。

2006年，从长沙理工大学毕业后，加入了路桥公司成为一名监理工程师。但他并不喜欢这份工作。在买了一台笔记本电脑和摄像头之后他开始把自己打游戏的过程录下，配上解说，放在网络上，没想到竟引起了关注。此后，他以"蠢爸爸小星"（后更名为"叫兽易小星"）为网名，开始制造恶搞短片，为了防止被熟人认出，他用A4纸制作了一副面具，上写着一个大大的"兽"字。2011年年末，希望做个正经导演的易小星在家人的反对中，辞职从长沙来北京创业。他和来自土豆的范钧、柏忠春一起成立了影视公司万合天宜，主管内容。

2. 主要作品

《小强快跑》《叫我爸爸》《大村姑》《释魔杖》《老斗士》《万万没想到》《万万没想到第二季》《万万没想到第三季》。

3.《万万没想到》为什么这么火

网络剧《万万没想到》以夸张而幽默的方式描绘了屌丝代表王大锤意想不到的传奇故事。剧情内容包罗万象，从当下热门话题到经典历史故事，调侃的视角幽默的语言独树一帜。自2013年上线以来至2015年3月总播放量超16亿次，剧中不少台词更成为社会流行语。

1）内容喜闻乐见

（1）形态：屌丝文化，草根精神

从故事的叙述上，《万万没想到》以夸张幽默的方式，描述超级"屌丝"王大锤的传奇故事，由主角演绎的蔑视主流的骨气，消解正统的调侃，诠释颓废的自嘲等代表性屌丝行为，展现了一个荒诞不经、笑料不断的"屌丝"形象，加上故事发生的场景不乏大众真实生活经历的再现，迎合主流年轻观众用户群体的口味，与互联网的原住民"90后"一代的开放和自嘲的心态相吻合，用户的代入感强。虽以演绎"屌丝"的颓废生活为主线，但刻画的人物形象和姿态却是不屈不挠的草根精神，这种精神也是制作团队在没有很好的制作条件下，坚持用心创作出观众用户们喜闻乐见的作品，并相信小制作也能获得高评分高关注的草根精神的一种真实写照，这种借角色演绎传达出来的草根向上的精神，以草根文化对精英文化的挑战，贴切时代气息和网络特征，也是能鼓舞并吸引用户关注的重要因素。

（2）结构：流行元素，段子不穷

从整体剧本结构上，每集都演绎着不同且不相干的故事，甚至单集讲述多个故事，这些故事的相同点在于，将用户们熟知的流行元素解构重组并重新演绎，展现给观众，这些流行元素涵盖广泛，如流行网络语言、历史典故、名著经典、热门影视作品、娱乐圈、网络游戏、热门段子等，并用独特的后现代表现语言和戏谑的形式将网络文化与电影文化拼贴重构，把狂欢式的网络时代大众文化带到电影艺术中。流行、开放、叛乱、反转、颠覆、恶搞、非理性、杂糅、疯癫、荒诞等属性，将互联网娱乐至死的精神发挥得酣畅淋漓，喜剧效果也可见一斑。

（3）手法：吐槽讽刺，调侃现实

从叙事手法上，平铺剧情的同时，也在借剧中主角对自身遭遇的吐槽和揶揄，来调侃讽刺现实，既显得主角人物形象的可爱、接地气，也能引起观众们的感同身受。

（4）规格：时长周期，恰到好处

在播放周期上，一周更新一次，对于这种幽默类的情景剧，一周更新一次是最合适的。一则每集之间没有太多的剧情联系，二则这本就是大众转移互联网情境下压抑情绪的一个渠道。观众看它是抱着一种放松、娱乐的心态来看的。当一周的工作压力沉积后，就会等着《万万没想到》播出的那一刻。时间隔得太短，观众形成不了饥饿，隔得太久，观众会等不及而寻找其他的方式排解，不同于美剧在中国更新慢但却还有巨大市场。而单集时长只有短短的5、6分钟，正是浮躁的互联网用户注意力在碎片化的时间内，快速转移在互联网情境下维持注意最佳时长。

（5）创新点：内容原创，叙事新颖

全剧创新之处诸多，如故事上，借用典故，重编再造，颠覆经典；叙事上，采用后现代风格的凌乱无中心；广告上，也颇显用心，为协调广告，原创诸多段子和文案，创新之处给观众带来了很强的视觉惊喜和审美冲击。

2）营销精准充足

（1）大手笔战略合作

为快速地覆盖更多的目标用户群体，获得更大的收视市场，万合天宜使用了同行抱团、跨界合作的战略，简要举例：

合作方：优酷、湖南卫视、暴走大事件、电影后会无期。

合作形式：制作发行、宣传推广、合作宣传、知名明星相互友情参演。

（2）多矩阵战术宣传

在宣传和传播上，采用了多平台矩阵传播+多点爆发的战术。

优酷：每集推首页。

微信：万万没想到微信、优酷出品官方微信、万和天宜官方微信。

微博：官微引导话题和讨论，诸多官V、大V扩散。

其他：贴吧运营宣传、线下推广。

（3）精细的粉丝管理

利用社交网络的传播逻辑，运用社会化媒体营销的方式，不断地对不同来源、不同性质的粉丝进行累积、巩固、扩充、转化的经营管理。

积累粉丝：团队制作成员往期作品的历史粉丝沉淀；

所有宣传渠道的预热、曝光、发布。

优化传播效应：作品精良；

优酷力推；

大V扩散；

官微实时更新原创优质内容；

精准的线下推广。

经营粉丝：粉丝互动：线上活动，粉丝回复；

周边产品开发：手游，刊物等；

广告合作：优化体验并创收。

6.6 内地女模——张大奕

1. 人物介绍

张大奕，1988年10月25日出生，国内模特，2015搜狐时尚盛典年度电商模特候选人，2016年3月8日，在2015年中国网红排行榜中排名第9位。作为模特出道，淘宝素颜大赛第一名得主，张大奕除了《瑞丽》之外，还时常出现在《米娜》《昕薇》等时尚杂志的内页服装搭配中。她说自己只是一个上新时会刷屏的小小私服缔造者。她的私服搭配在社交平台上深受粉丝喜爱，其电商店铺上线新品2秒钟内即被顾客"秒光"，月销售额达百万元级。也就是说，三天时间内，这个漂亮女孩可以完成普通线下实体店一年的销售量。创造了互联网电商的销售神话。张大奕刚开店时，微博粉丝只有20多万，但现在粉丝已经达到405万，是个名副其实的大V。粉丝追求时尚，认可张大奕的穿衣风格，"复购率几乎是100%"。淘宝店铺开业一年成为五颗皇冠，尽管有刷单的可能性，但销量和收入仍非常可观。她的收入令人眼红，甚至超过很多一线明星。

2. 网红超人

2015年"双十一"，张大奕凭一己网红之力，卖进淘宝女装TOP商家，开业一年店铺四皇冠，微博粉丝数跻身百万大户，拥有406万粉丝。张大奕的店铺不用买手，坚持自我挑选、搭配，找寻真实素材。供应链则由背后的如涵科技支持。即便人们已经将美貌作为网红的准入门槛，但美貌只是加分项、润滑剂，能让衣服穿起来更有味道。信任所带来的粉丝黏性比美貌要牢靠得多。

在转型做电商之前，张大奕是《瑞丽》模特，还给《昕薇》等杂志拍摄内页搭配。但是她坦言，在杂志的经历对增粉并未提供至关重要的推力，纸媒和互联网的群体特征存在差别，张大奕思考着怎么通过互联网，勾连起粉丝和产品之间的联系，将产品适当又高效地曝光，增强粉丝对她本人以及产品的信任感。她是最早开始用视频来介绍新品的网红之一。在秒拍、小影等短视频软件诞生之前，2014年11月，张大奕用微单拍摄了她第一支5分钟的小视频。拍摄的初衷是因为粉丝对一款手工围巾的价格存疑，张大奕想用更为直观、立体的方式展示围巾，赋予市场这款围巾的价值。尽管当时上传和播放视频仍然需要从优酷的接口跳转，画面并非高清，但动态的产品展示和解读给粉丝吃了定心丸，偶尔跳出的弹幕增加了趣味性，这段在当时颇有新鲜感的视频有3.6万次播放量，399条评论，围巾开售后一抢而光。除了视频，她还贴出了手工围巾的生产过程：一群老奶奶聚在一个房间，用棒针一寸寸编织棕色围巾。用"讲述产品背后的故事"的形式，赋予产品更多的人情味，增加产品生产的透明度，这些都可以增强粉丝对KOL本人、对产品的信任感。"每个网红都是用性格去面对粉丝"，张大奕的差异化战略是和粉丝构建在平等的对话场里，不仰视也不俯视。正是这种"反营销"的自然，让大大咧咧的张大奕虏获一批死忠粉。

渐渐地，信任从简单的消费关系延伸到了生活的各个层面。总有粉丝找来，想提前得到一件预售的衣服，理由不尽相同，比如开学了或者出国的大限已到，必须拿到衣服再上飞机等等。一位粉丝令张大奕尤为印象深刻，这是一个在法院提起离婚诉讼、下个月就会宣判的女孩，想穿着张大奕店里一款还没有出货的羽绒衣"美美地离婚"，于是在微博上询问是否能够提前购买。结果张大奕让这个女孩提前拿到了羽绒服，这不仅仅是一件衣服，而是一个心愿，一个只有张大奕才能帮女孩完成的心愿。店里的衣服成为粉丝心目中美好事物的代表，粉丝的信任赋予了张大奕义务感，"我是公众人物，我的话会影响他们"。有空时，她会回复私信，小心翼翼地回答粉丝诸如大学志愿填什么？做媒体还是律师？异地恋的男朋友包办了机票和住宿，他家境不好，我是不是应该自己出？这样的问题。

张大奕成为"最强网红"不是没有道理，她对产制流程的涉入甚深，每次样品制成后，她会参与每个单品的文案撰写，跟随团队出国取景，拍摄产品图片。修完图并不是就守株待兔等粉丝来买单，张大奕团队还会在微博和微淘放剧透、解读视频、产品预览。

寞的背影……

　　文学梦最初萌芽的地点是在初中时代校园的桂花树下，只因为同桌的她，只因为那个美好的约定。那时的我和她，只不过十五岁，是茧子里还没蜕变成蝴蝶的蛹，没有经历过风霜雨雪的侵袭，还不知道社会的人心险恶。我们在老师讲课的时候偷偷地在笔记本上写下自己的满腔心事，在纸上高谈阔论我们眼里所谓的人生。若干年后，我们要一起出书，成为大作家。作家，多么特殊高贵的一个职业啊，用笔写下人间不平事，也可以写自己的故事，这是一件多么幸福的事。所以我们要一起成为作家，一起用心地笔耕。后来我初中毕业，早早辍学，开始赚钱养家，而她报考了外省一个专业的职技校，开始了和我完全不同的生活。忙碌的日子里，几乎已经把曾经的约定和梦想抛到九霄云外去了，直到有一天收到了她来自远方的信。我触摸着冰蓝的信纸，闻着好闻的墨香味，看着她漂亮的字迹，冰冷的心居然开出了一朵向日葵。我在信里告诉了她我的困境、我的生活以及对于未来不可知的迷茫感和现实生活的无力感。我说我不能再写文章了，不能再坚守曾经的诺言了，我不断跟她道歉，不断给自己找开脱的理由。她还是一如从前地鼓励我，每次来信，她都会抄上一大段她自己写的小说或者日记，以此来勉励我。我在一家小作坊里每天加班到晚上十点，有时候赶工赶到天亮，没有法定节假日，只有春节那几天才能好好地休息。下班后，我开始疯狂地看书，疯狂地码文字。小镇每逢二、五、八赶集，赶集时正好是小镇图书馆开放的日子。趁着老板不在，我会偷偷去图书馆借书。图书馆很旧了，里面的书也大多是二三十年前的旧书，看书的人少了，村里也没再添新书。图书馆管理员是一位花甲老人，戴着副老花镜，在 15 瓦的灯光下登记着借书的资料卡。正是这个昏暗的图书馆，这些泛黄的纸页、模糊的字迹，还有书发霉的味道让我接触到了小镇以外的世界，我知道了小镇外有更宽广的天空。我看完了琼瑶、亦舒、席绢和辛紫眉的言情小说，看完了古龙、金庸豪情万丈又不乏温婉缠绵的儿女情长的作品，看完了三毛关于那个撒哈拉、不死鸟感天动地的爱情故事。吃饭的时候手里握一本书，上厕所的时候也带本书进去，就是睡觉的时候也枕着本书入眠。

　　很多次，投出的稿件石沉大海、杳无音信；很多次，别人笑我痴人说梦、异想天开；很多次，我身心疲惫，真想扔了笔，烧了稿纸，从此放下文学梦。可过不了多久，我总会忍不住悄悄去图书馆，总会忍不住想要写一点东西。我发现自己真正爱上了文学，绝不是想成为风光的作家，不是想改变命运，也不是为了稿费。喜欢，单纯的喜欢，就像恋上一个不该爱的人，说不清哪里好，就算是飞蛾扑火，也无怨无悔。如今的同桌早就不写了，她在省城有了自己稳定的工作。在同学会上，她说当今的社会想用文字养活自己难于上青天，我没再说什么，连那么爱做梦的她都变得这么现实了，我一个劲木然地点着头。只是有些东西，并不能用金钱来衡量，比如梦想、信仰、希望，这些虚无的东西虽然换不来大鱼大肉，大米大豆，却比什么都珍贵。

2012 年又是一个长冻疮的冬天，听一个当医生的朋友说，想要治好冻疮其实很简单。只要在来年夏天芝麻花开时，摘一些带有露水的花瓣每天重复擦几次手指，就能保证明年冬天不再复发。我听过很多次别人拍着胸脯的保证，然而每次都失望了。但是我仍然会再试试，就像当初快要放弃文学梦的时候，告诉自己再投一次，再写一次。冻疮能不能好不重要，重要的是心里有一份念想，有一份期待，这是希望的灯盏，虽然微弱的光芒照亮不了全世界，却可以温暖一颗冰冷的心；虽然文学改变不了打工的命运，却改变了我的心灵。

选自 2013 年第 3 期《散文百家》

低处的光

陈慰文

门卫许

没见过这么别扭的门卫！奔七十的人，性子火得一点就燃，不，是随时准备自燃。声色俱厉，怒发冲冠，据说他曾在村里任过支书之类，就算村高干吧，火气值得这么旺？

没见过比他难处的门卫，软硬不吃，总是警惕地等着抓你个正着，比如，有次家里新来的阿姨把门口空奶瓶当垃圾扔了，这瓶子原本要放到门房，交回送奶人的。

这两个空瓶被门卫在垃圾桶瞅见了，它们顿时升级为炸弹。晚上我才进院子，炸弹威力开始发作。门卫一顿劈头盖脸的数落，大意是我蓄意破坏他和全体住户的订奶事业，瓶子是垃圾吗？不是！它们是可回收的，我说扔就扔，经过他允许了吗，经过送奶人允许了吗！我在他声震天地的大嗓门中艰难解释，是阿姨扔错了，非我授意，我冤哪！可他不依不饶，我火了，赔你十个瓶子成吧！

——潜意识里，不得不承认，门卫这事在我，以及许多人心中是被轻视的，我们是业主，什么是业主？就是门卫应当为我们服务的人！他们理应温良恭谦让，把业主装心上。可他非但不谦让，还老教训人。车停歪了，晚归大门忘锁了，垃圾没扔准，都得挨训。

撇去他的坏脾气，他的恪尽职守没话说，他像《第六病室》中的看守人尼基达，一个年老退伍的兵，"在人间万物当中，他最喜爱的莫过于秩序"，尼基达喜欢打人，他相信要是不打人，这地方就不会有秩序。对门卫许，他可能相信要是不训人，这地方就不会有秩序。

他在岗的日子，凡来过的朋友无不印象深刻，他们总遭到一再盘问。有朋友说，别说生人，连一条狗也甭想混进你家院子。有一女友来几次了，因此女爱潮，屡变造型，门卫许记不住，每次逮住照审不误。把她问烦了，再来想趁其不备，溜进了事，不幸被发现，许在后头一声断喝，把她吓得不轻，如同在作案现场被逮个正着。

"你们那门卫，以为他守的中南海吗?!"她说。

门卫许有日不见了，换了新脸。新脸抱怨工资低，活累，没多久又换脸了。院里新电动车很快被盗，然后是第二辆，走马灯似的门卫讲述一个真理：财物自守，勿靠他人。

有住户会怀念门卫许吗？我是怀念的，我承认，安全感比他的坏脾气更重要。

刻字吕

他姓吕，开刻字店，就是制作招牌打印条幅的那种路边小店，店里乱如狗窝，下脚都没地儿。如用三字形容他：矮，瘦，丑，但他脑子好使，形容他做事也有三字：快，稳，准。他对客人讲话板是板，眼是眼，不拖泥带水，全在点上。

他爱好古典音乐！是的，你简直看不出这间邋遢小店会藏着音乐大师们的身影。从初中起他就迷无线电，组装过晶体管收音机（店里音响就是他用旧器材捣鼓的，两千块成本放出五千块音效），他没考上大学，打过工卖过 VCD，他有许多碟，巴赫、柴可夫斯基、勋伯格……这些赫赫生辉的名字以及音符在他脏乱差的小店到处闪亮，外行听的是热闹，他听的是门道——几句话，你就知道他耳朵厉害，一句评语里攒了经年心得。

小店响着庄严优美的音乐，他忙着刻字做招牌。第三乐章回响时，他可能刻的是"今日特价菜干椒肥肠"，伴随横笛协奏曲，"泡脚48元/一个钟"。

熟人觉他可笑，装个什么劲儿！一个小刻字店老板，门脸十平米不到，还把狗窝当圣殿了，成天放那些个破玩意儿，放些流行歌多好。他不理会，照放他的。

你如果和他谈生意，他神色谨慎，精明，一个标准的操劳的小老板。你和他聊音乐，他又是另副样子，有一点儿骄傲，像音乐大师们是他家常出入的街坊。谁的音乐绷得紧，谁的音乐松弛，他全有数。

圣诞夜服务生

灯光迷离的舞厅，圣诞节，我进去时，她在台上表演舞蹈，民族舞，一支歌颂母爱的曲子，澎湃似海，情深断肠——这歌，实在与圣诞夜的狂欢气氛不搭，可她跳得投入，一跪三泣，仿佛她的白发老母正在春露秋霜的村口将她张望。

台下嘈切，等待抽奖。

舞蹈在她下腰伏地的动作中结束。老实说，她跳得不大专业，可真挚、素朴。她是位相貌与身段皆平常的年轻女子，没有通常舞蹈演员的光艳。

有人送来茶水，抬头，竟是她！换了服务生的蓝花布衫。

舞厅是熟人开的，问起，说当服务生招来的，但她喜欢跳舞，有时上去客串下。

假如晚来十分钟，当她端来茶水，我一定记不住她的脸，像忘记许多的服务生。但我早来了十分钟，看到了她的伏地转身，看到了她一跪三泣的投入。

她把茶水搁在桌上，平静地转身走了，是安于服务员身份的神色。可谁又知道，刚才，在音乐为她而响时，她内心回荡着什么？

要开奖了！人语沸扬。她在吧台旁忙碌，被阴影遮住面庞。对她，奖已开过了，在属于她的那支曲子响起时。

小巷母女

走过那座极短的小桥，就到那条通往同济大学的小巷，暖黄路灯从疏阔的树影间漏下。很久没走这条路，一过桥，巷中一个女人站在树影下，身旁支着自行车——她还在这儿，她总在这儿，无论我何时经过，隔一个月还是一年，她总在这条小巷。我有时觉得也许十年后她还会站在这，假如这条小巷还在。

消瘦，比我上次看到她又瘦了。哦，也许那时是冬天，这条小巷是个风口，冬天骑车经过的人都要弓背弯腰，紧蹬几脚，她成天站在这，得多穿些。自行车后座上是她的孩子，睡着了。只一次，白天经过，他蹲在她身旁玩，小小墩墩，看去两岁半左右，当然没什么可玩，只有树叶、蚂蚁、石头，还有风刮来的一些脏纸片。他蹲着，安静、好奇而百无聊赖地拨弄它们。多数时他睡着，有时在自行车后座，偶尔她打横了抱在怀里，孩子无知无觉地睡着，在冷风里昏过去一样。

今晚他又睡着了，在妈妈的后座——这个窄小后座就是他童年世界的主要构成。

婆娑树影，一个男人在她跟前挑碟。这些碟，俗艳肉感，是一些要躲在巷道里卖的碟。

小巷的墙两边爬满蔓生植物，一些绿叶从墙头探下，这段路因人少，路灯光显得完整，可不知为什么，暖黄灯光本有的宁和投射在这段路，却成了零星荒凉。也许因为她，确切说，因为后座上那小小的孩子。

他似乎很乖，很少哭闹，从不缠着妈妈哼哼唧唧，也因此格外地让人心疼！

这个母亲，她有丈夫吗？如有，为什么孩子整天跟着她，晚上他不能替守看一下？一年四季，孩子和她守在这条小巷，等买碟的顾客。他们匆忙而挑剔地翻找着，兴许有些是老顾客，这是她守下去的动力。

孩子的童年就和这些暧昧的碟、打着转的尘土纠葛一处。有一次见她无聊地啐瓜子皮，好像这也是她难得的消遣。她平凡，和她兜售的碟上的女人们正好是两端的反义。她在这站了多少年了？也许因为只这条小巷上没有同行竞争，也能避免缉查。那孩子，她应是爱的，虽然她不

2013 民生散文选本

会给他吃进口奶粉,不给他涂抹婴儿油,护臀膏,不给他做闪卡训练或亲子游戏,甚至她挺少和孩子说什么话(也许因为我路经次数少,时间又短),但她和他,依然是一种"亲子"关系。她在冬天时,替孩子穿严实了。而夏天,比如这回,孩子在后座的小篷子里,他从篷子里挂下来的小腿穿了长裤,这样热的天他竟穿了长裤!大概她怕蚊子叮他。

有一刹我非常想停下,摸下他的小脸,和他说点什么。这个在自行车后座一点点成长的孩子,有一天,他的童年回忆全部关于这条小巷。每天,从他的家——可能是一处简陋混杂的租房,到这条小巷,这就是一座繁华大都会中一个孩子仅有的童年半径。每一座繁华城市都会有的批量的童年半径。

有一天,他能通过这命定的规限去走向自己更大的世界吗?

但,他和妈妈在一起,又是幸福的吧。虽然她不会为他念童话,不能带他去游乐场,他为此缺席了很多同代孩子的体验。可她时刻把他带在身边,替他穿严,怕他热着、叮着。她对他有骨血里最本能最直接的感情。这感情因为生存条件而粗粝,但它也不失为结实,像此刻遮在他小脑袋上的篷子一样,也是可挡风蔽雨的一种庇护。同时,她也依傍着他,这个小小孩子,他一天天长大,在自行车后座,在这条巷子的春夏秋冬里。他是她在这个城市,这世上的动力,也许她并没意识到,但丝毫不影响这种依傍,就像人们有时不会把"意义"这个词特意挑出。

她正等一个男人挑碟,等待一天中可能的又一次微薄利润(拐出这条小巷,中山北二路上若干小区的房价是每平米数万)。男人漫不经心地翻看,不一定买,兴许只是路过好奇。但愿他买下!但愿后座上睡着的孩子能梦见一些这条小巷以外的内容。

选自陈蔚文著《私房书:未有期》,2013 年 1 月出版

记恋列维坦

高海涛

一

一本书由于多次传阅而变得书页翻卷，这样的书如今是很难见到了，但在我读中学的时候，差不多所有的书都是这样的面貌。对此英文有个形象的说法：dog-eared，直译过来就是"耷拉着狗耳朵"。一本书既然能"耷拉着狗耳朵"，那么这本书也就很像一只狗了。20世纪70年代，我们所能看到的书基本上都是这样脏兮兮的可亲可爱的耷耳狗。原因很简单，一是当时的书太少了，二是不允许公开阅读，只能偷偷摸摸地借着传阅，这样传来传去，书就不可避免地变成了耷耳狗，或可称之为书狗，大书是大书狗，小书是小书狗，都耷着耳朵，像牧羊犬，也像丧家犬——它们大部分来自图书馆，却又无法回到图书馆，在这个意义上，它们也确实属于无家可归的一群，只能在我们手上到处流浪。

但有一些书不是这样的，那就是画册。画册都是铜版纸，纸质坚挺，不易折卷，而且有画册的人，往往都是藏家，轻易也不会把书借给谁，所以画册的面貌就总是高大精美，清洁华丽，一般不会变成耷耳狗，如果非要说是狗，那也是出身高贵的名犬，耳朵总是优雅地竖着。

我的老师冯之异，就有这样一本画册。

在我们辽西老家那个偏远的黑城子中学，冯之异老师就像他的名字所昭示的，属于异类。比如他二十七八岁了，还是单身，住在学校的单身宿舍；他作为男老师，走路却是袅袅婷婷的样子；他讲课时常常会笑，并且总是用教科书掩面而笑；他是教语文的，却喜欢画，尤其喜欢那些很少见的外国油画。

列维坦的《三月》，就是我在他的画册里看到并终生难忘的一幅油画。

冯之异老师是大学毕业从省城沈阳分配到我们农村的，那还是"文革"前，听说他来报到之后哭了好几个星期。但冯老师很有才，上大学时就在报上发表过作品，而且课也讲得好，对此我们有切身体会，都特别爱上他的语文课。后来冯老师很欣赏我，他经常拿我和张晓红的作文当范文给大家念，有时还顺带着夸我的字写得带劲。他的声音我现在也清晰记得，柔柔细细，如同沈阳的小雨隔着几百里斜斜地飞过来，落在我们辽西的山洼里，散发着带有城市味的泥土气息。

那年春天，学校决定要办一张油印小报，由语文组负责，具体由冯之异老师负责，同时还让他选两个学生做编辑兼钢板刻写员。冯老师当即拍板，选中了一班的张晓红，又略一沉吟，选中了二班的我。

背后有同学跟我说，其实冯老师最欣赏的是张晓红，人家是沈阳下放户子女，而且人也长得漂亮，戴着黑边的小眼镜，脸上还有几颗恰到好处的青春痘，是那种最有气质的城里女孩。而你不过是个配搭，因为你是男生，学习较好，老实听话，又是根正苗红的贫下中农后代，选了你，别人就不会说什么了。

我不管这些，编辑兼刻写员，这荣誉可不是谁都能得到的，它的光芒几乎把我整个中学时代都照亮了。而且还有个好处，办小报可以适当逃避一些劳动。那时候的中学生上课少，劳动多，每当听说要去学工学农了，我和张晓红就会不约而同地去敲冯老师办公室的门，问是不是有什么稿要编，或者要刻。

就在冯老师的办公室，好逸恶劳的我们看到了那幅举世闻名的杰作。

《三月》是列维坦最重要的作品之一，这幅画给人最难忘的印象就是春天的美，大地的美，劳动的美。你看，虽然那厚厚的白雪仍覆盖着山间洼地，天空却已变得瓦蓝瓦蓝的，是早春那种让人心颤的绿阳天。白桦树——多美的白桦树啊，被几片去年的金黄色叶子缀着，显示出生命记忆的坚强。白嘴鸦已绕树三匝后飞去，土地开始大面积解冻，近处木屋上的积雪正沐浴着七米阳光，盘算着即将融化的时间和方式。还有那匹站在画面中心的小红马，它简直就像一面旗帜，不，它更像一个安详的梦境，一副"倚银屏，春宽梦窄"的样子。在小红马的梦境里，回响着大地无声的召唤，显示着大地对劳动和耕作的渴望，表征着大地从冬冥中醒来的明亮与欢快。

是谁说过，一切都变了，一种可怕的美已经诞生。对于当年的我来说，这种美就叫《三月》，就叫列维坦。

许多年后，包括此时此刻，回想在70年代那个特殊岁月最初看到这幅油画的情景，我依然激动难抑。特别是那匹小红马，它是那样的踏实安稳，又是那样的奇美灵幻。它不仅让整个画面、整个风景活了起来，也让我的整个心、整个人活了起来。记忆看见我手捧冯老师的画册，就像捧着一座无以言表的圣殿。我呆呆地坐在那里，张晓红也呆呆地坐在那里。冯老师问，你们在想什么？我们也不说话。冯老师把画册轻轻拿走，掩面而笑说，这是俄罗斯风景画，你们看就看了，不足为外人道也。

就是从那天开始，我对画册充满了敬意，并彻底记住了列维坦的名字。中学毕业我到南方当兵，后来又当教师、上大学，上大学之后还是当教师，但不论何时何地，《三月》都让我保持着对生活的初春的感觉。在大学读外语系的时候，有一次学到美国诗人弗洛斯特的《雪夜驻马林边》(Stopping by Woods on a Snowy Evening)，老师要求我们写读后感，那次我发挥得特别出色。比如这句："马儿摇着身上的串铃，似问我这地方该不该停"(He gives his harness bells a shake/ To ask if there is some mistake)，我就想象这匹马应该是小红马，在所有的马中，小红马最有灵性，和美国的小红马一样，那匹俄罗斯三月的小红马也正在摇响串铃，它驾着挽具，望着木屋，是在纳罕为什么要停在那里吧？很显然，小红马的主人就在木屋里，可主人在木屋里干什么呢？是在准备出门，还是刚回到家里？是在拜访亲戚，还是与姑娘调情？他可能正守着轻沸的茶炊，卷起一支烟，和谁商量着开春后黑麦的播种，抑或，是在商量着什么计划和行动，酝酿着一场初春的革命……而所有这一切，都通过小红马的神态让人猜测和联想。小红马表达了对劳动的渴望，也象征着对改变世界的期冀，它就像一把英勇的、紫铜色的小号，响亮地传达着大地回春、万物新生的情绪。

三

实际上，许多人都看过冯老师那本画册。这是我后来才知道的。1976 年，我从南方当兵复员回乡，也到母校中学去当了两年教师，民办的。当时冯老师已经调走了，很多老师都调走了，语文组只剩个夏老师，像夏天最后的一朵玫瑰。

有一次，我和夏老师聊起了冯老师。夏老师说冯老师有许多怪癖，但最严重的不是走路的样子，不是掩面而笑，而是他特别喜欢白色，特别不喜欢红色。他所有的衬衣都是白的，他的宿舍就像医院病房，床单是白的，被罩是白的，窗帘是白的，就连他花瓶里的花也总是白色的野菊花。这种情况，"文革"刚开始就被人揭发了，贴出大字报，说冯之异留恋白专道路，梦想白色复辟，已到了病入膏肓的地步。他害怕和仇视革命的红色，连批改作文都不用红墨水，而用蓝墨水，把作文改得像黑暗的旧社会。更有甚者，人人都要随身带的《毛主席语录》，也就是"红宝书"，他却用白手绢给包了起来，真是用心何其毒也，是可忍孰不可忍！云云。

夏老师说：你们是 1967 年上中学的吧，在那之前，冯老师被群专过，挨过批斗。你们可能不了解。还有闫老师，都被归入"黑五类"。我问：闫老师怎么会呢？她是教物理的，又是女老师。夏老师说：闫老师是因为人太傲气，另外她出身不好，是资本家的女儿。你不知道吧，冯老师和闫老师都是单身，全校老师中就他们俩单身，听说他们俩处过对象，但后来拉倒了。总不能一个"黑五类"再找一个"黑五类"吧？

我恍惚听说过，夏老师也曾追求过闫老师，但被闫老师拒绝了。所以，夏老师那次显然不愿多谈闫老师，他继续说冯老师挨批斗的情景：当时红卫兵们把冯老师押上会场，全校师生都在，口号声此起彼伏。红卫兵不问别的，就让他坦白为什么喜欢白色。冯老师哼唧半天，最后终于讲出了理由，说在湖南杨开慧烈士的故居，有陈毅元帅的亲笔题词："杨开慧同志和白色一样纯洁。"这个理由莫名其妙，让人啼笑皆非，因为当时陈毅元帅和所有的元帅都靠边站了，他的话代表不了什么真理。再说谁也没去过湖南，无法证实他的话。不过因为杨开慧，白色毕竟还是和革命沾上了一点关系。红卫兵们想起毛主席"我失骄杨君失柳"的诗句，想起杨开慧生前喜欢穿白色衣裙的样子，就都有点感动，觉得冯老师的理由固然荒谬可笑，却也多少有些可爱，就没给他宣布更多罪状，只是勒令他以后不许喜欢白色，要接受革命红色的洗礼。几个月之后，等到你们那届入学，学校就让冯老师重新上课了。

　　那冯老师的习惯后来改了吗？我问。夏老师说：表面上改了。他宿舍的窗帘换成了绿格布的，红宝书不拿手绢包了，批作文也用红墨水了，而且你没发现吗？你们那届学生之中，凡是名字里带"红"的都和他比较接近，刘红卫，墨占红，还有那个戴眼镜的女生张晓红。当然他对你也不错，这我知道。你看过他那本画册吧？俄罗斯的，里面有一幅画小红马的，对，就是那本！他见了谁给谁看，故意的，就是想证明他也开始喜欢红色了。其实那匹小红马并不是真正的红色，而是深褐色，是俄罗斯土地的颜色，可能那个列维坦画了白白的积雪之后，又想让你看到积雪下面的土地，怎么办呢？他就又画了那匹小红马。

　　这真是振聋发聩，相隔不过三四年时间，我在母校中学的语文组再次被惊呆了。既因为冯老师，也因为夏老师。我想起张晓红，也想起我们办的那份油印小报——《黑中红雨》，莫非这些"红"字，连同列维坦的小红马，它们对于冯老师的意义，仅仅在于向别人证明他色彩观的转变吗？我有点幻灭，又有顿悟之感。还有夏老师，他竟然能对列维坦的画做出如此漫不经心而又深刻精辟的点评。都说"文革"前毕业的大学生有才，可谁会想到他们是这样有才呢？

2013 民生 散文选本

四

纯粹是出于一种怀旧，1997 年冬天，当我在沈阳北三好街的鲁迅美术学院看到一大册的《俄罗斯风景画》(*Russian Landscapes*)，立即爱不释手，不惜花了几百元把它买回家，堂皇地放在我书架的显眼处。这本画册要比冯老师当年那本厚多了，里面收入著名画作近 400 幅，而其中列维坦的就有 85 幅，占全部画作的 1/5 还多。其他入选作品较多的画家还有希施金，55 幅；萨符拉索夫，37 幅。萨符拉索夫是列维坦的老师，他被选入的作品量虽不及其弟子的一半，但这本画册的封面还是能让他感到欣慰，因为那正是他的代表作——《白嘴鸦飞来了》。

《白嘴鸦飞来了》和《三月》一样，都是对春天即将来到俄罗斯大地的弥赛亚式的预言。但相比之下，我还是更欣赏《三月》。列维坦笔下的春天，就像乡村孩子的目光，不仅是温暖的，也是清澈的。在他的《春潮》《春汛》《五月新绿》和《春日艳阳天》中，似乎都有这样一个三月的孩子，目光炯炯。《春汛》的英文是 Highwater，意思是"涨高的水"，也可译作"春水"。这幅画如同一首诗，一曲轻快透明的音乐。初春季节，涓涓的春水涨满了低地，映照着蓝色的苍穹，亭亭白桦，悠悠碧空，在这广袤宁静的春水中，细密的树影简直就像男孩眼中邻家少女的发丝。还有《春日艳阳天》，画面上是几所寂寂寥寥的木屋，但草地上几只欢跳的小鸡却啄起了一粒粒阳光的温暖，或者它们已听到了客人来访的脚步，就像杜甫《羌村》诗中所写："群鸡正乱叫，客至鸡斗争。驱鸡上树木，始闻叩柴荆。"而那叩响柴扉的客人，说不定正是春天自己。

当然我知道，列维坦的作品更多还是表现秋天的。但多年以来，我一直喜欢他的春景画，而不太亲近他的秋景图，除了那幅《索克尼基公园的秋日》。这幅画在我看来，可以说是"不似春光，胜似春光"，特别是画中那个郁郁独行的黑衣女人，我认为在某种意义上就是三月的精魂，她在秋日的公园里踏着无边落叶，唱着怀念田野、乡村与春天的歌——

我的歌让你情意绵绵，

却又让你泪珠涟涟。

这是列维坦 18 岁时听到的歌声。那是他生命中最艰辛痛苦的一段日子，在一个叫萨尔特克夫卡的外省小镇，不仅生活压抑，天气也异常沉闷。但整个夏天，几乎每个傍晚，衣衫褴褛、满身油彩的少年列维坦，都能听到一个女子在唱歌，歌词好像出自普希金的诗，就这样被那个无名女子反复唱着，被一文不名的列维坦听着。这个少年学徒赤着脚，歌声使他时而战栗，时而满怀惆怅。

列维坦渴望看到那女子的眼睛，但直到夏天即将过去，在黄昏的小雨中，他们才有机会彼此惊鸿一瞥。一个撑着绸布雨伞，一个赤着脏兮兮的脚。列维坦在雨中跑回自己那破烂不堪的小屋，躺在床上哭了很久。

关于列维坦的生平，苏联作家巴乌斯托夫斯基的著名散文《伊萨艾克·列维坦》(Isaak Levitan)应该是最权威的读本。这个以《金蔷薇》感动过全世界几代读者的散文大师，其卓越的文笔是无可挑剔的。他在追溯了上面那段感人的故事之后，淡淡地写道："就在那个秋天，年轻的列维坦画出了他的《索克尼基公园的秋日》。"

五

这是列维坦第一幅表现金色秋天的风景画，也是他所有作品中唯一出现人物的风景画。一个年轻的、身穿黑衣的女子沿着公园中的小路缓缓走着，旁边是一簇簇斑斓的落叶——这个不知名的女子，她的歌声从未让列维坦有一刻忘怀：For you my voice is gentle and languid（凯瑟琳·库克的英译，也可转译为：因为你，我的歌声甜美而又忧伤）。她独自走在秋日的树丛中，仿佛正是那孤单，赋予她一种忧郁和沉思的气质。

这个不知名的女子，我从第一眼看到，就想起当年的闫月华老师。闫老师教我们物理课，记忆中她总是那样独自走着，从校门口穿过操场到上课的教室，从大礼堂绕过城墙到老师们住宿的小院，仿佛是一个不合群的、脱离了引力场的电子。闫老师是高傲的，记得有个学期，学校说要把物理课搬到公社的农机站去上，讲柴油机原理，但这个决定被闫老师无声地拒绝了。她每天和我们一起去农机站，却不讲课，甚至看都不看柴油机一眼。闫老师走路的时候也不讲话，总是默默的，而她与画中女子最相似的神态，是走路时会偶尔把手指弯起，挂一下腮。这神态曾引起许多女生的模仿，那挂腮独行，支颐漫步的样子，在当年显得多

2013 民生散文选本

么文雅秀气而与众不同。当然，闫老师从不穿黑衣，她喜欢穿洗得发白的蓝色工装，显得熨帖而丰满，但在我此刻的回想中，她那"黑五类"的身份可能也相当于某种精神上的黑衣。可那是无形的黑衣，你看不出来，就像画中的女子，黑衣飘飘，如燃烧的火焰，如诞生的舞蹈，给人的感受不是绝望而是期冀，不是凄凉而是春天般的暖意。

巴乌斯托夫斯基说，列维坦是描绘忧伤风景的大师，他钟情于秋天，虽然他也画过美妙的春天风景，但是除了《三月》，这些春景画几乎全都或多或少地带有秋天的韵味。这句话影响很广泛，几乎是一种定评。但不知为什么，我的体会却和他恰好相反。在我心目中，列维坦的风景始终是明亮的，比如《白桦林》《科莫湖》《杂草丛生的池塘》《阳光和煦的乡村》，以及《风平浪静的伏尔加河》《伏尔加河上的清风》等，虽然画面的主题未必都是春天，但在丛林的边角上，或水面的光影中，总会或多或少地显露出明亮的春意，淡淡几抹，风致毕现，恰如小提琴的颤音，美得让人心疼。即使在他最凝重的《深渊》和《弗拉基米尔路》的远景上，你也会找到一种特殊的、况味别传的春天感。这就像托尔斯泰《战争与和平》中的女主角娜塔莎，她身上那种别样的"春天感"，足以激励人们去投身改变生活的事业。

这是审美趣味的问题，也是情感记忆的问题。因为我是在《三月》中认识的列维坦，所以在后来的感受中，就觉得他全部的画作都散发着《三月》的味道和光芒。惠特曼有一首诗：*There Was a Child Went Forth*，也许正好能说明我的心路——

有个孩子每天走来走去

他最初看见什么东西，他就变成那东西，

在当天，或当天的某个时刻，他会被赋有那东西，

或连续多年，或一个个年代与世纪。

许多年前，在故乡的中学，我就是这样的孩子。甚至连我的老师，冯老师、闫老师、夏老师，也还都算是孩子——我现在的年龄已远远超过了当年的他们。他们对颜色有着那么犀利的敏感，他们对艺术有着那么奇异的理解，他们对生活有着那么安静的坚守，他们是高傲的，也是屈从的，因此他们的爱情都不了了之。闫老师在我们毕业之前被调走了，

去了县里的中学。然后是冯老师。夏老师说，冯老师是在闫老师被调走后才宣布他打算结婚的消息的，对方是我们上届的女生，叫万红梅（不是张晓红，这让我有点意外）。冯老师和万红梅结婚不久，他的调令就下来了，也是去县里的中学。

> 早春的紫丁香会变成孩子身上的馥郁，
> 还有那青青绿草，那红的白的牵牛花，
> 红的白的苜蓿，还有那菲比鸟的歌声，
> 那三月的羊羔，或淡粉色的一窝小猪，
> 以及黄的牛犊，红的马驹，还有欢乐的
> 小鸡一家，叽喳在池塘边或谷仓空地，
> 还有池中好奇的小鱼，以及那奇异的
> 春水，还有水草，摇曳着它们优雅的扁头，
> 所有的这一切，都已变成了这孩子的气息。

老师们后来的情况如何，我觉得并不重要，总之是都老了，从人生的三月到了秋天，甚至到了冬季。但三月的春光毕竟照亮过他们，并变成了他们特有的气息，弥漫在我关于列维坦的记忆中。

选自 2013 年第 9 期《红豆》

片刻的忏悔

安 谅

一

　　小车拐入北四环匝道时，那辆助动车忽然撞上了隔离栏杆，凝滞了片刻，车倾倒了，车上的人慢镜头似的也倒下了，不是那种带点挣扎的遽然地跌落，而是软绵绵地、四仰八叉地倒地，倒地后便一动不动了。

　　是初冬的傍晚。离我们七八米远，那人戴口罩、棉帽，看不清面目，凭形态，像是一个刚迈入老年的男子。

　　他是自行撞上机非隔离的铁栏杆上，周边没车也无人。这一点毫无疑问。我一刹那的疑惑是，他是因为目力不及撞上去的，还是忽然晕眩，令助动车一时失控？

　　我的同行差不多同时也"哟"了一声，随即立刻判断："这人肯定是低血糖！"显然，他也瞥见了这一幕。我脑子则迅速反应道："更有可能是脑溢血！"

　　应该实事求是地说，虽然迟疑了一会儿，眼睛已看不清那横陈大道的人和车，我还是说了一句："打个电话报救护吧。"同行也已摸出手机，准备下一步的动作。这时司机不容置疑地发话了："千万别打！打了我们就走不了，接下去会很麻烦，我碰到过……"

我与同行面面相觑，竟都一下子失语了。而此时忽然生成的失语，之后却像沉重的铅块，长时间地堵在我的心口，搬挪不动，愈堵愈沉。

我为这失语，必定得付出代价。不是物质的，是精神上的，而精神这类无法直观目睹的事物，我又是何等看重。

这是 2013 年的北京，我已届知天命之年。而我来北京也已经无数次了。

司机是当地人。年龄大约与我相近。

二

拥挤的地铁站，像人满为患的火车站一样喧闹。挤进车厢时，就是罐头里的沙丁鱼了，气喘不过来，心烦，磕磕碰碰也属自然。

吵嚷声起，一个中年男子，也算高大，带着标准的京腔，带着埋怨和斥责。那一边是几个异乡人，是湖北口音。他们手提或肩扛着行李包袱。也许是他与他们中的一位碰撞了，稍稍有点推搡。

争斗的架势，似乎已然展开。

其中的一位瘦高个儿，什么话都没说，忽然从兜里取出什么东西。那眼珠子里是冒出火星子的。

只听见挨着他的中年男子喊叫起来："捅刀子了！他捅刀子了！"

挤作一团、几乎密不透风的乘客竟然闪开，迅即腾出了些许空间，还有人让出了座位，但谁都没吱声。唯有这男子痛楚地捂着肚腹，弯下了刚才还显高大的身躯，摸索着座位，嘴里还在无力地叫嚷着："杀人了，捅刀子了，把他抓住……"

没有任何人动弹。那个捅刀子的人也一言不发。我的眼睛却紧紧地盯视着他。

列车到站。那人与同伴目光对接了一下，迅速出了车门。中年男子的声音又加大了："抓住他，抓住他，他捅刀子了……"声音急迫而微弱。

依然没有人动弹。我却紧随瘦高个儿下了车，跟着他，一步不差。我的同伴也跟着我，还扯了扯我衣袖，想要说什么。

我没留意，眼睛里就只有这个瘦高个了。

瘦高个发觉有人盯着他，想转个方向逃逸。我也转了方向，像钉子一般死死地咬住了他。

幸亏警察闻讯赶来，截住了他的去路……

事后，同伴说，你刚才是不要命了，你靠人家这么近，如果人家狗急跳墙，你一定吃大亏。

刚才我真的什么都没想，只有那个捅刀子的人在我眼里。至今那一幕，还恍若在眼前，清晰如昨。

这是 1988 年的夏日，北京。那是我平生第一次到达神圣的首都。我正值青春韶华。

三

在通往天津的高速公路上，小车挪不动了。下了车一看，前面一溜车，车屁股光冒烟，吼着声，却不见动弹。再往前走了走，是两辆车抢道，车没任何损坏，司机却较上劲了，先是张口对骂，之后大打出手，他们的同伴在劝，但仍在对骂，恨不得吃了对方。车实实在在地挡了道，后面车辆有使劲按喇叭的，但没人下车。

我下了车，看了看情况，暗骂一声，退回到车内，遂拿起写作本，写起字来。

前头又喧哗一片，声波高激。说是两个汉子又干仗了，这回拿了家什，不流血伤亡，看来绝不会收兵。

我放下写作本，想推门下车。同行的朋友说话了："你别去管这闲事呀，这里人生地不熟的，万一有事叫天天不应，叫地地不灵的。何况人家也不知你是什么人，谁会买你账呀！"

言之有理。我推门的手缩回去了。我还是写我的字吧。一篇千字文快收尾的时候，车才缓缓启动。

这是 2006 年的冬天。我赴京参加培训，前去天津考察。我已学会淡定。

四

一大早，浦江码头就人车汹涌了。

我上了车，置好自行车，从包里掏出一本书来。黄浦江并不很宽，但也得有十分钟左右的航行时间，我是笃信鲁迅先生所言的，时间是可以挤出来的，就像海绵挤出水一样。

忽然瞥见一个小男孩在攀爬水手梯。我的心就跟着悬在那儿了。小男孩挎着书包，嬉戏玩乐。起先还在最低的几级，不久，就往上攀升。而船在江波的推涌中摇晃，水手梯则离船舷只有几十公分。

我读不进书了。大声劝告小男孩，别再爬高了，当心呀。

小男孩笑嘻嘻的，并不理我。他继续爬上爬下的，让我的心也忽上忽下的。

一舱的人，看见这一幕的人，大都是成年人，谁也没吭声。我又劝说了几句。我真怕一个浪头打来，或者他稍不留神，就会被掀到舱外。舱外的江水混浊奔腾，江底也有数十米深。每年都有人溺毙浦江，成为余江浮尸。

我为小男孩深深担忧，虽然毫不相识。我终于憋不住了，从人群和自行车的缝隙中绕过去，走近了水手梯。小男孩站在了地板上，我的心也踏实了。

我如同赢得了一场比赛，心情愉悦地走回自己的位置。这时听见有人嘀咕了一句："人家小孩玩，关你什么事？"

我未予理睬，我不知说这话的人是谁，但我以为他一定很冷血，对冷血的人，我充满鄙视。

那年我二十出头，还没有为人父。

五

毕业那会，我与她又续上了情弦。当然，严格地说，那时中学念书，只是朦胧的一场早恋，牵过一次手，心有相许，其他什么都没发生。后来就不再联系了。毕业之后重又往来，也是出自纯粹的情感。

一张洁白的纸，充满想象，十分美好。

那天中午，我们在十六铺码头进了一家点心店。店堂内食客寥寥。我们拣了一张桌子，坐下，点了馄饨、小笼包子。刚吃上，有一位老太蹒跚走来，坐在了我们的边上。

老太一身的寒酸相，憔悴而落魄。坐下后，并没马上点单。

我不由得多看了两眼，心生怜悯。这被女友察觉了，她悄声却语气坚决地对我说："你敢搭理她，我就马上离开。"她漂亮的眼睛里，掠过一丝狠意。

我自然没与老太搭话，但我走时，故意在笼屉里留下了两只小笼包子。我想这老太一定是饿了，不管何种原因，她是处于弱势的。

这件事虽然不是我们分手的主要缘由，但在我的心里烙印很深。

那时我也二十余岁，对未来期盼无限。

六

一连几日，微博都收到私信，说一个小女孩身患白血病，无钱治疗，危在旦夕，希望我帮忙转发一条信息，让更多人援手相助。上面还附有这个女孩的照片——可爱却苍白的脸，微笑流淌却带着一丝与年龄并不相衬的忧郁。

我心有所动，却没有付诸行动。因为来信的是一个陌生人，我怕其中有诈。过几日，看到主流媒体也报道了此事，很多人纷纷倾囊相助，我本想也捐一点钱款，一忙活，把这事给忘了。

那天去八佰伴，从自动扶梯下楼。在四楼电梯口，有一个小孩哭哭啼啼着，欲下又不敢下，挺危险的。我走过去，禁不住想扶他上电梯，倏忽打消了念头，我担心碰了他，他万一从电梯上跌滚下去，说也说不清楚。

楼下，一位老妈妈焦急地招呼他，也一时不知所措。我径直下楼离开了，我自己的事，还等着呢！

深夜的街巷，一位老伯摇摇晃晃地迎面走来。他是醉了，还是染上了重病？我避开了一段距离，我怕惹上什么麻烦。

……

我这是怎么了？失语、旁观、回避和置之不理，是代表成熟，还是表现淡定？当年的悲悯和爱心，都被时光磨蚀殆尽了吗？

如果一个人，连一点悲天悯人的情感都没有了，他或她还有多少人味儿呢？

如果……

我忏悔，为自己，为现代许多人，也为这个时代的人性。

自己人

苏沧桑

莲到我们家当保姆，已经整整十八年了。

此时，她戴着老花眼镜，坐在我卧室的窗台边，借着我看书的台灯光，一针一线给我女儿做棉拖鞋。

鞋垫、针线、绒布、指环，都是她自己去市场买的，买了一大堆，她要给我们三个人做，还要给我公公婆婆做。

其实我喜欢一个人静静看书。但我知道，她舍不得开太亮的灯。能借点光、省点电费，她就高兴。

我伸出脚试了试，说："还真是，比买的舒服多了。结实，软和。"

她说："就是么，我以前一直想做，就怕你嫌难看，不肯穿。"

我说："我是怕你眼睛太累，又叫头晕。"

这是真的。她常年睡眠不好，爱做梦，动不动眼睛发酸，再说，毕竟五十多岁的人了。我说，有做鞋的工夫，不如多睡睡，或者去锻炼锻炼身体。她说好的，但总是口是心非，还是做了。

十八年前的秋天，三十九岁的莲从老家千岛湖来杭州机场看做木匠的丈夫，想找个地方打工，给留在老家的一双儿女挣学费。

　　那时，我怀孕三个月，住在机场。先生碰到单位里管开水房的大妈，随口托她帮我们找个保姆。莲就答应来试试。

　　莲个子瘦小，眉清目秀，依稀可见年轻时的美丽，她是三姐妹中的老大，很有主见，勤劳能干，高中毕业，当过村里的妇女主任和赤脚医生，还差点上了大学，乡里乡外名闻遐迩。她曾经在杭州当过缝纫工人，丈夫机场的工作，还是她帮着找来的。其实，她是不愿意当保姆的。

　　但这一试，就是十八年。也许就是，缘分。

　　没想到，我们一见如故。

　　先生本来就性格开朗，大大咧咧，而我文弱的外表下，也是一颗大大咧咧的心，而莲大大咧咧的外表下，是一颗柔软厚道的心。我们的契合点就是：没心机，好说话，不设防，不计较。

　　我们对她毫不设防，这个"毫不设防"，也许是她后来留下来的主要原因。

　　给她买菜钱，她说要记账，我们说不用，太麻烦了，也从不多问。

　　家里没有一个抽屉是带锁的，任何东西值钱不值钱的都随便一放。

　　夫妻俩说事情，闹别扭，都当着她面，从不避讳。

　　菜烧得好吃不好吃，都吃。

　　衣服洗得干不干净，没注意。

　　在别人看来，或在现在看来，似乎很傻，但当时不知道，年轻单纯，对她有一种莫名的信任，亲近感。

　　当时，我们也并不知道，这些，她都默默记在心里，并化为了一种发自内心的对亲弟妹般的呵护备至。

　　我回老家分娩时，她晕车，一路呕吐，跟我们回到玉环。在那个她完全陌生的环境里，她和我的亲人们一样，一心一意地照顾我。产假结束上班后，心心几乎所有的时间都和莲在一起，比亲生女儿还亲。她常自豪地说，心心就差从她肚子里生出来的了。

　　心心两岁多的时候，莲的身体差多了，经常头晕，不得不回家休养，我们只好将心心放在老家，日夜盼望她们都回来。第一次意识到，我们家，不能没有莲。两个月后，莲终于回来了，可眼圈红得厉害，我问她发生了什么事。她笑着说："妍儿送我时哭成那样，我真不想来啊。可想想，她都八岁了，又有爷爷奶奶带着，可心心这么小，请别的人来带，我做梦都放不下心啊。"

心心感冒发烧时，晚上闹，我们整夜休息不好，第二天还要上班。莲就会四五点从住处赶来，把心心抱在怀里，坐在地毯上，轻轻摇着她，用她一人的劳累换取了三个人的安宁。

有一次，她因为接我电话太急，把脸颊摔骨折了。从医院回来后，本该继续养伤的她，常常忍着痛，还非要给我们做饭。我们常常并不知情。

水果零食，我们喜欢吃的菜，她总是说自己牙齿不好，不喜欢吃。

我越来越发现，她的性格里，有着非常高贵的品质，坚忍，无私，在任何享受性的事情里，她永远没有考虑自己。

心心上幼儿园后，我们从机场搬到了市区。莲的丈夫回老家做事了，莲自然跟着我们到了市区，并住进了我们家里，真正成了一家人。

每天暮色四合，车子缓缓驶近小区时，心会渐渐涌满温馨。我知道，那个靠南的窗前，有个人正在侧耳倾听楼梯上的脚步声，然后打开门，掩着，免得我在包里到处找钥匙开门。

脱下穿了一天的皮鞋，疲惫不堪的脚不由自主地伸向地板上那个固定的位置。我知道，有双手已经为它们摆好了那双粉红的棉拖鞋。

走进每时每刻都整洁如新的客厅，我知道，心心已经被她从学校安全接回了家，窝在沙发里看动画片。

用不着去找，我知道，她正在厨房里，精心准备着我们喜欢吃的饭菜。从前她连螃蟹都不会烧，要把膏洗掉，后来学会了做各种菜，简直可以去开餐馆。拿手好菜是水煮鱼、干煸鳝丝、红烧肉、红烧猪脚、我家乡的食饼、红薯粉圆、鸡蛋姜汤米线，还有土豆沙拉、煎牛排、煮咖啡，这些，都因为我们爱吃，三个人不同的爱，她都会。

烧菜时，她不忘从门里伸出头，叫："心心，眼睛别斜着看电视。"

很多本来又忙又累又烦的日子，因为有她的分担、关爱，变得轻松多了。

她不是我的母亲或婆婆，也不是我的亲戚，但心里，她已经是我们心中最亲的大姐，是我们这四口之家不可或缺的一员了。

心心读初中时，我们搬到了江边的新家。莲也有了自己的房间。

这个世界也发生了很多变化。"钱"，越来越被看重。

比如保姆这个行业，涨工资，跳槽，月嫂，管家等，日新月异，令人咋舌。

而莲，当初的目的就是挣钱养家，但十几年来，从未提过一次涨工资的事。每次都是我听说外面涨工资了，和她说，其实她早知道了。给她加，她还说："不要不要，够了够了，还是给心心买东西吃吧。"我们不肯，她才勉强接受。

她像自己家里人一样，帮我们省钱。

有一阵子，我们请她额外给一个台湾朋友做钟点工，从家到那户人家要坐两站公交车，但每次她都步行着去，说："一个月可以省几十元钱呢。"

我有些生气，觉得她太见外了，说："反正买菜剩下的硬币每天都有，拿去坐车好了呀。"

她说："我去别人家做事挣钱，却用你们的钱坐车，怎么行呢？"

又比如买菜，她也千方百计省钱，小区周边有几个菜场，她都要走一遍，货比三家，我说："干吗这么累，能省多少啊？"她说："积少成多，能省好多呢！"她还跟别的保姆说："你们这些人啊，反正没事也要去散步，为啥不几个菜场都走走？"大家就笑她太傻，又不是省自己的钱。她就说："他们的钱也是辛辛苦苦挣来的呀。"

最近有一次，我睡醒起来一开卧室门，吓了一跳，发现她黑着灯在客厅里吃饭。我说："这么黑怎么吃？不会吃到鼻子里去呀？"她说："反正我一个人吃，开那么亮干吗？"其实，平时我们一回家，总是把灯开得很亮的。

母亲常督促我吃补品，我总是让莲也一起吃，她大多总是推三阻四，说："我们农村人，还是少吃点，不然以后要紧时不灵的。"

我的好几个亲戚朋友都曾托莲介绍保姆，仿佛她介绍的，就会和她一样好。一次，一个住别墅的朋友托我叫莲帮她找保姆。过了些天，小区里一个保姆碰到莲，埋怨莲怎么不告诉她这事。莲奇怪了，说："你不会去的呀！"没想到那位保姆说："有这个事，我好跟老板娘说，有人叫我去别墅做，叫她给我加工资啊。"莲说："你想加工资，现在也好直接跟她说，干吗这么费劲？"那人说："不行啊，万一老板娘不加给我，叫我去别墅做好了，那我不是没地方去了？"我听了笑得喷饭："现在的人啊！"莲也感叹说："这种人，好意思！"我更感叹她的感叹。来城市那么多年了，她骨子里，永远是当初那个清纯的莲，那个骨子里有着非常高贵的东西的莲。

莲是我见过的世界上脾气最好的女人。

一个屋檐下，不可能没有任何矛盾冲突，我冲她发过不止一次火。白天碰到心烦的事，一回家看到跟她反复强调过多次的事，她还是按她原来的思路去做，我就会火冒三丈。比如老喜欢把衣服搭在阳台栏杆上晒，丢了好几件，比如有亲戚来家吃饭，我让她多弄点菜，她却总是自说自话地弄得似乎仅仅够吃，让我很没面子。她从来都不争辩。当然，过一会儿我就觉得不好意思，跟她解释。她笑笑说："没事没事，我这只耳朵进，那只耳朵出。谁没有心烦的时候啊？"

她常常妙语连珠，什么事，到她那儿，听起来都是喜气洋洋的。你会觉得，她这么苦，这么累，都觉得生活这么美好，我们还有什么可烦恼的？

莲还特别明事理，懂感恩。

她儿女小的时候，我们叫她每个暑期把儿女接到杭州玩，住在我家。后来，花了九牛二虎之力，将他们留在杭州，并为他们安排了航空公司工作。她儿子结婚买房子，我们借钱给他首付。

莲说："没有你们，我们家哪有现在的好日子？我的儿女托你们的福，子孙后代都要感谢你们！"她说，父亲常跟她说："他们对我们这么好，我们要有良心，不可以扔下他们不管的。"

十八年的城市人情世故，没有带走她最珍贵的本质。

几年前，先生派去了香港工作，女儿心心住校了，家里，常常就是我、莲、两只小狗。

多年的相处，她这个大姐和我这个小妹，虽然相差十一岁，但已无比默契——

莲专心陪我，每天给我做好吃的。

　　我们无话不谈。我有什么烦恼，不是跟母亲说，就是跟她说。她家里的事，也全都会跟我说，我帮她出主意。有时饭吃好了，我故意多坐一会儿，我知道，她一天都没怎么和人说话了。

　　最近，她母亲突发脑溢血，她回去照顾，两只小狗也只好寄养在朋友家，我一个人不得不生活自理，不巧又感冒了。她记挂着，每天打电话来。她母亲好一点了，她一到周五就赶回来，周一再赶回千岛湖，其实她是最怕坐车了。

　　那天她回去前，我分明记得冰箱里没有青菜了，可是后来一打开，发现一大把绿油油的新鲜青菜，她知道我只会烧面条年糕，临走前又特意跑到菜场去买来的。笋已经剥好，鳗鱼干、腊肉干、年糕都已经切好。

　　心心十八岁了。上大学了。

　　总有一天，莲会回到老家照顾老人，和丈夫厮守的。到那时，我们会不舍，心心会不舍。心心对她，有时比对我还亲，上次暑假，我们说带莲去香港玩，心心功课很忙，不想去，但为了她，就很高兴地去了。莲很感动。

　　莲的一双儿女，听话，孝顺，和心心特别亲，心心对他们，比对自己亲戚家孩子都亲。

　　莲说，以后你们老了，这两兄妹都能随叫随到的，心心也不会孤单了。

　　莲说，如果添了孙儿，她就去帮着带一段时间就回来。只要我们不赶她，她就不走。

　　我们说，舍不得的，只要她不想走，养也要养她到老。

　　心心小时候，莲背她出去玩，笑她这么大还让她背，心心说："天黑了，我趴低一点，人家以为你是驼背。"我们笑。心心又说："莲，你老了，我也背你出去玩。"

　　相互的善，相互的好，相互的感恩与回馈，就是我们十八年相濡以沫的缘分。愿岁月静好，情义久长。

选自苏沧桑著《所有的安如磐石》

平民的渴望

许松涛

　　我激动地望着他，他的豁牙一颗颗露出来了，用低沉的声音问我："这世界上还有什么比蜜蜂窝更好的所在？"

　　再次穿过耸立着飞人翅膀雕塑的广场，已是恍然若梦物是人非了。

　　那幢原本破旧的筒子楼已是装潢考究焕然一新，楼前，空无一物的马路牙子上，已经安装了锃亮考究的停车棚，棚子的两侧是黄白红绿相间字体和色块醒目的标志牌，牌上花花绿绿的人间烟火味令人眼花缭乱。筒子楼顶居高临下的巨幅广告牌已经更换了一重又一重，每一重仿佛都是你死我活争斗后的柳暗花明。楼顶上的星辰依旧是那些星辰，楼层上升起的月亮依然是那轮月亮，而曾经在这狭窄的楼道间辗转的脚步，还有在楼顶上对月飞觞的豪迈，已荡然化作昔日春梦。

　　我偶然夜间路过这里，全然觅不到当年的一丝气息，楼层已经拍卖，现在又轮番转租，先是车水马龙的火锅城，继之以气势恢宏的专卖场，然后又是灯红酒绿神秘莫测的高级会所，往后是什么，我没有来得及深想，我再次经过时与我印象中的蜂窝形巨大平民窟的筒子楼自然是千差万别，我由原先的熟客忽然变成了它的陌生人，我发现自己浓缩在这幢楼里的那些真挚情愫忽然与那面目全非的楼体格格不入。

倘若五年前，我下班路过这座楼，只需一个念头，一个转身，就能溜进通往四楼的一扇窄门，这门破敝脏兮，老旧陈腐，就这样的一道门，拐弯时一抬脚，才算上了那幢楼梯的底层台阶。整座楼体，背靠熙熙攘攘川流不息的广场，楼身环住的正面，才是住户共用的天然杂院。院里一棵苍郁挺拔的雪松，在积雪冰封的严冬以一副凛然不可侵犯的尊严令我许久为之动容，而如盖的枝叶下就是住户杂物们的收容站。杂物的棱棱角角，支支棱棱，摆到这棵足以遮风挡雨的树下，越积越高，越铺越大，怎么，一棵树的容量能有这么大吗？这静静的一处，看得我惊心动魄。

院里的一角，有个厕所，低矮的身量很不起眼，却禁不住难闻气息的濡染与放大，气温的变动使人避之犹恐不及。就在这样进口处的一侧，你会惊讶地发现还会有一个面色暗黑，要么营养不良，要么慢性氨中毒的衣着简陋的中年男人，正用理直气壮的目光与你等价交换手纸，皱老弯曲的粗手指点着几分的硬币，摇响着木桌上的屉子里的铝铁盒子。他的刻板几乎不近情理，即使是楼上邻居的朋友常常见面，内急了先办事后付钱也不会通融。整日里的尿臊味像一道家常菜，泡着这些住户的晨昏梦。

院子墙外的一杆烟囱黑乎乎地插在人们的视线里，吐着无穷无尽的黑烟，或浓或淡的烟沫混合着硫磺的臭味在不透风的楼层里来回弥漫。抚栏在慢慢锈蚀，一家一户窗前的雨棚，在时光里脆化、腐烂，一到雨雪不开天的日子，提心吊胆的人们扪着自己的心跳生怕这一天被什么砸着，雨水的大小和棚子的密封度决定着某一块摇摇欲坠的雨棚的命运。

也就是这个时候，我听说了大楼作为资产全部拍卖，住在居民楼里缴房租的住户必须限期撤离的消息，我的心立刻揪紧了。我想我再也看不见赤着上身穿着淡得灰白的短裤的老哥安然自若地坐在门口一块自制的楚河汉界间与一个白发苍苍的老头儿下棋了。泡茶，观棋，我坐在一旁享受他们的天昏地暗与惊心动魄。蜂窝煤炉上沏着一壶水，门一开，拉风，电风扇很少启用。过道里养着几盆叫不出名字的小花，我后来终于不耻下问地找清了这些花的名字，有紫红的细小花瓣的太阳花，有浑身饱满的闪着丰润光泽的玉树，还有散发着暗香弱不禁风的米兰，还有一盆所谓的花之君子——兰草，金边的，象征着富贵，这盆枝繁叶茂翠绿纷披的金边吊兰就放在老哥家的堂屋醒目一角，千丝万缕，垂挂络缨，给这间空空荡荡陈旧灰暗的老房子平添了超然物外的一抹亮色。

拆迁的谈判是非常艰难的，一边是紧锣密鼓的上马日期，一边是几十户居民故土难离的纠结与补偿。这位一向淡定的老哥作为谈判代表，断然拒绝了接受个人私下里优惠待遇的条件，绝不放弃大家的利益，与开发商据理力争后，将所给予的优惠全部平分给每个住户，然后带着妻儿老小从容地离开了居住了近三十年的旧楼。

等待安置的日子要有耐心，虽然难熬但毕竟是怀有希望的，就在这样打游击式的更换居所的频繁折腾里，我牵挂的还是那幢老楼里的日子，每次看见易主的大楼在日新月异地接受整容改貌，墙体和楼层一次次被新的建筑材料打扮得油头粉面花枝招展，再也寻不出昔日楼房里那副蓬头垢面的穷酸模样，不知道为什么，我仍然觉得那样的老房子像一座纪念碑一样矗立在我情感的记忆里。

在那幢破敝的老房子里，我们喝酒，嚼花生米，吃黄豆和苦瓜，平常的茄子，辣椒，咸蒜头，炒鸡蛋，偶然从外边端来一个牛肉火锅，大白菜和白豆腐，真是神仙般的日月。昏黄的灯泡下，冒着热气的铁耳锅，滚落在地的烧散了的煤球，有时，还得寻些木炭、木屑来引火，芭蕉扇哗哗扑打，满屋钻烟，汗流浃背，花猫般的鼻子和脸，互相指点乐不思蜀。某天，忽然瞥见锅底下一溜火光一闪，还以为是错觉，拿铲翻炒，才听出破音，我们真的把锅晴破了一口！我回忆那个夜晚，依然历历在目，昏黄的灯光，一盏白炽灯裹在热腾腾的雾气里，炉膛里的火正旺，爆炒的快活声从铲尖上急急传出，这是老百姓的打击乐，绿豆粥的浓香飘拂，喝粥的响声哗啦啦卷过喉咙。外面起风了，窗子啪地被风关上，玻璃击响了，发出颤音，云从西天一层层草垛样积压上来，天很快就黑如锅底，整座老楼如汪洋中的一艘小舢板，我不由得把这样的晚餐看成是上帝恩典的礼物了。

若干年了，孩子在长大，每个人都在老去。我再次从人满为患的大街上看见了人海里的老哥，他还是骑着他的那辆浑身都响的豆腐架子似的自行车，气定神闲，悠然自得地在街面上溜达，我眼里一热，差不多要奔过去拥抱他。我这一刹那的冲动差点让我打翻了农贸市场里的一篮鸡蛋，我赶紧止住了，很快，他的背影没入人群不见了。这让我有点怅然若失。他依旧是那副打扮，那副尊容，满脸黑胡茬，两粒贼亮的小眼珠，充满童真的埋不住的孩子气的脸，沙哑的喉咙，乱糟糟的头发夹杂的花白，熬夜造出的双眼圈，还是那样分毫不改的倔强。唉，就是在那幢楼里的某个谈兴正浓酒酣耳热的夜晚，我瞥见了他收藏的宝物——一枚很小的金石图章，是当地一个有名的篆刻家早年给他镌刻的，我见到这枚跟大拇指差不多大小的石头，心里生出莫名的神秘感，一块小小的石头，竟然令一个人如此激动，而那私下里的几万元的拆迁现金怎么就诱惑不了他？他翻转过金石的刻面，我被那粗圆的字体弄糊涂了，胡乱猜了半天也没有能认全，然后他心满意足地，很陶醉地对我说，这三字是"蜜蜂窝"。我更糊涂了，为什么要写蜜蜂窝不写别的字呢？这里有什么蹊跷吗？当然有，蜜蜂窝，这是他的别名，从来没有用过，可是却时时长在他心里，生了根，拔不掉，这是个隐秘的事件，对于一个人而言是关乎重大的，因为这关乎一个人的灵魂最深处的机密，是绝对不容透露的，就连他的孩子、妻子，还有父兄，何况我呢？我激动地望着他，他的龅牙一颗颗露出来了，用低沉的声音问我："这世界上还有什么比蜜蜂窝更好的所在？"我不能回答，我确实找不到有比这个地方更好的处所了，除了贪嘴偷懒的熊，这个生活在东北老林里的黑瞎子，谁也别想把蜜蜂窝据为己有。拥有蜜蜂窝的人，当然是幸福无处不在了，日子里的蜜，全都是替他酿的了。

　　做一个平凡而不平庸的人，守着自己的底线，一任地老天荒地活在自己的精神世界里，面对现实的种种堕落毫不退让，安贫乐道又乐天知命，希望是一个人战斗的理由，它永远是甜的，老哥珍藏着的不是三个字而是一个信仰，是给自己生命释放足够能量的铀，唯有怀揣着甜蜜信念的人，才能更容易抗拒命运强加的击打，才可能经受住无数的苦难对一颗纯良之心的煎熬。

　　最近，获悉老哥搬进了新居，亲自给自己布置新房，添上现代化的家具，我悬着的心总算放下来了，在那座蜂窝一样的旧楼房里，这个收藏着一枚印章的执拗的人，终于满足了自己多年的精神愿望。他也许也像我一样，对一座贮藏了自己生命光华的屋子，会把它当作源源不绝的酿蜜的蜂窝，给我们越来越饥渴、越来越沙化的心灵，注入更加丰沛的精神营养。

选自 2013 年第 7 期《雨花》